KB250159

崔南善의 歷史學

李 英 華

景仁文化社

책머리에

최남선에 관심을 갖게 된 건 단순한 의문에서였다. 최남선은 널리 알려진 인물임에도 불구하고 별반 연구가 되어 있지 않았다. 그나마 이루어진 연구에서도 극단적으로 대립된 평가를 받고 있어 민족주의 자이기도 하고 반민족주의자이기도 했다. 한 인물이 그처럼 정반대의 평가를 받고 있다는 사실이 의문스러웠고, 그 의문에서 최남선에 대한 연구는 시작되었다.

연구가 진행될수록 예기치 못한 미궁에 빠져 들었다. 근대사를 바라보는 관점이 최남선에 대한 평가를 다르게 하고 있었다. 그리고 근대사를 바라보는 관점은 여전히 우리에게 '뜨거운 감자'였다. 근대사는 현재 우리의 삶, 이데올로기와 직접 연관되어 있었고, 최남선은 과거 속의 인물이 아니라 현재와 맞닿아 있는 인물이었다.

근대사를 바라보는 우리의 심정은 복잡하다. '개화' 이래 중세를 탈피하여 근대로 진입하려고 했지만, 진입해야 할 그 근대를 구가하고 있는 나라들은 우리를 침탈하고 있었다. 우리가 배우려 한 상대들은 하나같이 우리의 숨통을 조이고 있었다. 그런 나라들 중의 하나였던 일본은 기어이 나라를 빼앗았다. 일본에게 빼앗긴 나라를 되찾아야 했지만, 동시에 일본의 근대 문명을 배워 '근대화'를 이루어야 했다.

가끔 상상해 보곤 했다. 내가 배우고자 하는 대상이 나를 핍박하는 시대에 살고 있다면 나는 어떤 정서, 어떤 이념, 어떤 역사 의식을 가지게 될까. 핍박자에 대한 증오와 핍박자에 대한 선망이 공존한 시대를 살았던 지식인들은 그 증오와 선망을 어떤 형태로 형상화했을까. 다른 시대를 사는 내가 그렇듯 이율 배반적인 시대를 살아내야 했던 그들을 이해할 수 있는 걸까.

　나라를 빼앗아 간 대상에 대한 증오와 선망에 민족주의와 근대주
의가 교차하고 있었고, 민족주의와 근대주의가 교차하는 그 지점에
'친일'이 놓여 있었다. 최남선은 민족주의, 근대주의, 친일이라는 우
리 근대사의 얽히고 설킨 실타래를 그대로 보여 주고 있었다. 얽힌
실타래를 풀기 위해 이런 저런 실마리를 모색할수록 내가 서 있는
지점이 오리무중이 되곤 했다. 친일은 어쩔 수 없었다는 친일 옹호론
에서도, 친일은 어떤 경우에도 비판해야 한다는 친일 비판론에서도
벗어나야 했다.

　제국주의 시대의 식민지 지식인을 지배하는 두 이념은 민족주의와
근대주의라 할 수 있다. 민족주의적 열정은 비단 독립 운동에의 투신
으로만 나타나는 건 아니다. 근대화에의 강한 열망과 헌신으로도 나
타난다. 근대 문명을 이루지 못해 국권을 상실했기 때문에 자연스런
귀결이다. 그러나 가해자인 일본에 바로 그 근대 문명의 모델을 설정
해야 하는 현실에 살고 있었다. 일본에게 근대 문명을 배워 일본으로
부터 국권을 되찾겠다는 건 실제로는 실현하기 어려운 꿈이었다.

　일제 시기 근대주의자들의 입장은 달리기 경주를 하는 사람에 비유
할 수 있다. 두 사람이 달리기 경주를 하고 있다. 한 사람은 이미 앞서
출발했고, 한 사람은 그 뒤를 쫓아 뛰고 있다. 뒤에서 달리는 사람은
앞서 달리는 사람을 따라 잡기 위해 열심히 달린다. 그러나 앞서 뛰는
사람은 더 빨리 뛰고 있다. 간격은 점차 벌어진다. 간격이 자꾸 벌어
지니 뒤에 뛰는 사람은 따라 잡기를 포기하고 만다. 따라 잡기를 포기
한 지점에 이르면, 근대주의자들의 민족주의는 제국주의에 용해된다.

　민족주의가 근대주의의 자체 모순으로 제국주의에 흡수되는 과정
은 민족주의가 속성상 제국주의를 지향하고 있어 용이하게 이루어진
다. 민족주의, 근대주의, 제국주의, 그리고 친일의 역학 관계는 우리
근대 사상사에서 한 갈래 흐름을 형성하고 있다. 기존의 친일 옹호론
과 친일 비판론은 기본적으로 개인의 행적에 초점을 맞추고 있다. 그

러나 친일은 개인의 문제가 아니라 근대 사상의 문제이다.

이런 입장에서 최남선은 매우 적절한 연구 대상이었다. 일본을 증오하는 그의 모습은 전형적인 민족주의자였고, 일본을 선망하는 그의 모습은 전형적인 제국주의자였다. 그는 끓어 넘치는 민족주의적 열정을 한시도 잃어버린 적이 없었다. 그 열정을 간직한 채 일본 제국주의를 향해 걸어갔다. 그의 학문은 발전하면 할수록 일본으로의 전향 논리를 발전시키고 있었다.

몇 년 최남선을 두고 씨름하는 동안, 사람들은 내가 최남선을 위한 변명을 해 주고 있다고 했다. 일정 부분 그러하다. 무작정 비판하는 건 정당한 비판이 아니다. 최남선에 대한 비판은 초점이 분명해야 한다. 개인의 영달을 위해서 민족을 버렸다는 식의 비판은 본질을 흐릴 뿐이다. 최남선이 비판받아야 하는 이유는 자신의 학문과 사상에서 제국주의를 용인하는 자생적 논리를 발전시켰다는 데에 있다. 그가 당대 가장 영향력 있는 지식인이었다는 사실을 감안하면, 그의 지식 체계가 미친 영향이야말로 점검해야 할 사안이다.

이 책은 2002년 6월 한국정신문화연구원 한국학대학원에 제출한 박사 학위 논문 『崔南善의 歷史學 硏究』를 수정하여 출판한 것이다. 당시 제출한 논문과 논지에서는 변화가 없으나 단행본 체재에 맞추기 위해 일정 부분 수정을 가했다.

책으로 출판하기 위해 교정지를 붙들고 있는 내내 심사 과정과 심사하시던 선생님들이 떠올랐다. 엉성하고 소략한 초고로 심사 받겠다고 나선 무모함이 부끄러웠고, 엉성하던 초고가 1심, 2심, 3심을 거치면서 내용이 차고 짜임새 있어지는 게 신기했다. 엉성한 초고나마 만들기까지 고군분투하는 심정이었던 내게 여러 선생님들을 모신 심사 과정은 근대 사학사와 최남선을 수업 받고 지도 받는 시간이었고, 그간의 외로움이 보상되는 시간이기도 했다. 부족한 논문을 심사해 주신 조동걸·이만열·허흥식·유병용 선생님께 감사드린다.

지도교수 정구복 선생님께는 어떤 말로도 감사의 마음을 표현할 수가 없다. 공부를 하네 마네 하면서 10년 넘는 세월을 방황했으면서도 박사 논문을 쓸 수 있었던 것은 정구복 선생님이 지도교수가 아니었으면 불가능했으리라. 비단 공부만 아니라 제자의 모든 것을 챙기고 지도하시던 이 시대의 진정한 스승, 우리 선생님의 은혜에 어떻게 보답해야 할지 모르겠다.

변변치 못한 조카를 자식처럼 한결같이 보살펴 주신 삼촌과 숙모가 없었으면 사람 구실도 못하고 살았을 것 같다. 무얼 해도 항상 믿어 주시던 두 분에게 감사드린다. 연구를 하다 보면 숲은 보지 못하고 나무에만 매달리는 경우가 많은데, 그 때마다 숲을 보도록 경각심을 일깨워 준 오랜 친구가 있다. 그 친구에게 숱한 토론의 결실인 이 책을 바치고 싶다.

2003년 8월

이 영 화

목 차

서 론

　그간 친일파에 대해 많은 문제가 제기되었지만, 주로 친일파 청산과 관련되어 있다. 해방 후 친일파 청산이 이루어지지 못한 탓에 지금까지도 청산 문제가 가장 주요한 논점이 되었던 것이다. 친일 행적을 가려내 그 사람에 대한 역사적 평가를 다시 내리는 것은 필요한 작업이지만, 친일 행적 여부의 판정만으로는 친일파 문제를 온전하게 접근할 수 없다.

　현재 상용되고 있는 '친일' '친일파'란 용어는 그 자체로 혼란스럽다. 열강이 각축하던 한말에 친일파는 친러파·친영파·친불파·친미파와 같은 수위로 쓰여 말 그대로 친일본적인 성향을 가진 사람들을 일컬었다. 일제 강점기에 친일파는 조선총독부 정책에 협력하는 사람들을 일컬으면서 반민족적이라는 의미가 내포되었다. 해방 후에 친일파는 반민족주의자와 등가로 쓰이는 용어였다.

　다양한 의미가 누층된 친일파란 용어를 개념 규정할 필요가 있다. 일반적 용어가 아닌 역사적 용어로 쓰기 위해서 선행해야 할 작업이다. 일제 시기 친일파는 한말의 친일파와도 구분해야 하지만, 조선총독부 정책에 철저하게 순응했던 부일파와도 구분해야 한다.

부일파는 한국인들에게 배척되었기 때문에 조선총독부 입장에서는 더 이상의 활용 가치나 회유 가치가 없는 존재였다. 이에 반해 친일파는 민족주의자로서의 명망을 누리고 있어 한국인들에게 영향력을 행사할 수 있는 사람들이었다. 조선총독부는 식민지 통치에 그들의 영향력을 활용해야 했기 때문에 그들을 끊임없이 회유했다. 친일파의 활용 가치는 그들이 민족주의자였다는 데 있었던 것이다. 친일파는 한국인들에게는 민족주의를 기치로 내걸고 일제 당국에는 협력하면서 양쪽 모두를 존재 근거로 삼았던 사람들이라 할 수 있다.

친일파와 민족주의의 관계 설정을 둘러싼 혼선은 문화적 민족주의에 대한 평가에서 드러난다. 일제 당국이 허용하는 범위내에서 문화 운동을 통해 민족 의식을 고취했던 사람들을 문화적 민족주의자로 분류한다. 문화적 민족주의자로 평가되는 사람들 상당수는 일제 말기에 친일파로 전향했다.

문화적 민족주의자는 대체로 근대주의자였고 준비론자였다. 근대화를 이룩해야만 독립할 수 있고, 독립할 수 있을 때까지는 실력을 준비해야 한다고 했다. 그들은 국권 상실을 기정 사실화한 상태에서 근대화를 국가 독립보다 우선시했고 일제 식민지 통치를 근대화의 준비 기간으로 합리화했다. 그들에게 근대화의 모델은 일본이었다. 지배자인 일본에 근대화의 모델을 상정했고, 지배 기간은 근대화에의 준비 기간이었다. 이러한 근대주의와 준비론에서 친일 논리가 발아되고 발전해 갔다.

현재 학계에서는 문화적 민족주의자와 친일파를 분리하여 파악하는 경향이 있다. 이로 인해 친일파에 대한 평가는 이분적이거나 소급적이 되었다. '변절' 전후를 구분하여 민족주의자·반민족주의자로 이분화시키거나, 아니면 후일의 행적을 전제하여 반민족주

의자로 소급 평가했다. 이분화할 경우 문화적 민족주의와 친일파
는 별개의 차원이 되고, 소급할 경우 문화적 민족주의라는 개념 자
체가 부정되기도 한다.

역사학이 역사적 의미가 있는 현상을 인과 관계로 접근하는 학
문임을 감안하면, 친일파 문제도 인과 관계로 접근해야 한다. 민족
주의냐 반민족주의냐 여부로 논쟁하는 것보다는 민족주의에서 반
민족주의로 전화하는 계기와 과정을 분석해야 하는 것이다. 이를
위해서는 기존의 친일 행적에 초점을 맞춘 외연적 접근 방식에서
벗어나 그들의 의식 내부를 들여다 보는 접근 방식이 필요하다. 이
러한 접근은 친일을 단순히 개인의 변절이라는 윤리적 차원이 아
닌 근대 사상사의 흐름 속에서 조망할 수 있게 한다.

이러한 문제 의식에 서면, 대표적 문화적 민족주의자로 평가받
으면서 친일로 비판받는 최남선을 주목하지 않을 수 없다. 그는 한
말에서 일제 시기를 거쳐 해방 후까지 50여 년 동안 쉼없이 저술을
남겼다. 오랜 세월 동안 쓰여진 방대한 그의 저술은 문화적 민족주
의가 친일로 귀결되어 간 사상적 흐름을 추적할 수 있는 자료이다.

최남선은 다방면에 걸쳐 저술을 남겼지만 한국사에 대한 저술이
단연 많다. 그 자신이 다른 무엇으로보다 역사학자로 평가되기를
바랐을 만큼 한국사 연구에 열의를 다한 학자였다. 또한 그는 일제
시기와 해방 후 한국인의 한국사 인식에 가장 많은 영향을 미친 역
사가이기도 했다. 그러나 그의 친일 행적은 그의 사학에 대한 연구
를 기피하게 했고, 그나마 이루어진 연구도 그의 사학의 민족성·
반민족성을 가늠하는 데 초점이 맞추어져 있었다.

민족주의와 반민족주의로 상반된 평가를 받는 최남선 사학은 바
로 그 때문에 근대 사상사적, 근대 사학사적 의의가 있다. 문화적
민족주의에서 친일로의 전화 과정을 그의 사학이 형성, 발전, 변화

하는 과정을 통해 추적할 수 있기 때문이다. 또 당시로서는 가장 근대적 역사 연구 방법을 구사한 그의 역사학이 학문적 발전과 더불어 역사학 자체내에서 친일 논리를 발전시켜 간 것은 학문적 근대주의와 민족주의가 일치하지 않았음을 보여 준다.

그러나 그의 사학을 일제의 식민 사학과 동일시할 수는 없다. 식민 사학자들은 일제의 식민 통치를 합리화하기 위해 한국사를 축소시켰다. 이에 대항한 민족주의 사학자들은 한국사를 상당 부분 팽창시켰다. 최남선도 식민 사학에 대항하여 역사 연구를 시작했지만, 민족주의 사학자들과는 다른 韓國史像을 제시했다. 그는 식민 사학의 한국사 축소에도 동의하지 않았지만, 민족주의 사학의 한국사 팽창에도 동의하지 않았다.

그의 한국사 연구가 당대 어떤 민족주의 사학자보다 오늘날까지 실제적인 영향을 미치는 성과를 냈다는 사실은 중요하다. 학문적 성과로 평가하면, 그는 누구보다 역사학의 전문화, 역사학의 근대화를 이룬 역사가임에 틀림없다. 근대 사학의 중심을 일제와의 투쟁에만 둔다면, 그가 이룩한 역사학 자체의 근대적 발전은 정당하게 평가할 수 없다. 또한 근대 사학사에서의 근대주의 문제도 온전하게 접근할 수 없다. 근대 사학사는 비단 민족주의와 반민족주의의 대립 구도에서 접근할 것이 아니라, 근대주의와 민족주의의 길항 구도에서도 접근해야 한다.

최남선 사학에 대한 연구는 개별 연구에 앞서 전체적인 평가가 먼저 이루어졌다. 근대 사학사를 체계화하는 과정에서 그의 사학의 성격이 문제시되었기 때문이다. 1960년대 식민 사학에 대한 본격적인 비판이 전개되면서 민족주의 사학에 대한 논의가 활발해졌다. 이 논의에서 빠지지 않고 거론된 그의 사학은 역으로 민족주의

사학의 개념과 범위를 구체화시켰다. 최남선 사학의 민족성·반민
족성을 논하는 과정에서 민족주의 사학의 개념과 범위가 보다 명
확해져 갔던 것이다.[1]

반민족주의와 민족주의로 양분된 그의 사학에 대한 평가는 1970
년대 중반 이후 근대 사학사 연구가 진척되면서 새로운 양상으로
전개되었다. 그의 사학을 친일 이전과 이후로 구분하여 이전의 사
학을 민족주의로, 이후의 사학을 반민족주의로 이분화시키는 경향
이 나타났다.[2] 그의 사학을 초기와 후기로 분리하여 초기 사학에
의의를 두려고 했던 것은, 일제 시기 국내 한국사 연구를 체계화하
는 과정에서 그의 사학의 근대 사학사적 의의를 인정하지 않을 수
없었던 데에 기인한다.

최남선 사학의 성격을 둘러싼 상반된 평가로 인해 그의 사학에
대한 개별 연구는 미진한 편이다. 이들 개별 연구는 평가에 앞서
그의 행적과 업적에 대한 분석을 선행해야 한다는 입장에서 진행
되었다. 그의 논설 자체에 대한 분석을 통해 역사 인식의 특징을

---

1) 洪以燮, 1968,『韓國史의 方法』, 探求堂.
　金容燮, 1966,「日本·韓國에 있어서의 韓國史敍述」『歷史學報』31 ;
　李佑成·姜萬吉 編, 1976,『韓國의 歷史認識』下, 創作과批評社.
　金哲埈, 1972,「韓國의 歷史學」『韓國學』, 玄岩社 ; 1990,『韓國史學史
　研究』, 서울大出版部.
　李基白, 1963,「民族主義史學의 發展」『思想界』 ; 1971,『民族과 歷
　史』, 一潮閣 ; 1991,『韓國史像의 再構成』, 一潮閣.
2) 李萬烈, 1978,「民族主義史學의 韓國史認識」; 1981,『韓國近代歷史學
　의 理解』, 文學과知性社.
　趙東杰, 1993,『韓國民族主義의 發展과 獨立運動史』, 지식산업사 ;
　1998,『現代韓國史學史』, 나남출판.
　韓永愚, 1994,『韓國民族主義歷史學』, 一潮閣.
　徐仲錫, 1982,「民族史學과 民族主義」『韓國民族主義論』Ⅰ, 創作과
　批評社 ; 1995,「民族主義史學의 論爭」『震檀學報』80.

파악하려고 했고, 이러한 시도는 그의 고대사 연구에 대한 분석에
서부터 시작되었다.

최초의 개별 연구로는 그의 초기 고대사 논설「稽古箚存」을 분
석한 연구가 있다. 그 사학사적 배경으로 신채호·박은식·조선광
문회를 통한 대종교의 영향을 논구하면서,「계고차존」에 나타난
고대사론의 민족주의적 의의를 크게 평가했다.[3] 그의 고대사 인식
의 변화를 해방 후에 반민특위에 제출한「自列書」를 통해 접근한
연구가 있다. 불함 문화론과 단군론이 초기에는 일본 학자들의 단
군 말살론에 대한 반론이었지만, 1928년 조선사편수회 위원이 된
이후로 韓日文化同根論·內鮮一體論·日鮮同祖論으로 변화해
갔다고 평가했다.[4] 그의 고대사 인식의 전체적 구도를 접근한 연
구가 있다. 불함 문화론·단군론·정통론·한일 관계사에 나타난
역사 인식을 분석한 이 연구는, 그의 고대사 연구는 식민 사학에
동조하지도 않았지만 그렇다고 완전히 민족적 성향을 지향하지도
않았다고 평가했다.[5]

최남선의 고대사 인식에 대한 분석은 개별 연구에서도 그에 대
한 평가가 혼선을 빚고 있음을 보여 준다. 변절 전후를 구분하여
초기는 민족주의적인 것으로, 후기는 반민족주의적인 것으로 평가
를 이원화시키고 있다. 또 그의 사학의 전체적 구도는 식민 사학도
민족 사학도 아니라고 함으로써 그의 사학을 위치짓지 못하고 있
다. 개별 연구들에서도 근대 사학사의 체계화에 관련된 최남선 사

---

3) 丁暻淑, 1982,「<稽古箚存>을 통해 본 崔南善의 古代史論」『奎章閣』
   6.
4) 朴成壽, 1991,「六堂 崔南善研究-<自列書>의 分析」『國史館論叢』
   28.
5) 石智瑛, 1994,「六堂 崔南善의 歷史認識-古代史 研究를 중심으로-」
   『梨大史苑』27.

학의 성격 규명의 혼란이 그대로 반영되어 있는 것이다.

최남선 사학을 대변하는 단군론은 현재 가장 논쟁이 되고 있는 부분이다. 그의 단군론에 대한 연구는 역사학계뿐만 아니라 민속학계에서도 이루어지고 있다. 역사학계에서는 단군 인식의 변천을 논의하는 과정에서, 민속학계에서는 민속학적 연구 방법에 의존한 그의 단군론과 식민지기 민속학 위상을 논의하는 과정에서 이루어졌다. 이러한 연구들은 「불함문화론」과 일선 동조론과의 관계를 통해 그의 단군론의 민족주의적 의미 여부를 평가하는 데 집중되어 있다.

「불함문화론」은 불함 문화의 중심이 한국이라는 점을 강조하여 일본 국학자들의 일선 동조론에 대항했고, 그의 단군론은 일본인이 천황의 자손이라면 한국인도 天孫의 자손인 단군의 자손임을 주장하여 일선 동조론에 대항한 논리라고 평가한 연구가 있다.[6] 이에 반해 「불함문화론」을 반민족적인 방향으로 나아가게 된 시점으로 설정하고, 그의 단군론 또한 일선 동조론을 수용했다고 평가한 연구가 있다.[7] 같은 입장에서 민족적 대단군주의의 분기점을 넘어서 보편적 대단군주의에 입각한 「불함문화론」이 나온 이후 대단군 민족주의가 쇠퇴했다고 평가한 연구가 있다.[8]

---

6) 임돈희·Roger L. Janelli, 1989, 「한국민속학사의 재조명 – 최남선의 초기 민속연구를 중심으로」『비교민속학』5 ; 1995, 「최남선의 1920년대의 민속연구」『민속학연구』2.
   같은 논지의 논문으로 다음과 같은 논문이 있다.
   김성례, 1990, 「무속전통의 담론분석 – 해체와 전망 –」『한국문화인류학』22 ; 保坂祐二, 2000, 「崔南善의 不咸文化論과 日鮮同祖論」『韓日關係史研究』12.
7) 崔錫榮, 1997, 『일제의 동화이데올로기의 창출』, 書景文化社 ; 1999, 『일제하 무속론과 식민지권력』, 서경문화사. 같은 논지의 논문으로 南根祐, 1998, 「植民地主義 民俗學의 一考察」『정신문화연구』72가 있다.
8) 박광용, 1992, 「대단군 민족주의의 전개와 양면성」『역사비평』19.

　그의 단군론 연구가 「불함문화론」을 중심으로 이루어진 것은 이 논설의 중요성을 보여 주는 실례이다. 1925년에 탈고한 「불함문화론」은 최남선 사학의 실질적인 출발을 알리는 논설이다. 그의 단군론의 골격이 처음으로 드러났을 뿐 아니라 문화권에 토대한 그의 사학 체계가 처음으로 한국사 연구에 적용된 논설이다. 그러나 「불함문화론」만으로 그의 단군론을 규명할 수는 없다. 그의 단군 연구는 「불함문화론」을 필두로 이후 수 년간 계속되었고, 「불함문화론」은 이를 위한 기초 작업에 지나지 않았기 때문이다. 따라서 「불함문화론」을 중심으로 한 현재의 단군론 논쟁은 본론을 차치한 채 서론만을 대상으로 하고 있다고 할 수 있다.

　최남선 사학에 대한 기존 연구들은 대체로 특정 시점, 특정 논설을 중심으로 이루어졌다. 특정 시점, 특정 논설에 치중함으로써 그가 조선사편수회 위원이 된 1928년을 분기점으로 이분화하거나 소급된 평가를 내리고 있다.

　그러나, 그의 사학은 처음부터 완성된 것은 아니었다. 그의 사학은 형성되어 발전하고, 그리고 변화하는 시간적 흐름을 겪었다. 이러한 과정은 시대적·사상적 변화와 함께 진행되었다. 따라서 그의 사학은 기존의 친일 행적을 중심으로 한 이분적이거나 소급적인 접근을 지양하고, 그의 사학의 출발점부터 확인한 후 발전·변화하는 과정을 중심으로 이루어져야 한다.

　이러한 입장에서 그의 사학을 접근했을 때 확연히 드러나는 것은 그의 사학이 지향한 문화 보편주의이다. 문화 보편주의란 문화를 통해 보편주의를 지향한 개념을 일컫는다. 그의 사학 체계는 문화권에 토대하고 있었고, 이를 위해 문화 연구에 필요한 다양한 근대 학문을 수용하여 학제적 연구 방법을 수립했다. 문화권론과

학제적 연구 방법론은 그의 사학의 양대 축이라 할 수 있다. 학제적 연구 방법이 다각화되고 정치해지는 정도와 비례하여 문화권역은 넓어졌고, 문화권역이 넓어질수록 문화 보편주의는 더욱 강화되었다.

한국사 연구에서의 중심을 문화라고 본 그는 문화권론과 학제적 연구 방법론을 통해 한국 문화의 보편성을 논증하고자 했다. 한국 문화의 보편성이야말로 한국 문화의 세계사적 가치를 입증한다고 보았기 때문이다. 한국 문화의 세계사적 가치를 입증하는 것은 그로서는 민족주의적 열정의 발로였다. 그러나 제국주의 시대에 문화 보편주의라는 것은 제국주의를 합리화하는 이론일 밖에 없었다. 지배 국가와의 문화적 동질성을 추구하게 되기 때문이다. 문화 보편주의에서의 시대 인식이 정치와 문화의 분리를 전제하고 있었기 때문에 더욱 그러했다.

최남선 사학의 딜레마는 근대적 연구 방법의 발전과 함께 문화 보편주의가 강화되어 갔다는 데 있었다. 그의 문화 보편주의는 한국 사학의 근대화에 크나큰 공적을 남기게 했지만 동시에 친일 논리를 형성, 발전시켰다. 그의 사학의 문화 보편주의로의 강화 과정을 밝히는 것은 문화적 민족주의가 친일로 이어지는 근대 사상의 흐름을 설명할 수 있다는 의의가 있다. 또한 근대적 연구 방법으로 무장될수록 그의 사학이 민족주의 사학과는 다른 궤적을 밟는 과정을 밝히는 것은 근대 사학사에서의 근대주의 문제를 재점검할 수 있다는 의의가 있다.

본서는 최남선 사학을 전체적 흐름과 구도에서 조망한다는 입장을 견지하면서 최남선 사학에 대한 연구를 진행했다. 전체적 흐름을 파악하기 위해 관련 논설을 시간 순으로 연계지어 분석하여 그의 사학이 변화하는 계기와 과정을 추출했다. 전체적 구도를 파악하기 위해 그의 사학의 시대적·사상적 배경을 살펴 본 후에 그의 사학의 골격을 역사 연구 방법론·단군론·통사론으로 구성하여 분석했다. 본 연구는 1973년 고려대학교 아세아문제연구소에서 간행한『六堂崔南善全集』15권을 주 자료로 이용했다. 그러나 이 전집은 최남선의 친일적 논설은 수록하지 않았기 때문에 친일적 논설은 별도로 보완했다.

최남선 사학을 형성, 발전, 변화라는 내적 흐름에서 접근한 본서는 바로 그로 인한 한계가 있다. 그의 논설 자체에 대한 분석에 치중함으로써 외적인 시대 상황과의 연계가 부족하다. 최남선의 논설도 주로 역사 관련 논설을 다루었기 때문에 다른 분야의 논설은 그의 사학을 규명하는 자료로 활용하지 못했다. 추후 연구 과제로 남긴다.

최남선 사학의 배경

최남선이 이룬 업적과 다양한 활동에 대해 서재필·안창호를 잇는 개척자라고 평가하지만, 최남선의 활동 폭은 두 사람보다 훨씬 넓어서 거의 모든 분야를 망라하고 있다. 그는 출판계·문학계·사학계·언론계·정치계 등 다방면에 걸쳐 활동했기 때문에 단순히 역사가로 규정하기는 어렵다. 그러나 그가 가장 심혈을 기울인 분야가 역사학이고 근대 사학에서 이룬 그의 업적을 감안하면, 각 분야의 다양한 활동을 그의 사학과 관련지어 검토할 필요가 있다.

그의 생애에서 밝혀지지 않은 부분이 그의 가계이다. 최남선이 중인 출신이라는 사실은 자주 거론되지만, 그의 가계와 신분적 특성이 생애와 사상, 그리고 사학에 어떻게 작용했는지에 대해서는 논의되지 않았다. 그는 개화기라는 변혁기에 가문을 중흥시키고자 했던 아버지의 기대와 후원을 받으면서 성장했다. 기술관 중인이었던 아버지 최헌규는 최남선을 비롯한 자식들을 당대의 명망가로 부상시켰다. 그의 집안이 중인 계층에서 근대 엘리트로 성장한 일례를 적시한다는 점을 주목해야 한다.

최남선의 생애는 전형적인 식민지 지식인의 삶을 보여 준다. 그는 한국이 일본의 영향권내에 들어서던 시기에 태어나 성장했고, 일본을 통해 근대 문명을 흡수하여 자신의 학문을 이루어 일제 시기에 명망가로 부상했고, 결국 친일로 돌아섰다. 노년기에 접어 들어서야 해방을 맞아 처음으로 '자주 독립 국가'를 체험한 그의 생애야말로 그의 사학이 놓인 시대적 배경이었다는 점을 논의해야 한다.

그의 생애를 관철했던 사상은 문명 진보론·민족 자각론·문화 우위론으로 정리할 수 있다. 그는 근대화를 열렬히 주창한 문명 진보론자이면서 민족적 자아를 각성할 것을 부르짖던 민족 자각론자였다. 그러나 민족보다 문화를 앞세웠던 문화 우위론자이기도 했다. 이들 세 사상이 그의 행보와 연결되어 시기별로 강도가 변화하고 있었다는 점을 논의해야, 기존의 친일 행적을 전제한 소급적 접근을 지양하고 친일로 가는 사상적 흐름을 파악할 수 있다.

이 장에서는 최남선 사학이 형성된 배경을 파악하기 위해 생애와 사상을 살펴 보았다. 먼저, 19세기에 기술관 중인 가문으로 정착한 그의 가계를 분석했다. 그리고 그의 생애를 주요 활동에 따라 시기 구분하여 살펴 보고, 각 시기의 말미에 그 시기에 이룬 대표적인 업적을 정리했다. 그의 사상은 한말 이래 문명 개화론의 근대주의가 문화주의로 전화하여 친일로 간 과정과 동일한 궤적을 밟았음을 논의했다.

I. 생 애

1. 가계와 성장

최남선은 1890년 4월 26일 부친 崔獻圭와 모친 姜氏 사이의 둘째 아들로 漢城 中部 上犁洞에서 태어났다. 아명은 昌興, 자는 公六, 호는 六堂・六堂學人・한샘・南嶽主人・曲橋人・逐閑生・大夢・白雲香徒이다. 그의 호 중에서 가장 널리 알려진 것은 六堂이다. 그 자신이 六堂의 뜻을 설명한 바 있다. 北斗는 七星이고 南斗는 六星인데, 본명이 南善이기 때문에 南斗의 六星에서 六을 취해

六堂이라고 지었을 뿐 별다른 의미가 있는 것은 아니라고 했다.[1]

　그의 본관은 東州(철원)로 고려조 개국 공신 崔埈邕의 29대손이다. 왕건을 도와 고려 왕조 창업에 참여했던 최준옹은 統合三韓功臣三重大匡太師公에 봉해졌고, 그의 후손으로 4대손인 崔惟淸(1095~1174)이 유명하다. 최유청은 中書侍郎平章事까지 올랐던 학자이며 문신이었다. 최유청의 아들대에 이르러 동주 최씨는 祗侯公派(崔詡)・靖安公波(崔讜)・文懿公派(崔詵)・員外公派(崔讓)로 분파되었다. 최남선은 중시조 靖安公 崔讜(1135~1211)의 22대손이다. 최당은 中書侍郎平章事를 역임하고 守太慰門下侍郎同中書門下平章事로 致仕한 문신이다.

　고려 말기에 동주 최씨로 유명한 인물은 崔瑩(1316~1388)이다. 최영은 員外公 崔讓의 4대손이다. 최영은 딸을 우왕의 비로 들일 만큼 고려 말 세족이었으나, 이성계의 위화도 회군으로 숙청당했다. 조선 왕조를 건국한 후 이성계는 1397년(태조 6)에 최영에게 武愍公이란 시호를 내렸지만, 최영의 후손을 포함하여 동주 최씨는 조선조에서 큰 벼슬로 현달한 사람은 없었다.

　고려조와는 달리 조선조에서 한미한 가문으로 몰락한 동주 최씨 가문에 대해서는 잘 알려져 있지 않다. 그러나 과거 시험의 방목에서 동주 최씨의 과거 합격자를 추출하면, 조선조에서 동주 최씨가 어떤 신분이었는지 개략적으로는 파악할 수 있다. 동주 최씨의 과거 합격자는 사마시 2명, 문과 3명, 무과 19명, 잡과 11명으로 나타난다.[2] 주로 무과와 잡과에 합격했고, 무과 합격자는 17~18세

---

1) 崔南善, 1973,「六堂의 辯」『六堂崔南善全集』10, 玄岩社, 565쪽. 이하 『六堂崔南善全集』은『全集』으로 약칭.
2) 사마시 합격자는『CD롬 司馬榜目』(한국정신문화연구원・서울시스템), 문과 합격자는『萬姓大同譜』, 무과 합격자는 광해군에서 고종 연간까지 현전하는 武科榜目 102회분, 잡과 합격자는『朝鮮時代雜科合格者

기, 잡과 합격자는 19세기에 집중되었다. 이러한 현상은 동주 최씨가 19세기에 기술관 중인 계층으로 정착했음을 알려 준다. 그러나 총 11명에 지나지 않는 잡과 합격자 수로 볼 때 동주 최씨는 대표적인 중인 가문에 속하지는 않았다.3)

중인 계층이 포괄하는 범위는 넓지만, 잡과를 거친 기술관 중인은 중인 중에서도 상층부에 속했다. 기술관 중인은 실무적인 능력을 바탕으로 자신의 직분을 활용해서 각종 상업 활동으로 부를 축적했다. 또 현실적인 사고 방식을 지닌 기술관 중인은 시세 변화에 민첩하게 대응하는 계층이기도 했다. 이들이 서울의 중앙부인 장교와 수표교 일대에 거주했던 것도 시세 변화에 민감할 수 있었던 배경이었다.

기술관 중인들은 18세기 이래의 중인 신분 상승 운동을 타고 19세기 중반에 대규모 通淸運動을 벌였다. 1851년(철종 2) 4월 15일 서얼을 허통하는 조치가 내려지자, 이에 자극받은 기술관 중인들은 열흘 후인 4월 25일 通禮院에 모여 通文을 만들었다. 기술관 중인 1,670명이 참여한 대규모의 통청 운동은 庶族이 承文院・宣傳官에 진출하고 있으므로 자신들도 허통해 달라는 요구로 시작되었다. 실패로 끝나기는 했으나, 이 운동은 계획이 주도 면밀하고 참가 인원이 대규모였고 이후 그들의 단합과 결속의 계기를 마련하여 다음 시대의 주인공으로 성장하는 발판이 되었다.4)

總覽』(李成茂・崔珍玉・李喜福 編, 1990, 韓國精神文化硏究院)을 통해 추출했다. 상세한 인명과 연대는 李英華, 2002,『崔南善의 歷史學 硏究』, 韓國精神文化硏究院, 박사 학위 논문, 10쪽 참조.

3) 本貫姓氏別로 잡과 합격자를 분석할 때 100명 이상의 합격자를 낸 16개의 가문이 조선조의 대표적인 중인 가문으로 꼽힌다(李成茂・崔珍玉・李喜福 編, 1990,『朝鮮時代雜科合格者總覽』, 韓國精神文化硏究院, 24쪽).

4) 김양수, 1999, 「조선후기 사회변동과 전문직 중인의 활동」『韓國 近代

기술관 중인을 비롯한 중인 신분 상승 운동은 동주 최씨에게도
영향을 미쳤다. 동주 최씨는 18세기 중반부터 족보를 간행하기 시
작하여 조선조 동안 3차례 간행했다. 1749년(영조 25), 1827년(순조
27), 1879년(고종 16)의 간행을 통해 자신들이 조선조에서는 한미하
나 고려조에서는 현달한 가문의 후예이고 최영의 후손이라는 사실
을 강조했다.5) 철원 최씨라고 하지 않고 동주 최씨라고 한 것도 동
주가 고려조의 지명이기 때문이다. 동주 최씨의 신분 상승 욕구는
최남선 집안에도 그대로 반영되었고, 이러한 분위기 속에서 최남
선은 성장했다.

특히 주목할 만한 것은 19세기에 잡과 합격자를 집중적으로 낸
동주 최씨는 바로 최남선의 직계 선조들이라는 사실이다. 최남선
의 직계는 6대조까지 추정할 수 있다.6)

[가 계 도]

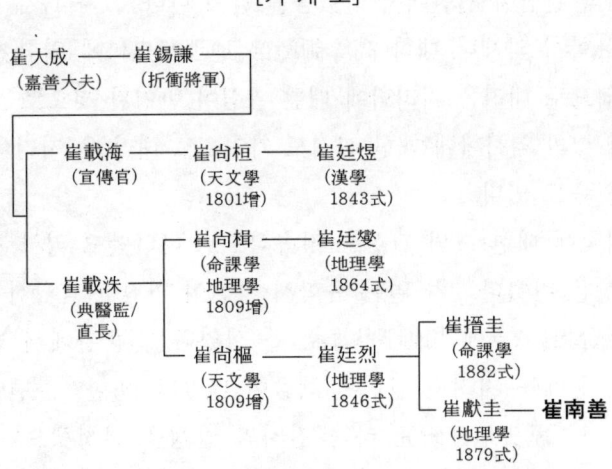

* ( )의 연도는 잡과 합격년이고, 增은 增廣試, 式은 式年試의 약칭이다.

履行期 中人硏究』, 延世大學校 國學硏究院, 227~233쪽.
5) 『東州崔氏族譜』卷 21, 「己巳譜跋文」「丁亥譜跋文」「己卯重刊跋」

6대조 최대성·5대조 최석겸·4대조 최재수는 잡과 합격자 명단에는 없고, 잡과 방목의 4대조 기재에서 나타나는 인물들이다. 5대조 최석겸 후손들이 동주 최씨의 잡과 합격자 총 11명 중 8명을 차지하고 있다. 동주 최씨 중에서도 최남선 가계는 전형적인 기술관 중인이었음을 알 수 있다.

증조 최상추부터 잡과 합격자 명단에 나타난다. 최상추를 비롯하여 동생 최상즙, 사촌 최상환, 그리고 그 자손들이 잡과에 합격하고 있다. 역과에 합격한 최정욱을 제외하면, 나머지는 모두 雲科(陰陽科)에 합격했다. 운과의 세 전공 과목인 天文學·地理學·命課學에 두루 합격하고 있다.

최남선의 할아버지·아버지·삼촌 모두가 운과에 합격한 현상은 할아버지대부터 운과를 世傳했음을 보여 준다. 할아버지와 아버지가 운과 중에서도 지리학을 전공했다는 사실은 지리학에 대한 최남선의 관심이 집안에서 싹텄음을 알게 한다. 그가 17세 때 2차 일본 유학시 와세다 대학 高等師範部 地理歷史科에 입학했던 것은 가업으로 내려온 지리학에 대한 관심이 반영된 것으로 보인다. 나아가 그의 역사학에 대한 관심도 가업으로 내려 온 지리학에 기인했을 수도 있다.

지리학에 대한 그의 관심은 지속적으로 나타났고 역사 연구에도 영향을 미쳤다. 2차 일본 유학시 자신이 편집을 담당한 『大韓留學生會報』 2호에 「地理學雜記」를 실었다. 신문관에서 발행한 단행본 중에는 지리에 관련된 책들이 많았다. 또한 『소년』이 정간당하자 『歷史地理研究』라는 잡지의 발행을 신청했으나 허가

---

6) 현재 『東州崔氏族譜』는 국립중앙도서관에 권 1,2,3과 권21의 두 책이 소장되어 있다. 총 권수는 21권으로, 권 4에서 권 20까지가 궐권되어 있다. 최남선과 최헌규대를 비롯하여 상당 부분이 궐권되어 있어 『朝鮮時代雜科合格者總覽』에서 철원 최씨를 추출하여 가계도를 작성했다.

받지 못해 간행되지는 않았다. 그는 근대 역사가로서 金正浩를 최초로 주목한 인물이기도 했다.

최남선은 조선광문회 때부터 김정호를 주목해 간행 도서 목록에 『大東輿地圖』와 『靑邱圖』를 넣었다. 『대동여지도』와 『청구도』는 간행되지는 않았지만, 그는 조선광문회를 통해 김정호의 유허가 있는 남대문 밖 약현에 기념비를 세우려고 했다.[7] 사회적으로 가장 비천한 계급에 속했던 김정호가 '朝鮮에 있는 古地圖의 集成, 新地圖의 淵源'인 『대동여지도』를 만들었다고 크게 평가했다.[8] 지리학에 대한 관심은 『大東地名辭典』(1931년경)을 펴낸 데서도 나타난다.

그의 집안은 지리학을 세전하던 기술관 중인이면서도 한약방을 운영했다. 조선 후기 중인들은 자신들의 직분을 이용한 각종 상업 활동으로 부를 축적했다. 특히 의관들은 19세기에 이르러 약재 무역업과 의료 행위를 하면서 생활을 영위했다.[9] 아버지와 할아버지가 관상감에 근무하는 관리였으면서도 별도로 한약방을 운영했던 것은 전의감 직장이었던 4대조 최재수의 영향으로 여겨진다. 특히 아버지 최헌규는 한약 건재 도매상을 경영하여 상당한 부를 축적했다. 최헌규의 재력은 최남선의 신문관 설립과 이후의 출판 계몽운동에 소요되는 자금을 대준 경제적 배경이었다.

최헌규(1859~1933)는 개화기 변화의 물결을 누구보다 빨리 읽고 새로운 시대에 적응하여 자신의 가문을 중흥시키고자 했던 인물이었다. 그는 1879년 21세로 식년시 지리학에 합격한 후, 1903년

---

7) 『東亞日報』 1925. 10. 9.
8) 崔南善, 「70年前에 單身 實査獨力 創製한 古山子의 大東輿地圖」(1928) 『全集』 9, 105~110쪽.
9) 이남희, 1999, 「조선후기 '잡과중인'의 사회적 유동성」 『韓國 近代履行期 中人研究』, 延世大學校 國學研究院, 302~303쪽.

景陵[憲宗陵] 奉安時 相地技師, 1904년 相地官, 觀象所 技師[6품]를 역임했다. 그의 최종 관직은 칙임관에 속하는 副卿이다. 부경은 1905년 관제 개편에서 나타나는 관직이다.10) 칙임관까지 지낸 최헌규는 기술관 중인으로 매우 출세한 인물이었다.

최헌규는 3남 3녀를 두었는데, 아들 둘과 딸 하나를 일본으로 유학시키는 데서도 개화기에 빠르게 적응한 인물임을 알 수 있다. 큰 딸·둘째 딸·崔昌善·崔南善·崔斗善·崔雪卿 중에서 최남선·최두선·최설경을 일본으로 유학시켰다. 최남선이 1904년 황실 유학생으로 뽑혀 일본으로 유학할 수 있었던 것은 당시 최헌규가 관상소 기사로 재직하고 있었기 때문이다. 황실 유학생은 주임관 이상의 관리들의 자제에서 선발했다. 최남선이 일본 유학을 마치지 못하고 돌아오자, 2년 후 자비로 다시 일본 유학을 시켰을 만큼 최헌규는 아들의 신학문 교육에 열의를 다했다.

막내 아들 최두선(1894~1974)도 형 최남선만큼 출세한 인물로, 1917년 와세다 대학을 졸업하고 1919년 중앙학교 교장을 지냈던, 金性洙 계열의 인물이다. 1922년에서 1925년까지 독일로 유학했고, 귀국한 후 다시 중앙학교 교장을 지내다가 1938년 경성방직 상무를 역임했다. 최두선은 해방 후의 활동이 두드러져서 1947년 동아일보사 사장에 취임한 후 16년간 재임했다. 1963년에는 제3공화국 초대 국무총리, 1971년에는 대한적십자사 총재를 역임했다.

막내 딸 최설경은 일본 유학 후에 朴錫胤과 혼인했다. 박석윤은 조선총독부 주선으로 동경제대와 켐브리지 대학을 유학한 인물로,

---

10) 副卿이 나타나는 관부는 1905~1906년에는 宮內府 소속의 侍從院·禮式院·太醫院이고, 1907~1910년에는 內藏院이다. 최헌규가 어떤 관부의 부경이었는지는 알 수 없다. 『大韓帝國官員履歷書』에는 최종 관직이 觀象所 技師로 되어 있으나, 『東州崔氏族譜』의 <跋文>과 <任司錄>에는 副卿으로 나온다.

1930년에는 『매일신보』 부사장을 지냈고 1932년에는 만주국 외무
관료로 진출하여 1939년 폴란드 주재 만주국 총영사를 역임한, 대
표적 친일파로 손꼽히는 인물이다.

최헌규와 자식대의 활약에서 나타나듯이 그의 집안은 중인 계층
에서 근대 엘리트로 성장한 대표적인 예에 속한다.[11] 최헌규는 최
남선이 3·1운동 후 당대의 명망가로 부상하자 『동주최씨족보』 간
행을 주도했다. 1920년 동주 최씨 각파에게 발문을 보내고 1921년
譜所를 설치하여 1여 년 작업 끝에 완성했다. 완성된 『동주최씨족
보』를 1923년에서 1924년에 걸쳐 신문관을 통해 인쇄, 간행했다.
최헌규가 『동주최씨족보』 간행을 주도할 수 있었던 것은, 자신이
부경까지 역임한 관리였고 재력이 있었는 데다가 아들의 명망으
로 그의 집안이 동주 최씨 중에서 가장 유력한 가문이 되었기 때
문이다.

최헌규는 최남선에게 개화기에 활약한 吳慶錫·劉大致·玄尙
健·李學均[12]에 관한 이야기를 들려 주면서, 중인으로 이름을 빛낸
그들처럼 되라고 격려했다. 실제 최남선은 동주 최씨로 최영 이래

---

11) 중인 계층은 세습성과 폐쇄성을 통해 중인 나름의 독특한 문화를 이루
면서 전문 행정 능력이나 기술력, 부의 축적을 바탕으로 한말과 일제
시기에 새로운 역할을 담당하면서 근대 엘리트로 등장한 계층으로 평
가된다(宋復, 1999, 「近代移行期 中人硏究의 必要性」 『韓國 近代移行
期 中人硏究』, 延世大學校 國學硏究院, 18~52쪽).

12) 海州吳氏 오경석은 한역관을 하던 중인으로 중국을 드나들며 개화 사
상을 보급한 인물이다. 유대치는 한약방을 경영하면서 오경석과 함께
金玉均·洪英植·朴泳孝·徐光範 등의 개화당을 지도하여 1884년 갑
신정변을 기획한 인물이다. 고종대에 활약한 현상건과 이학균은 1904
년 러일전쟁이 임박하자 郭光義를 여순에 보내 러시아에 보호령을 요
청하려고 했던 친러파 계열의 인물들이다. 두 인물의 약력은 자세히 알
수 없다. 현상건이 천령 현씨인 것은 확인할 수 있으나, 이학균의 가문
은 미상이다.

가장 유명한 인물이 되었다. 근대 역사가로서 최남선이 오경석·유대치·崔漢綺·김정호 등 중인이거나 한미한 가문의 출신을 누구보다 먼저 주목할 수 있었던 데에는 그의 가계와 아버지의 훈육이 작용했을 것이다.

최남선이 기술관 중인 가문 출신이었다는 사실은 그의 성향과 행적을 파악하는 데도 실마리를 준다. 그는 중인 계층의 이해 타산적이고 공리적 사고를 이어 받고 있었다. 그가 19세의 나이로 신문관을 차려 출판 사업을 했던 것 자체가 사업에 대한 조숙성을 나타낸다. 또 그는 자신의 잡지에서 현상금을 걸고 원고를 모집했지만 실제로는 상금에 해당하는 책을 보내 주었고, 현상 응모하는 자격을 자신의 잡지에 있는 원고지에만 할 수 있도록 하는 등 경영적인 이해 타산에 밝았다.13) 이해 타산적이고 공리적인 성향은 그가 근대 문명을 빠르게 흡수하는 데도 작용했지만, 동시에 시류에 따라 변할 수 있는 요인으로도 작용했을 것이다.

어렸을 때부터 재능이 뛰어났던 최남선은 아버지의 기대를 한 몸에 받으면서 성장했다. 6~7세 경에 한글을 읽어『춘향전』등 한글 이야기 책을 탐독하고 濟衆院에서 발간한『天路歷程』등 기독교 관련 서적을 읽었다. 7~8세경에는 漢洞 洪忠鉉의 글방과 여러 글방을 다니면서 6여 년 정도 한문을 익혔다. 한문을 읽게 된 후에 최남선은 당시 밀려 들고 있던 신문물에 대한 지식을 한문을 통해 흡수했다.『泰西新史』『時事新論』『中東戰記』『自西徂東』등을 통해 신지식과 문명 의식에 눈을 떴다. 특히『태서신사』는 그에게 '문명 진보'의 의식을 강렬하게 심어 주었다.14)『獨立新聞』『皇城新聞』을 통해서는 당시 조선이 처한 입장을 깨달았다. 이러한 의

---

13) 鄭晉錫, 1985,『韓國現代言論史論』, 전예원, 158~159쪽.
14) 崔南善, 1918,「十年」『靑春』14 ;『全集』10, 481쪽.

식을 바탕으로 최남선은 12세(1901) 때 최초로 정부의 무능을 공박하고 대책을 제시한 「大韓興國策」을 『皇城新聞』에 투고했다. 이 글은 게재되지는 않았지만 사회 의식이 일찌감치 싹트고 있었음을 알 수 있다.

최남선은 12세 때 玄晶運의 여섯째 딸과 혼인했다.[15] 장인 현정운은 대표적인 역관 가문인 川寧 玄氏로, 1859년 增廣試에 漢學으로 합격하고 上通事·僉正을 역임한 역관이었다. 13세(1902)에 최남선은 일본인 渡瀬常吉이 경영하는 京城學堂에 들어가 3개월간 일본어와 산술을 배웠다. 1902년은 러일전쟁이 터지기 2년 전으로 일본 세력이 우세를 점하고 있어 일본어를 알지 않고서는 시세를 쫓아갈 수 없던 시기였다. 경성학당에서 3개월간의 학습을 마친 후에는 서울에 지국을 두고 있던 『大阪朝日新聞』을 정기 구독하면서 일본어를 익혔다.

한문을 통해서 신지식을 흡수하던 최남선은 일본어를 배운 후에는 일본어를 통해서 신지식을 흡수했다. 그는 후일 당시 서양의 학술 서적 번역은 중국보다 일본이 앞서고 있었다고 회고했는데,[16] 그러나 당시 구할 수 있는 일본 책이라고는 관립 학교의 교과서류 정도뿐이었다. 신지식에 굶주려 있던 최남선은 러일전쟁이 발발하던 해인 1904년 10월 황실 유학생으로 선발되어 일본의 東京府立 第一中學校에 입학했다. 그러나 입학 후 한 달 반만에 중퇴하고[17]

---

15) 최남선은 부인 현씨와의 사이에 3남 2녀를 두었다. 漢玉(1909년생)·漢 因(1915년생)·漢雄(1917년생)·漢儉(1922년생)·漢奇(1924년생) 중에서 한기는 5살 되던 해에 죽었고, 장녀 한옥은 6·25전쟁 때 피살되었고, 장 남 한인은 부산 피난 시절에 죽었고, 막내 아들 한검은 6·25전쟁 때 행 방불명되었다. 다섯 자녀 중 둘째 한웅만이 유일하게 최남선의 임종을 지켜 보았다.

16) 崔南善, 1954, 「書齋閑談」『새벽』 12월호 ; 『全集』 5, 439～441쪽.

17) 1904년 11월 2일에 입학하여 동년 12월 19일에 중퇴했다(金允植, 1981,

이듬해 1월 귀국했다. 유학 당시 알게 된 崔麟과의 만남은 3·1운동
을 함께 거사하는 인연으로 이어졌다.[18] 최초의 도일에서 15세 소
년 최남선은 일본의 근대 문명에 큰 충격을 받았다.

러일전쟁에서 승리한 일본은 1905년 11월 '을사보호조약'을 한
국 정부에 강요하여 체결했다. 조야를 들끓게 한 이 소식을 접한
최남선은 며칠 동안 머리를 싸매고 방에 누워 있었다. 을사조약을
반대하는 논설이 『황성신문』과 『대한매일신보』에 실리고 있었는
데, 그도 『황성신문』에 시국을 개탄하는 논설을 투고해서 통감부
의 헌병대에 체포되었다가 한 달만에 풀려났다. 또 다시 과격한 논
설을 투고해서 말썽이 일어나자 황해도로 도망가서 화를 면하기도
했다.

다음해 그는 다시 일본으로 유학했다. 이번은 자비 유학으로
1906년 4월 와세다 대학 고등사범부 지리역사과에 입학했다. 그는
이 시기에 자신의 관심이 철학에서 경제로 그리고 사학으로 옮겨
갔다고 술회했는데,[19] 동양 역사를 연구할 생각이었다.[20] 두 번째
유학중 그는 1906년 9월 대한유학생회 창립 총회에서 『大韓留學生
會報』 편찬원에 선임되어 잡지를 편집하는 기회를 처음으로 가졌
다.[21] 이 때 잡지 편집을 맡았던 것은 두 해 뒤에 창간되는 『소년』

「崔南善論」『(속)韓國近代作家論攷』, 53쪽).

18) 황실 유학생의 모임이 10년 후 서울에서 있었다. 이 모임에 대해 최남
선이 적어 놓은 글이 있다. 이들은 일본 유학생 1세대였다. 10년 후의
그들의 직업은 1세대 일본 유학생들의 동향을 보여 준다. 崔南善은 출
판업, 崔麟은 普成學校 교장, 具滋鶴은 進明女子高等普通學校 교사,
姜荃은 培材學堂 교사, 尹台鎭은 문필가, 劉秉敏은 교사, 姜元永과 池
成允은 의사, 全宇榮은 은행원, 文昌圭는 관리였다(崔南善, 1914, 「入
學宣誓 拾週年」『靑春』 3 ; 『全集』 10, 439~444쪽).

19) 崔南善, 1918, 「十年」『靑春』 14 ; 『全集』 10, 480쪽.

20) 趙容萬, 1964, 『六堂崔南善』, 三中堂.

21) 창립 총회에서 편찬원은 3명이 선임되었으나, 이듬해 3월에 나온 『대

제작에 큰 도움이 되었다.[22)]

2차 일본 유학중에 최남선은 그의 생애에 깊은 영향을 준 사람들을 만났다. 먼저, 일본 유학중인 李光洙·洪命憙를 만난 것을 들 수 있다. 이 때 시작된 이광수와 홍명희와의 교유 관계는 긴밀하게 이어졌다. 최남선은 귀국 후에 자신의 잡지『소년』에서 이광수와 홍명희를 청년 지도자로 높게 평가하기도 했다.[23)]

최남선에게 가장 깊은 영향을 미친 안창호와의 인연도 이 시기에 이루어졌다. 안창호는 미국에서 귀국하는 길에 동경 유학생 단체 중의 하나인 太極學會의 초청으로 1907년 2월 동경에 들려 연설회를 가졌다.[24)] 최남선은 그의 연설에 매우 감동했다. 최남선이 뒤를 이어 연설하다가 가끔 발작하는 학질때문에 쓰러지자 안창호가 여관으로 데려가 간호했다. 안창호의 인격과 사상에 감동한 최남선은 평생 안창호에 대한 존경심을 잃지 않았다. 이광수의 증언에 따르면, "나는 지금까지 평생 先生이라고 부르는 이가 없으나 오직 島山 한 분만은 先生으로 안다"고 했다고 한다.[25)]

그러나 두 번째 일본 유학도 석 달만에 중단되었다. 그 해 6월 와세다 대학 학생들이 주최하는 모의 국회에서 토의 안건을 '朝鮮王 來朝에 관한 件'으로 정하고 일본의 보호국이 된 조선의 국왕이 일본에 오는 데 대한 접대 절차를 논의할 것을 결정했다. 이에 와세다 대학에 재학하던 한국 유학생들이 분개하여 총장에게 항의했으나 받아 들여지지 않아 유학생 70여 명이 자진 퇴학할 때, 최

한유학생회보』 첫 호에 '編輯人 崔南善, 發行人 柳承欽'으로 되어 있어 최남선이 편집을 전담했음을 알 수 있다.
22) 鄭晉錫, 1985,『韓國現代言論史論』, 전예원, 117쪽.
23) 崔南善,「少年時言」(1910)『全集』10, 137쪽.
24) 愼鏞廈, 1984,『韓國民族獨立運動史研究』, 乙酉文化社, 22쪽.
25) 李光洙, 1979,「在滿洲의 島山安昌浩」『李光洙全集』8, 又新社, 502쪽.

남선도 퇴학했다.

이것으로써 최남선의 정식 학교 교육은 끝이 났다. 그의 학교 교육은 글방 공부 6여 년을 제외하면, 경성학당에서의 3개월, 1차 유학 때의 1개월 반, 2차 유학 때의 3개월이 전부이다. 글방에서의 한문 수학을 제외하면 신교육도 8개월 정도밖에 되지 않는다. 최남선은 자신의 학문을 독학으로 일구어 냈던 것이다. 그리고 신교육 기간은 짧았지만 모두 일본을 통해 이루어졌다는 특징이 있다.

2. 신문화 운동

최남선은 3개월로 그친 두 번째 일본 유학을 포기하고, 망국의 한을 풀기 위해서는 청년의 계몽과 국민 정신의 진작을 위해 출판 사업을 일으켜야 한다고 결심했다. 그는 아버지를 설득해 자금을 얻었는데, 최헌규가 내놓은 돈은 당시 땅 수천 석지기를 살 수 있는 금액이었다.26) 자금을 구한 최남선은 동경 秀英社에서 인쇄 기구를 사서 조판·식자·인쇄 기술자 5명과 함께 귀국하여 1908년 新文館을 창립했다.27) 新文館이란 이름에 새로운 문화를 보급시켜 나라를 구하겠다는 '文章救國'의 의지가 나타나 있다.28)

---

26) 趙容萬, 1964, 『六堂崔南善』, 三中堂, 64쪽.

27) 『六堂崔南善全集』의 年譜와 趙容萬의 『六堂崔南善』은 신문관 창립을 1907년 여름으로 잡고 있으나, 鄭晉錫은 1908년 5월 또는 6월로 잡았다. 이의 논거로 1918년 6월에 발표한 『청춘』 제14호에 신문관 창업 10주년을 회고하는 글을 실었다는 사실, 1907년 3월과 5월 사이에 최남선이 동경에서 『大韓留學生會報』를 편집하고 있었다는 사실을 들었다(鄭晉錫, 1985, 『韓國現代言論史論』, 전예원, 119~120쪽).

28) "하루는 洪命憙君이 오라고 하기에 가보니 낯빛 검은 靑年 하나를 소개하는데, 그가 崔南善이었습니다. 그는 早稻田 豫科를 버리고 文章救

이듬해 우리 나라 근대적 종합 잡지의 효시를 이루는『少年』을 창간했다. 최초의 근대적 잡지인『소년』의 국문학사상 의의는 매우 크지만,[29] 초기에는 고전을 면치 못했다. 첫 호는 10권도 나가지 않았고 반 년 지나자 겨우 100권 정도가 나갔다.[30] 그러나 점차 판매 부수는 늘어 갔고 각 학교에서 교과서로 사용되기도 했다.

1911년『소년』이 폐간된 후, 최남선은『붉은 저고리』(1912),『아이들보이』(1913),『새별』,『靑春』(1914)을 계속 발간했다.『소년』에서『새별』에 이르기까지 원고 작성, 편집, 인쇄, 발행, 판매를 거의 최남선 혼자서 담당했다. 또한 잡지뿐만 아니라 단행본도 신문관을 통해 출판했다.

최남선이 짧은 시간내에 혼자 힘으로 많은 잡지와 서적을 발간할 수 있었던 데에는 일본 출판물의 도움이 컸다. 당시 신문관에는 일본으로부터 갖가지 잡지와 신문이 들어 왔고, 문학·역사·지리·과학 등 여러 방면의 일본 책들도 수천 권이나 갖추어져 있었다. 최남선의 출판 계몽 운동의 저수지 역할을 한 것은 수많은 일본 서적들이었던 것이다.[31]

『붉은 저고리』『아이들보이』『새별』은 아동용 잡지였던 반면, 1914년 10월에 발간한『청춘』은 성년 잡지로 이전의 모든 잡지가

國을 목적으로 京城에 돌아가『少年』이라는 잡지를 發刊하기로 하였으니 나더러도 執筆하라고 하였습니다."(李光洙, 1979,「文壇生活三十年을 돌아보며」,『李光洙全集』8, 又新社)

29) 趙容萬은『소년』의 공로를 네 가지로 평가했다. 당시로서 가장 새로운 편집 체재를 가진 신식 잡지 즉 신학문의 책이라는 것, 서양 문화의 소개와 과학 지식의 도입에 힘써서 계몽 잡지의 역할을 한 것, 신체시를 처음으로 소개한 것, 國主漢從·言主文從의 신문장 건립 운동을 최초로 일으킨 것을 들었다(趙容萬, 1964,『六堂崔南善』, 三中堂, 79~84쪽).

30) 崔南善, 1918,「十年」『靑春』14 ;『全集』10, 481쪽.

31) 신문관에서 번역 출간된『불쌍한 동무』『검둥이의 설움』『로빈슨표류기』등도 원어에서가 아니라 일본어에서 중역되었다.

결실을 맺은 잡지였다.[32]『소년』을 발간한 후 7여 년만에 내는 잡지로 그의 출판인으로서의 기량이 성숙되어 나타난 잡지였다. 1910년대 무단 통치기에 학보나 회보를 제외하고 유일하게 발간된 잡지이기도 했다.『청춘』의 인기는 매우 높았다. 2여 년 인가 취소 당해 있다가 속간호를 내자 4천 부를 찍었는데도 곧바로 매진되고 각지에서 주문이 쇄도했다.[33]『청춘』은 문예 기사를 많이 실었고, 필자도 다양해져서 이광수・홍명희・玄相允・權相老・李相協・秦學文・閔泰瑗 등이 기고했다.

최남선은 근대 문물을 보급하는 출판 계몽 운동과 병행하여 1910년 10월 朝鮮光文會를 설립했다. 조선광문회는 고문헌 보존과 간행, 그리고 국어 사전의 편찬을 통해 고문화를 선양하겠다는 취지로 발족되었다. 한말 이래 일본인들이 조선의 고서를 다량으로 수집하여 자국으로 유출하고 있었기 때문에 고서 수집의 필요성이 지식인들 사이에 고조되고 있었다.[34] 최남선 자신도 일본 유학시 이런 현상을 목도하고 매우 개탄한 바 있었다. 고서 수집의 필요성이 고조되고 있던 시대적 분위기가 조선광문회 설립으로 수렴되었던 것이다.

신문관 건물 2층에 설치된 조선광문회는 1911년부터 1918년경까지 20여 종의 고전을 발간했다. 또한 한국 최초의 국어 사전과 현대적인 한자 자전을 편찬했다. 조선광문회에 직간접적으로 참여했던 인사는 朴殷植・柳瑾・金敎獻・李寅承・南基元・周時經・

---

32) 洪一植, 1959,『六堂研究』, 日新社, 42쪽.
33) 洪一植, 1959,『六堂研究』, 日新社, 49쪽
34) 신채호는 이러한 현상을 개탄하여『東國通鑑』『懲毖錄』등의 책을 일본에서 구하기는 쉬운데 서울의 서점에서는 보기조차 힘들다고 하면서 뜻 있는 사람들이 舊書를 구할 것을 역설했다(申采浩, 1977,「舊書蒐集의 必要」『改正版 丹齋申采浩全集』別集, 螢雪出版社, 169쪽).

金枓奉・李奎榮・權悳奎・林圭・金興濟・韓澄・張志淵・玄采
등이다.35)

이 시기에 최남선의 사상과 활동에 결정적인 영향을 미친 인물
은 안창호였다. 1907년 일본에서 안창호를 만난 이래 최남선의 활
동은 그와 밀접하게 연관되어 있었다. 안창호의 독립 준비론・인
격 수양론・실력 양성론은 최남선의 사회 운동에 깊은 영향을 미
치고 있었다. 그의 青年學友會 활동과 朝鮮産織獎勵契 조직을 그
러한 예로 들 수 있다.

1908년 8월에 설립된 청년학우회는 비밀 결사였던 신민회의 합
법적 외곽 단체로 국가의 장래를 짊어질 청년의 인격 수양 단체였
다. 尹致昊・張膺震・車利錫・李昇薰・安泰國・崔南善 등 12명
이 발기인으로 참여했다. 최남선은 청년학우회 발기인으로 참가한
이래, 總會 議事員・辯論課長・漢城聯會 總務 등의 직책을 맡으
면서 중추적인 역할을 담당했다.

『소년』에 「青年學友會會報」라는 난을 만들어 청년학우회 소식
을 알렸다. 또한 「青年學友會의 主旨」를 세 차례에 걸쳐 『소년』에
연재하여 청년학우회 취지를 알렸다. 「青年學友會歌」「青年學友
會行步歌」「青年學友會夏期休學歌」를 지어 『소년』에 싣기도 했
다. 이광수가 『소년』을 청년학우회의 준기관지라 평하고36) 일제가
『소년』을 신민회의 기관 잡지로 파악했을 만큼37) 『소년』은 청년
학우회 운동을 대변하는 잡지였다.

청년학우회 운동의 일환으로 그는 안창호와 함께 전국을 순회하
면서 강연했다. 안창호가 아직 알려지지 않은 20세 청년 최남선을

---

35) 오영섭, 2001, 「朝鮮光文會 硏究」『韓國史學史學報』3.
36) 李光洙, 1962, 「나의 告白」『李光洙全集』13, 三中堂, 195쪽.
37) 愼鏞廈, 1985, 『韓國民族獨立運動史硏究』, 乙酉文化社, 77쪽.

'국민 정신을 대표하는 지도자'로 청중에 소개하면서 최남선은 '소
년 명사'가 되어 갔다.[38] 1911년 1월, 일제는 '안악 사건' '양기탁
등 보안법 위반 사건'을 일으켜 신민회 회원으로 간주되는 인사들
을 일제히 검거했다. 이 과정에서 청년학우회도 해체되었고,『소
년』도 1911년 1월에 정간당하고 말았다.

최남선의 청년학우회 이념을 계승한 운동은 1915년의 조선산직
장려계로 이어졌다. 청년학우회가 인격 수양 운동을 표방한 단체
였다면, 조선산직장려계는 산업 진흥 운동을 표방한 단체였다. 인
격 수양 운동과 산업 진흥 운동은 안창호의 독립 준비론과 실력 양
성론의 축을 이루는 독립 운동 전략이다. 조선산직장려계는 자급
자족을 통한 민족 자본의 성장을 목표로 하고 있었다.

일찍부터 국산 장려 운동에 열중하여 양복과 구두가 아닌 무명
두루마기와 미투리로 일관했던 최남선은 조선산직장려계의 창립
과정에서 주도적인 역할을 했고 임원으로 참여했다.[39] 조선산직장
려계는 당시 국내의 이름 있는 신지식층을 거의 망라하여 柳瑾·
白南奎·李容雨·金性洙·安在鴻·張志暎·朴勝喆 등이 참여
했다. 조선산직장려계는 한일 병합 이후 서울에서 벌어진 다양한
민족 운동과 3·1운동을 이어 주는 징검다리 역할을 했고,[40] 후일
최남선이 3·1운동에 주도적으로 참여할 수 있는 계기가 되었다.

신문화 운동에 주력하던 이 시기는 그의 사학이 준비되고 있던
시기였다. 역사 논설을 쓰고 있었지만, 아직 그의 역사 연구는 본
궤도에는 오르지 않았다.『소년』창간호부터 연재된「海上大韓史」

---

38) 李光洙, 1979,「六堂崔南善論」『李光洙全集』8, 又新社, 488~489쪽.
39) 박찬승, 1991,『한국근대정치사상사연구』, 역사비평사, 144쪽.
40) 오영섭, 2001,「朝鮮光文會 硏究」『韓國史學史學報』, 133쪽.

는 그가 쓴 최초의 한국사 논설이다. 삼면이 바다인 대한제국이 진
출할 곳은 바다라는 취지의 글로 문화사적 역사 인식이 강하게 나
타나고 있어 후일의 최남선 사학이 예고되어 있다. 이 밖에 한말
당시 영웅주의적 역사 서술의 영향을 받은 「피터大帝」「나폴레옹
大帝傳」「가리발디傳」「薩水戰記」를 발표했다.

고대사에 관한 최초의 논설은 「古朝鮮人의 支那沿海 植民地」
(1915)이지만, 3년 후 본격적인 고대사 논설로 「稽古箚存」(1918)을
발표했다.[41] 「계고차존」은 고대사를 단군 시대와 부여 시대로 나
누고 단군 개국부터 삼한까지 다룬 논설로, 「계고차존」에 이르러
학술적인 고대사 연구가 시작되었다고 할 수 있다.

그의 사학과 관련하여 주목되는 것은 조선광문회이다. 조선광문
회는 국학 진흥의 터를 잡았다는 국학 운동사에서의 의의뿐만 아
니라 최남선 개인의 역사 연구에도 지대한 영향을 미쳤다는 점에
서도 의의가 크다. 조선광문회를 통해 전국에 흩어져 있는 전적을
수집, 편찬, 간행하는 과정에서 자료에 해박해질 수 있었던 것은
그의 사학의 특징으로 손꼽히는 '博學强記'를 가능하게 했다. 또한
'대종교 공동체'라고 불릴 만큼 대종교적 구국 이념을 받드는 인사
들로 구성된 조선광문회는[42] 그의 단군 연구에 큰 영향을 미쳤다.

이 시기 그의 업적으로 손꼽을 수 있는 것은 신문장 건립 운동이
다. '國主漢從' '言主文從'을 취지로 하는 그의 신문장 건립 운동
은 자신이 발간하는 잡지에서 일관되게 추진되었다. 이러한 노력
은 국어 사전 출판으로 나타나서 주시경의 『말의 소리』(1914)와 김
두봉의 『조선말본』(1916)을 신문관을 통해 간행했다. 또한 음담 패

---

41) 『청춘』은 1915년 4월부터 1915년 5월까지 정간, 인가 취소되어 있었다.
   이 기간 동안 최남선은 「계고차존」 집필을 시작하여 일본에서 탈고했
   다. 1916년에 탈고하여 2년 후 1918년 『청춘』에 발표했다.
42) 오영섭, 2001, 「朝鮮光文會 研究」 『韓國史學史學報』 3, 110쪽.

설의 형태로 읽히고 있던『춘향전』『장화홍련전』『심청전』『홍부
전』등을 당시의 국어로 교열·윤문하여 '6전'이라는 싼 값에 보
급했다. 誤字·落字를 교열하여 『신교옥루몽』 4책(1912~1913)
『신교수호지』 4책(1913)『고본춘향전』(1913)도 간행했다.『時文讀
本』(1916)의 발간도 신문장 건립 운동의 일환이었다. '아름다운 내
소리, 넉넉한 내 말, 한껏 잘된 내 글씨, 이 올과 날로 나이된 내
글'43)을 학생들에게 보급하기 위해 자신과 국내외인들의 글을 수
록한『시문독본』은 판을 거듭하여 찍었을 만큼 널리 애용되었다.

3. 조선학 운동

신문관과 조선광문회는 당시 신지식인들의 양산박 역할을 하고
있었다.44) 대종교 계열의 인사를 비롯하여 일본 유학생 출신의 신
지식층이 신문관과 조선광문회에 드나들고 있었다. 1910년대 무단
통치기에 신문관과 조선광문회는 지식인들의 공개적·합법적인
회합처였다. 신문관에는 일본 신문과 잡지가 속속 들어오고 있어
서 국제 정세를 알기에 유리했다. 국제 정세의 변화와 함께 이들의
모임은 자연 독립 운동을 강구하는 방향으로 나아갔다.

1918년 미국 대통령 윌슨의 민족 자결주의 원칙 발표와 제2차
세계대전의 종결로 국제 정세는 변하고 있었다. 국제 정세의 변화
를 타고 독립 운동의 분위기가 고조되었으며, 1919년 초부터는 구
체적인 움직임으로 나타나기 시작했다. 중국·미주 지역에서는 각

---

43) 崔南善,「時文讀本」『全集』8, 474쪽.
44) 秦學文, 1960,「六堂의 業績」『現代文學』; 六堂崔南善先生紀念事業
會 編, 1990,『六堂이 이 땅에 오신 지 百周年』, 東明社에 재수록.

각 파리강화회의에의 대표 파견이 추진되었고, 재일 유학생들은 1919년 2월 8일 동경에서 독립 선언식을 가졌다.

국내에서도 천도교의 손병희·권동진·오세창·최린 등을 중심으로 독립 운동의 계획이 추진되고 있었다. 이 과정에서 최남선은 각계의 인사들을 3·1운동에 끌어 들이는 역할을 담당했다. 구시대 인물들을 교섭했고,45) 특히 기독교를 참여시키는 데 결정적으로 기여했다. 1919년 2월 초순, 최린·송진우·현상윤과 회합했을 때 기독교와 함께 거사할 것을 발의, 그 대표격인 이승훈에게 연락하여 기독교계의 참여를 성사시켰다.

최남선이 3·1운동에서 한 역할 중에 두드러지는 것은 「獨立宣言書」의 작성이다. 그가 「독립선언서」의 작성자가 된 데에는 최린의 권유가 있었고 한국인의 독립 의사를 자신이 가장 정확하게 발표할 수 있다는 자신감이 작용했다.46) 이광수가 작성한 「2·8독립선언서」를 참조하면서, 일본인 小澤勝吉 집의 방 한 칸을 빌려 약 2주일간 주로 야간을 이용하여 「獨立宣言書」「日本 政府에 對한 通告」「월슨 米大統領에게 보내는 意見書」「파리講和會議에 보내는 멧세지」를 작성했다. 2월 하순, 초안을 최린에게 넘겼다.

최남선은 「독립선언서」 초안을 넘긴 후에는 더 이상 운동에 관여하지 않았고, 또 자신이 작성한 「독립선언서」에도 서명하지 않았다. 이에 대해 그는 학자로 사회에 진력하는 것을 버리면서까지 3·1운동의 표면에 나서고 싶지 않았다고 했다.47) 일제의 「四十七人豫審決定書」에 '歷史專攻者 被告 崔南善'으로 기록되어 있는 것으로 보아, 당시 그는 역사 연구가로 알려지고 있었다. 민족 대표 47인 중

---

45) 崔南善·崔麟·宋鎭禹가 구시대 인물로 교섭한 사람은 朴泳孝·尹用求·韓奎卨·金允植 등이다.
46) 『東亞日報』 1920. 7. 14.
47) 『東亞日報』 1920. 7. 14.

의 1인으로 체포, 구금되어 2년 8개월간 복역했다. 최남선은 감옥에
서 책도 읽고 저술도 할 수 있었다. 바쁜 일을 떠나 오히려 한가했
던 옥중에서 불함 문화론과 단군론의 골격인 '밝'과 '당굴'에 착안
할 수 있었던 것은 큰 수확이었다.

　3·1운동은 최남선 생애의 분수령이 된다고 할 만큼 그의 생애에
지대한 변화를 가져 왔다. 먼저, 3·1운동은 그의 사상과 활동에 크
나큰 변화의 기점이 되었다는 사실이다. 근대적 문명 진보를 실현
하려는 '死活關頭의 一戰士'였던 그는 3·1운동 후에는 3·1운동의
성과인 민족적 자각을 완성하는 것이야말로 자신의 과제라고 선언
하고 이를 실현하려는 방향으로 선회했다. 다음으로, 「독립선언서」
의 작성자라는 명성으로 최남선은 30세의 나이로 가장 주목받는
명사가 되었다는 사실이다. 이는 동시에 조선총독부의 주목과 감
시를 받는 인물이 된 것을 의미했다. 이후 그는 항상 일제의 회유
와 강압에 노출된 삶을 살아야 했다. 마지막으로, 3·1운동 전후로
언론 출판인으로서보다는 역사학자로 살고자 결심했다는 사실이
다. 3·1운동 후 재판정에서도 그와 같은 말을 했지만, 1921년 10월
가출옥되었을 때도 역사 연구에 전념하겠다고 했다.[48]

　그러나 출옥 후 최남선은 역사 연구에 전념하지는 않았다. 그는
16년간 활동하던 신문관을 해체하고 1922년 9월 東明社를 창립하
여 주간지『東明』을 발간했다.『동명』은 이전의 아동용 계몽 잡지
또는 문예 잡지와는 성격을 달리 하는 종합 시사 잡지였다.

　1924년 최남선은『동명』을 폐간하고 일간지『시대일보』를 창간
했다.『시대일보』는 참신한 편집으로 독자들의 관심을 불러 일으
켰지만, 곧바로 경영난에 빠졌다. 신문 경영에 소요되는 막대한 자
본을 댈 능력이 없었던 최남선은 창간 2개월만에 普天敎에『시대

---

48) 李光洙, 1979,「六堂崔南善論」『李光洙全集』8, 又新社, 493쪽.

일보』의 발행권과 경영권을 넘겨야 했다. 이 과정에서 사회적 물의
가 일어났고[49] 창간 1년도 되지 않아 최남선은『시대일보』의 경영
에서 완전히 물러났다. 이 사건으로 그는 언론인으로서의 삶에 종
지부를 찍었다.

『시대일보』에서 손을 뗀 후『동아일보』 객원으로 잠시 있다가
1925년부터 啓明俱樂部를 출입했다.[50] 朴勝彬이 주도하고 있던 계
명구락부는 학술 잡지『계명』을 발행하면서 조선학의 부흥을 꾀하
고 있었다. 최남선은 조선광문회에서 완성하지 못한 국어 사전 원
고를 계명구락부로 넘겨 편찬 작업을 이어가게 했다.[51] 계명구락
부를 드나드는 것 외에는 별다른 활동이 없었던 이 시기에 '조선

---

49) 운영 자금에 쪼달리자 최남선은『시대일보』의 발행권과 경영권을 보천
교에 넘긴다는 조건으로『동명』을 발행할 때 졌던 빚을 보천교가 갚아
주고 최남선과 진학문에게 따로 1만 원을 준다는 내용의 계약서를 체
결했다. 이 계약 내용이 알려지면서 社內 분규와 사회적 물의가 일어났
다.『開闢』은 "최남선·진학문으로 보면 팔려도 더럽게 구린내나게 팔
려 먹었다. 돈이란 거기에 눈이 뒤집혀 자기 몸까지도 팔아먹어도 가하
다"라고 비난했다(鄭晉錫, 1985,『現代韓國言論史論』, 전예원).『시대
일보』 사건에서 나타나듯이 당시 최남선의 생활은 매우 어려웠다. 신
문관을 시작한 뒤『시대일보』를 그만둘 때까지 16만 원이 소요되었고,
1926년 현재 殖産銀行에 진 빚이 17만 원이었다(趙容萬, 1968,『六堂崔
南善』, 三中堂, 229쪽).
50) 최남선은 계명구락부의 전신인 한양구락부의 발기인이었다. 한양구락
부는 1918년 朴勝彬·崔南善·李能和의 발기로 결성되었다가, 1921년
계명구락부로 개칭되었다. 최남선은 3·1운동,『동명』,『시대일보』를
거치는 동안 계명구락부와 별다른 관계를 맺고 있지 않다가 자신의 일
을 모두 그만 두면서 계명구락부를 자주 출입했다.
51) 趙容萬, 1964,『六堂崔南善』三中堂, 325쪽.
조선광문회 때부터 국어 사전 작업에 참여했던 林圭·李允宰가 계명
구락부에서 작업을 계속했던 점, 조선광문회 때 출간하지 못했던『三
國遺事』를 계명구락부를 통해 출판했던 점, 계명구락부가 조선학의 부
흥을 내걸었다는 점을 통해 볼 때, 계명구락부는 조선광문회 활동을
1930년대 중반의 조선학 운동과 연결하는 가교 역할을 하고 있었다.

정신'을 발양하기 위한 조선학 운동에 전념했다.

이 시기에 역사 연구도 전성기를 맞이하여 그의 사학은 본궤도
에 올랐다. 『동명』 제3호부터 「朝鮮歷史通俗講話開題」(1922)를 20
회에 걸쳐 연재했다. 여기서 저 유명한 '조선인의 손에 의한 조선
학'의 수립을 제창하면서 민족적 자아를 지키는 정신, 민족적 자아
를 발휘하는 사상, 민족적 자아를 규명하는 학문을 세울 것을 주장
했다.52) 또한 이 논설은 문화 사관과 그에 입각한 역사 연구 방법
론을 본격적으로 논했다는 점에서 최남선 사학의 출발을 알리는
징표이기도 했다. 1925년 「불함문화론」을 탈고함으로써 문화권론
에 입각한 그의 사학 체계가 구체적으로 나타났다. 단군 연구의 토
대를 마련하기 위해 쓰여진 「불함문화론」은 그의 단군 연구의 시
작을 알리는 논설이기도 했다.

「불함문화론」 이후 단군 관련 논설을 집중적으로 발표했다. 일
본 학자들의 단군 부정론을 논파한 「壇君論」(1926)을 필두로 해서
한국 고대 문화사라고 할 수 있는 「兒時朝鮮」(1927), 『三國遺事』의
사료적 가치를 논증한 「三國遺事解題」(1927)를 발표했다. 「薩滿敎
箚記」(1927)는 단군 연구에서 연구 방법상 일대 진척을 마련한 논
설이었다. 「살만교차기」 이후 「壇君神典의 古義」(1928), 「壇君神
典에 들어 있는 歷史素」(1928), 「民俗學上으로 보는 壇君王儉」
(1928)에서 연구 방법을 다각도로 적용했고, 「壇君及其硏究」(1928)
에서 자신의 단군 연구를 집대성했다. 또한 최남선은 단군 신앙 운
동에도 적극적으로 참여했다. 대종교 강연회에 연사로 자주 참석
했고, 개천절을 기념하는 글을 여러 차례 발표했고,53) 묘향산·평

---

52) 崔南善, 「朝鮮歷史通俗講話開題」 『全集』 2, 416쪽.
53) 「開天節－全民的 名節」 『東亞日報』 1926. 11. 7.

양・구월산의 단군 유적을 성역화할 것을 주장했다.[54]

단군 연구와 단군 신앙 운동과 병행하여 최남선은 국토 답사기를 발표했다. 1924년 금강산을 답사하고『楓嶽遊記』를, 1925년 지리산 일대의 백제 지역을 답사하고『尋春巡禮』를, 1926년 백두산을 답사하고『白頭山觀參記』를 발표했다. 이들 기행문은 단순한 기행문이라기보다 답사한 지역의 풍속과 역사를 서술한 역사서이기도 했다. 시조 부흥 운동을 제창한 그는 근대 이후 최초의 창작 시조집인『百八煩惱』(1926)와 역대 시조들의 모음집인『時調類聚』(1928)를 간행하여 스스로 시조 부흥 운동을 실천했다.

磨雲嶺碑의 발견도 이 시기의 대표적인 업적이다. 1928년 9월, 함경도 일대를 답사중이던 최남선은 함흥 이원(옛명 端川)에 이르러 마을 사람들이 '남이 장군비'라 부르는 비가 기록상의 단천비, 즉 진흥왕 순수비임을 확정했다.[55]

당시 진흥왕 순수비는 昌寧碑・北漢山碑・黃草嶺碑 세 비만 발견되어 있었다.[56] 황초령비의 경우, 일본 학자들이 설정한 신라

「開天節」『東亞日報』1927. 10. 29~30.

「開天節-朝鮮心鏡의 重磨日」『東亞日報』1927. 11. 18.

「開天節」『新生』2, 1928. 11.

54) 崔南善,「壇君께의 表誠」『全集』9.

55) 이 사실이 알려지자 경성제국대학의 小田省吾, 조선총독부 박물관의 藤田亮策, 조선사편수회의 末松保和가 답사하여 최남선의 발견을 확증했다. 末松保和가「咸南 利原郡 萬德山에서 발견된 新羅眞興王의 戊子巡狩碑」를 먼저 발표했다. 몇 달 후 최남선은 마운령비의 발견 과정과 나머지 비들을 고찰한「新羅 眞興王의 在來 三碑와 磨雲嶺碑」를 발표하여 '마운령비'로 부를 것을 주장했다. 비가 발견된 雲霧峰이 위치한 마운령산맥의 북방 경계상의 의미를 중시했기 때문이다.

56) 황초령비는 이미 알려져 있었고, 북한산비는 1816년 金正喜에 의해, 창녕비는 1914년 鳥居龍藏에 의해 발견되어 '眞興王 三碑'로 불리고 있었다.

의 동북 경계보다 훨씬 위에 위치하고 있어 진흥왕 순수비가 아니
라는 설이 있었다.[57] 최남선의 마운령비 발견은 역사적 의의가 컸
다. 마운령비는 함흥의 황초령비보다 340리나 떨어져 있었기 때문
에 池內宏의 황초령비 윤관 조작설은 여지없이 깨지고 신라의 영
역이 훨씬 북쪽으로 확정되었고, 윤관의 九城 함흥평야 설치설 논
란도 불식시켰기 때문이다.

4. 친일 활동

최남선은 1928년 10월 8일 조선사편수회 촉탁이 되고, 12월 20일
자로 위원에 임명되었다. 조선사편수회가 출범할 때부터 그들의
편찬 사업이 위정자가 필요로 하는 한국사 편찬 이상은 되지 않을
것이라고 의구심을 나타냈던[58] 최남선이 바로 그 조선사편수회로
들어갔다. 「독립선언서」 작성자로, 단군 연구가로, 조선학의 제창
자로, 민족주의의 상징으로 존경받던 그가 조선사편수회 위원이
되자 크나큰 물의가 일어났다.[59]

---

57) 池內宏은 황초령비가 윤관이 여진 정벌 때 함흥 이남의 영유권을 주장
하기 위해 세웠다는 윤관 조작설을 주장했다. 池內宏은 윤관 조작설을
통해 신라의 동북 경계를 훨씬 내려 잡았을 뿐 아니라 윤관의 九城을
함흥평야에 한정시켰다. 이 때문에 황초령비는 신라와 고려의 동북 경
계선과 관련하여 일본 학자들 사이에서도 논란이 일고 있었다. 津田左
右吉과 池內宏은 진흥왕 순수비가 아니라는 입장이었고, 今西龍은 진흥
왕 순수비라는 입장으로 대립되어 있었다. 韓百謙의 『東國地理志』에
'咸興黃草嶺及端川 亦有巡狩碑'라는 기록이 있었지만, 황초령비조차도
논란이 되고 있었기 때문에 단천비에 대한 기록은 무시되고 있었다.
58) 崔南善, 「我史人修의 哀」『全集』10.
59) 鄭寅普는 '최남선이는 죽었다'며 弔文을 쓸 정도였고, 일부 사람들은
종로의 명월관에 모여 屈巾・祭服 차림으로 祭床을 차려 놓고 대성 통

1931년 만주 침략 후 일본은 대륙 침략에 박차를 가하고 있었다.
국제연맹도 일본에 별다른 제재 조치를 할 수 없었고, 일본은 여세
를 몰아 중일전쟁을 발발하기에 이르렀다. 일부 지식인들은 일본
의 위력에 압도되었고 독립에의 희망을 잃어가고 있었다. 일제의
식민 정책도 20년대와는 달리 內鮮融和・內鮮一體를 내걸고 동화
정책을 강화하고 있었다.

최남선은 1930년 한일 문화 동원론을 제기한 이래, 계속해서 한
일간의 문화적 동원성과 유사성을 주장했다. 그가 한일 문화 동원
론을 제창하던 시기에 鄭寅普・安在鴻・白南雲 등을 중심으로 조
선학 운동이 전개되고 있었다. '조선학'이라는 용어를 만든 장본인
이고 20년대 누구보다 조선학 운동을 실천했던 최남선이었지만 다
른 길을 걷고 있었다.

1935년 心田開發政策이 시작되자 최남선은 일본 신도의 보급은
한국의 무속을 통해서 가능하다 하면서 심전 개발 정책을 지지했
다.[60] 그는 신도 보급 운동에도 참여했다. 1935년 4월에는 朝鮮禊
會의 고문을 맡았는데, 조선 신궁 관계자들이 참여한 조선 계회는
'조선에서 禊道의 확립을 도모하고 古神道의 큰 뜻을 드높이고 선
양하는 것을 목적'으로 설립된 단체였다.[61] 최남선은 1949년 반민
특위에 제출한 「自列書」에서 당시의 행동을 자인했다. 그러나 자
신의 입장은 일본 신도를 통해 단군 신앙을 보급하려는 데 있었을

곡을 하면서 최남선 장례식을 지냈다 한다(文定昌,『軍國日本朝鮮强占
三十六年史』中卷, 460쪽). 최남선 자신은 『동아일보』에 연재하던 「壇
君과 三皇五帝」를 중단해야 했다.

60) 崔南善,「朝鮮의 固有信仰」『全集』9.

61) 최남선 외의 조선계회의 고문으로는 牛島省三(내무국장), 池田淸(경무
국장), 阿知和安彦(朝鮮神宮 宮司), 市秋弘(京城神社 社局) 등이 있었다
(1935.5,『文敎의 朝鮮』117호 ; 최석영, 1999,『일제하 무속론과 식민지
권력』, 서경문화사, 62쪽에서 재인용).

뿐이라고 항변했다.[62]

1937년에 이르러서는 그는 한국 문화의 일본화야말로 당면 과제라고 주장했다.[63] 중일전쟁이 일어난 후에는 일본의 중국 침략은 중국의 역사적 운명과 대세에 부합한다고 하여 일본의 침략을 옹호했다.[64] 일제 당국과도 계속 긴밀한 관계를 유지하여 조선사편수회의『朝鮮史』37권이 1938년 완간되자 그 포상격으로 中樞院參議가 되었고, 博物館設備委員・古蹟寶物天然記念物保存委員・歷史敎科書編訂委員을 역임했다.

최남선은 1938년 4월 만주로 건너가『滿蒙日報』의 고문이 되었다. 다음해 4월에는 만주국 間任官(勅任官에 해당)을 받아 建國大學 교수로 취임했다. 만주국은 '五族協和・王道樂土'을 표방했는데, 중국・일본・조선・몽고・백러시아의 다섯 민족이 협동하여 화평한 가운데 왕도로 다스려지는 낙토를 건설해 간다는 뜻이었다. 이 취지 하에 모든 기관마다 다섯 민족의 대표자들이 참가했고, 長春을 新京으로 바꾸고 수도로 정했다.

신경에 국립 대학인 건국대학을 세우고, 다섯 민족의 학생들을 입학시켰다. 교수들도 다섯 민족에서 뽑혀져 왔는데, 최남선이 한국 민족의 대표로 뽑혀 갔던 것이다.[65] 만주국의 오족 협화 이념은

---

62) 崔南善,「自列書」『全集』10, 532쪽.
63) 崔南善,「朝鮮文化の當面課題」『每日申報』1937. 2. 9～2. 11.
64) 崔南善,「北支那의 特殊性」『每日申報』1937. 10. 3～10. 10 ;『全集』10, 286쪽.
65) 趙容萬, 1964,『六堂崔南善』, 三中堂, 406쪽. 이 밖에 최남선의 만주행에는 秦學文과 朴錫胤과의 관계도 작용한 것으로 보인다.『동명』과『시대일보』시절 함께 일했던 진학문은 1936년 만주국 국무원 참사관에 취임했으며, 최남선에 앞서『만몽일보』고문을 지냈다. 또 최남선의 매제 박석윤은 1932년에는 만주국 외무 관료로 진출한 후 1937년 국무원 직속 외무국 조사처장으로 승진했고 1939년 폴란드 주재 만주국 총영사를 역임한 인물이다.

최남선의 사상과도 합치하고 있었다. 고대 동북 아시아 문화의 동질성을 주장해 온 그는 이 지역 민족의 협화야말로 현실적으로 가장 이상적인 공존 양식이라 여겼기 때문이다.

건국대학 교수로 있으면서 항일 무장 투쟁에 대한 관동군의 토벌 선무 공작을 지원하는 단체인 간도협의회 산하 동남지구 특별 공작후원회의 고문직을 맡았다. 또한 이 시기에 북경을 왕래하며 『二十四史』『國學叢書』『淸朝實錄』『圖書集成』『四部叢刊』 등의 서적을 다량 구입하기도 했다.

당시 최남선이 거처하던 사택에는 건국대학에 재학중인 한국 학생들이 자주 찾아 왔다. 1941년 12월 8일 태평양 전쟁이 일어나자, 그는 학생들에게 일본이 패망하고 한국이 독립할 것임을 예언했다.[66) 태평양 전쟁이 불리하게 진전되자 일제 당국은 한국 청년의 징병·학병 문제를 거론하고 있었다. 최남선은 건국대 학생들에게 학병으로 지원할 것을 권했는데, 민족 실력 배양을 위해서는 군사력과 군사 기술을 이 전쟁을 통해 배워야 한다는 논리였다. 이러한 논리는 1943년 동경으로 학도병 지원 연설을 나가게 된 원인을 제공했다.

일제는 1943년 10월 학도병 지원 제도를 실시하여 한국인 전문학생·대학생을 지원 형식으로 전쟁에 내몰고 있었다. 일제는 한국 학생들의 학병 지원이 저조하자 유명 인사들을 학병 권유에 나서게 했다. 최남선은 1943년 11월 이광수와 함께 學徒兵日本勸說隊의 일원으로 일본으로 건너 가 14일과 20일 이틀 동안 明治大學 대강당에서 열린 半島出身出征學徒蹶起大會에서 학병 지원 권유 연설을 했다.[67) 이는 그 자신이 학병 지원을 해야 한다는 입장을

66) 趙容萬, 1964,『六堂崔南善』, 三中堂, 411쪽.
67) 崔南善,「가라! 靑年學徒여」『每日申報』 1943. 11. 20.

표명한 바 있어 자초한 일이기도 했다.[68] 귀국해서도 '聖戰'의 승리를 확신하고 동참할 것을 촉구하는 글을 발표했다.[69]

이 시기의 학문적 업적으로는 그의 최초의 통사 『朝鮮歷史講話』(1930)를 들 수 있다. 일반인들에게 한국사를 쉽게 읽히게 하려는 목적으로 쓰여진 이 책은 짜임새 있는 구성과 뛰어난 서술력을 갖추어 근대 사학에서의 통사 수준을 획기적으로 올렸다.

1930년 이래 그의 관심은 신화와 설화에 집중되어 있었다. 「朝鮮의 神話와 日本의 神話」(1930)에서 한일 문화 동원론을 주장한 이래 그는 일본 신화와 한국 신화의 유사성, 일본 신도와 한국 무속의 유사성을 주장하는 일련의 논설을 1934년에서 1936년까지 발표했다.[70] 1937년부터 1939년 초엽까지는 한국 신화와 설화에 관한 연구가 집중적으로 이루어졌다.[71] 만주로 간 후에는 만주·몽

68) "國內에서도 公開講演을 나서지 않던 내가 일반의 蹝蹜 문제로서 멀리까지 나감에는 自作之孼에서 나온 一動機가 있었다. 처음 學兵 문제가 일어났을 때, 나는 獨自의 觀點에서 朝鮮靑年이 多數히 나가기를 期待하는 意를 가지고 이것을 言約한 일이 있었더니, 이것이 日本人이 可居할 기화가 되어서, 그럴진대 東京 一行을 하라는 强拍을 받게 된 것이었다."(崔南善, 「自列書」『全集』 10, 531쪽)

69) 「보람있게 죽자」『朝光』 1943. 12.
「聖戰의 說文」『新時代』 1944. 2.
「亞細亞의 解放」『每日申報』 1944. 1. 1.
「戰力增强 銃後守護의 길로」『每日申報』 1945. 3. 7.

70) 이 시기에 일본어로 쓰여진 논설 중에 『六堂崔南善全集』에 실려 있는 것은 「朝鮮の固有信仰」뿐이다.
1934, 「朝鮮と神道」, 中央朝鮮協會.
1934, 「神ながら古お憶ぶ」『東亞民族文化協會パンフレット第3編』.
1935, 「朝鮮より觀たる古神道」『神道』 10.
1935, 「日本の信仰文化と朝鮮」『文敎の朝鮮』 115.
1936, 「朝鮮の固有信仰」『心田開發に關する演說集』, 朝鮮總督府中樞院.

고 지역에 대한 연구물을 발표했는데,[72] 대표작으로는「滿蒙文化」
를 꼽을 수 있다.「만몽문화」는 만주·몽고 지역의 지리·역사·
민족 문제, 그리고 문화의 이동과 교류, 종교와 신화의 동원 관계
를 다룬 논설이다.

일반인들에게 한국사를 알리려는 노력도 계속했다. 전시 체제가
강화되면서 한국사 관련 책을 출판할 수 없게 되자, 日誌라는 형식
을 빌어 한국사 이야기를 1934년부터 1938년까지『中央日報』『每
日申報』『每日新報』에 연재했다. 또한「故事千字」를 1935년에서
1936년까지『매일신보』에 연재했다.[73] 국토 사랑과 고적 애호를
주장하는 라디오 강연을 많이 했던 것도 일반인들에게 역사 의식
을 고취하려 했던 노력의 일환이었다.

1943년에는 자신의 두 번째 통사인『故事通』을 발간했다. 극단
적인 전시 체제였던 당시 한국 역사에 관한 책을 발표한다는 것은
거의 불가능했지만, '독립 운동하는 셈치고'[74] 발간한『고사통』은
석 달만에 3만 부가 매진될 정도로 인기가 높았다.

---

71)「神話 傳說上의 牛」「怪談」「動物怪談」「變化怪談」「人妖談」「異物
世界說話」「動物 故鄕說話」「朝鮮의 民譚·童話」「奇談小說」「寶盆
說話」「因鬼致富說話」「仙境說話」「如意珠說話」「異人神話」「朝鮮
의 神話」를『매일신보』에 발표했다.
72)「滿洲風景」(1938),「滿洲의 名稱」(1939),「蒙古天子」(1939),「滿蒙文化」
(1941),「滿洲建國의 歷史的 由來」(1943),「滿洲略史」(1943),「蒙古의
名義」(1943)를 발표했다.
73)「고사천자」는 우리 나라의 역사를 天·地·玄·黃에서 霜에 이르기
까지 40항목으로 나누어 서술한 체제이다.
74) 趙容萬, 1964,『六堂崔南善』, 三中堂, 414~415쪽.

5. 해방 후 저술 활동

태평양 전쟁에서 일본의 패전을 예측했지만 정작 8·15해방은 자신이 생각했던 것보다 빨리 왔다.[75] 해방 후 최남선에 대한 비난과 비방은 드높았다. 1948년 8월 대한민국 정부가 수립되고 9월에 반민족행위자처벌법이 국회에서 통과되자 이 법에 의거, 10월에 반민족행위특별조사위원회가 설치되었다.

환갑을 목전에 둔 60세의 그는 1949년 2월 이광수와 함께 체포되어 서대문 형무소에 수감되었다. 반민특위의 활동은 이승만 대통령의 견제와 친일 분자의 처벌을 강력히 주장하던 국회의원들이 '국회 프락치 사건'으로 구속되면서 유야무야되고 있었다. 최남선도 한 달만에 보석으로 풀려 나온 후 5월에 공판을 받았으나, 반민특위가 소강 상태에 빠지면서 더 이상 재판받지는 않았다.

그는 형무소 수감중에 특별재판소에 「自列書」를 제출했다. 여기서 그는 반민법에 저촉된 행위들을 스스로 열거했다. 그러면서 '이것 저것 구중중한 옷을 열 벌 갈아 입었으면서도' 자신이 일한 실제는 '民族精神의 探討, 祖國 歷史의 建設' 밖에는 없었다고 했다. 그리고 나서 반민법의 처벌을 받아 들이겠다고 했다.

> 그러나 또 분명히 나는 朝鮮 大衆이 나에게 기대하는 점, 어떠한 경우에서고 淸高한 志操와 剛烈한 氣魄을 지켜서 凜乎한 義士의 型範이 되어달라는 상식적 期待에 違反했다. 내가 變節한 대목 곧 往年에 身邊의 逼迫한 事情이 志操냐 學者이냐를 兩者中 其一을 골라 잡

---

75) "바라되 기약치 못하던 8·15의 希運이 문득 다닥치매"(崔南善, 『國民朝鮮歷史』『全集』1, 244쪽). "太平洋戰爭은 豫期보다 일찍 끝났고"(崔南善, 「自列書」『全集』10, 531쪽).

아야 하게 된 때에, 大衆은 나에게 志操를 붙잡으라 하거늘 나는 그
뜻을 휘뿌리고 學業을 붙잡으면서 다른 것을 버렸다. 大衆의 나에 대
한 憤怒가 여기서 시작하여 나오는 것을 내가 잘 알며, 그것이 또한
나를 사랑함에서 나온 것임을 잘 안다. 그러나 나의 暗愚가 저의 걷고
싶은 길을 걸어서 修史委員 이하의 많은 汚點을 몸에 찍었다. 그런데
이것이 금일 反民法 抵觸의 조건임이 명백한 바, 이 法의 處斷을 받
기에 무슨 卑怯한 체를 할 것이냐. 도리어 峻嚴한 受刑 하나에 저의
責任의 輕減을 期함이 당연할 것이다.76)

여기서 최남선은 3·1운동 후 법정에서와 같은 입장을 표명하고
있다. 3·1운동 후 법정에서 그는 학자의 길을 위해 「독립선언서」
에 서명하지 않았다고 했는데, 반민특위에서도 학자의 길을 가기
위해 변절했다고 하고 있는 것이다.

반민특위의 충격이 채 가시기도 전에 터진 6·25전쟁은 최남선
개인에게 큰 불행을 주었다. 인민군이 후퇴할 때 그 자신은 피납을
면했으나, 장녀 漢玉이 피살되고 삼남 漢儉이 행방불명되었다.
1952년 부산 피난중에는 장남 漢因마저 죽었다. 또한 그가 평생 모
은 장서 17만 권도 잿더미로 변해 버렸다. 평생 전적 수집에 열의
를 다했고, 李始榮·金敎獻의 소장 도서까지 포함하고 있던 이 국
보급 장서의 소진에 최남선은 크나큰 충격을 받았다.

그러나 6·25전쟁은 그에게 활동 재개의 계기가 되었다. 피난 시
절 대구와 부산을 왕래하며 海軍戰史編纂委員會 일을 했고, 해군
전함으로 南海의 이순신 戰蹟을 답사하기도 했다. 휴전 후 서울에
올라와서는 국군 각 부대에 한국사 강연을 나갔고, 서울시의 市史
編纂委員會의 고문을 맡기도 했고, 시국과 관련하여 논설을 발표
하기도 했다.77)

76) 崔南善, 「自列書」『全集』10, 533쪽.
77) 「解放 8年과 韓國의 將來」(1953), 「韓國 復興의 열쇠」(1953), 「鬱陵島
    와 獨島」(1953), 「眞理精神」(1954), 「獨島問題와 나」(1954) 등이 있다.

1955년 4월 육군대학에서 한국사 강의를 마치고 돌아오던 중 뇌일혈을 일으켜 병석에 눕게 되었고, 11월에는 천주교에 귀의했다. 종교는 개인뿐 아니라 국가와 민족을 구제해야 하는데, 천주교야말로 신흥 한국의 정신적 改化를 가능하게 할 수 있는 종교라는 입장을 밝혔다.[78] 조선 정신의 신앙화·종교화를 주창했던 최남선이 이른 마지막 지점이다. 와병중에도 구술로 시조와 논설을 발표하다가 1957년 10월 10일 68세를 일기로 삶을 마감했다. 한말 이래 해방 후까지 격동의 시절을 살면서 누구보다 영욕의 부침을 겪었던 최남선은 楊洲 溫水里 先塋에 안장되었다.

해방 후 최남선은 자신의 저술을 단행본으로 출판하는 일에 주력했다. 해방과 함께 노년기에 접어든 그로서는 자신의 학문을 정리하려는 의미도 있었던 듯하다. 1945년 10월 동명사를 재건하여 일제 시기 원고를 단행본으로 내기도 하고, 판금되어 있던 저서를 복간하기도 했다.[79]

해방 후 새로 저술한 말년의 대표작으로는『國民朝鮮歷史』『朝鮮獨立運動史』『國難 克服의 歷史』『韓國歷史辭典』을 들 수 있다.『국민조선역사』는 한국사의 전개를 발전적으로 서술한 통사로 해방이 가져다 준 역사 인식이 반영되어 있다.[80]『조선독립운동

---

78) 崔南善,「人生과 宗敎 - 나는 왜 카토릭에로 改宗하였는가」『全集』9, 270~273쪽.
79)『朝鮮常識問答』(1946)『朝鮮常識問答續篇』『歷史日鑑』(1947)『朝鮮常識』(1948)은 일제 시기 신문에 발표했던 원고를 단행본으로 묶은 것이고, 六堂崔南善講演集 총서 5권은 일제 시기 라디오 강연 원고를 출판한 것으로『朝鮮의 山河』『朝鮮의 古蹟』『朝鮮의 文化』『朝鮮의 文學』『朝鮮의 民譚』으로 나누어져 있다.『新版朝鮮歷史』(1946)와『朝鮮遊覽歌』는 복간한 것이다.
80)『국민조선역사』는 독자 층위에 따라『쉽고 빠른 조선역사』(1946),『성

사』에서는 3·1운동 중심으로 독립 운동사를 서술했다.[81] 『국난 극복의 역사』는 6·25전쟁의 피난 시절중에 집필한 분류사로 외세 침략을 극복해 온 한국사를 서술했다.

그가 마지막 대작이자 업으로 삼은 작업은 '조선역사사전'의 편찬이었다. 해방 후 곧바로 집필을 시작하여 제1권 ㄱ部의 반까지가 組版·紙型까지 들어 갔으나 6·25전쟁이 터지면서 간행되지 못하고 紙型마저 일부 잃어 버렸다. 휴전 후 다시 집필을 시작했으나 ㄱ部를 마치고 병석에 눕게 되어 완성하지 못했다.[82]

진단학회가 1954년 록펠러 재단의 지원을 받아 『한국사』를 저술하게 되었을 때, 진단학회에서는 한국사를 선사·고대·중세·근세·최근세로 나누고 최근세편을 최남선에게 집필을 의뢰했지만,[83] 1955년 뇌일혈로 자리에 눕게 되고 1957년 작고했기 때문에 집필하지는 못했다.

최남선 말년의 심경과 시국관이 담긴 논설로 「眞理精神」(1954)이 있다. 조선 왕조가 풍전 등화에 놓인 시대에 태어나 일제 강점기를 보내고, 해방을 맞이했으나 6·25전쟁의 참화를 겪어야 했고 남북 분단의 비극을 지켜 봐야 했던 자신의 생애를 "내 一身上으로는 半世紀라는 50年前을 回想할 때에 우리 國家·民族·社會에 變化가 하도 많아서, 하마 꿈이 아니었던가 하게 된다"[84]라고 회고했다. 그는 민족 갱생과 국가 통일을 위해서는 '진실에의 민족

인교육 국사독본』(1947), 『중등국사』(1948) 등으로 쓰여졌다. 이 밖에 교재용으로 『중등동양사』(1948), 『중등서양사』(1948) 등을 출판했다.
81) 이외에 독립 운동 관련 논설로는 「韓日關係의 歷史的 考察」(1953), 「三一精神」(1953), 「三一運動의 史的 考察」(1954), 「三一運動의 現代史的 考察」(1956) 등이 있다.
82) 이 원고는 『六堂崔南善全集』 12권에 『韓國歷史辭典』으로 실려 있다.
83) 趙東杰, 1998, 『現代韓國史學史』, 나남출판, 355쪽.
84) 崔南善, 「眞理精神」 『全集』 10, 247쪽.

혁명'이 필요하다고 했다. '진실에의 민족 혁명'은 최남선이 자신
의 시대에 남긴 마지막 말이었다.[85]

Ⅱ. 사 상

1. 文明進步論

최남선의 문명 진보론은 한말 이래의 문명 개화론을 잇고 있었
다. 문명 개화론은 우승 열패의 시대에 살아 남기 위해서는 근대
문명과 근대 도덕을 받아 들여야 한다는 것으로 압축할 수 있다.
근대화를 지향한 그의 사상은 문명 개화론의 연장선상에 있지만,
그 자신이 '문명 진보'라는 용어를 사용했고 특히 진보에 대해 상
세히 논했기 때문에 문명 진보론으로 명명했다.

최남선은 29세가 되던 해, "20년 전부터 자신의 當頭事는 오직
문명 진보 하나였을 뿐이었다"고 술회했다. 9세 때『태서신사』를

---

85) 최남선 사후 그의 행적에 대한 비판에도 불구하고 추모 사업은 꾸준히
진행되었다. 1958년 제1기 육당기념사업회가 결성되어 1주기 추모 강
연회를 거행했다. 1959년 2주기에는 말년의 서재였던 素園에 기념비를
세우고 추도식을 거행했다. 비문은 李丙燾가 撰하고 글은 金忠顯이 썼
다. 1967년 10주기를 기념하여 아들 최한웅이 최남선의 소장 도서
22,000여 권을 고려대학교에 기증했고, 고려대학교 아세아문제연구소
는 육당전집편찬위원회를 결성하여 6여 년간 작업, 1973년『육당최남
선전집』15권을 발간했다. 1985년 시조시 동인들이 六堂時調詩文學償
을 제정, 격년으로 시상했다. 1990년 최남선 탄생 백주년을 기념하기
위해 제2기 육당기념사업회가 결성되어 1990년 4월 3일에 기념 강연회
를 열고 이를『六堂이 이 땅에 오신 지 百周年』으로 발간했다.

읽은 후부터 지닌 신념이며, 19세 때 신문관을 세운 이래의 활동도
문명 진보에 사활을 건 전사로서의 활동이었다고 했다.[86] 그의 문
명 진보론은 10대 이전에 이미 단초가 형성되어 20대의 신문화 운
동을 뒷받침한 사상이었던 것이다.

신문화 운동의 사상적 토대를 이룬 그의 문명 진보론은 안창호
의 영향을 많이 받았다. 청년학우회가 설립되었을 때, 그 설립 취
지서는 신채호가 썼다. 신채호는 「靑年學友會趣旨書」(1909)를 『대
한매일신보』에 발표했다. 1년 후 최남선은 「靑年學友會의 主旨」
를 『소년』에 발표했다. 두 논설은 모두 청년학우회의 설립 목적을
밝히고 있지만, 강조점에서는 차이가 난다.

신채호는 부패한 舊俗을 개혁하고 진실한 風氣를 양성하기 위
해서 뜻 있는 청년의 一大 精神團이 필요하다고 하면서 청년단이
심력의 일치, 지식의 교환, 실천과 정진에 힘쓸 것을 강조했다.[87]
반면, 최남선은 '무실 역행' '준비' '힘' '자각'의 개념으로 청년학
우회의 설립 취지를 구체화시켰다. 청년학우회는 세계의 교류 법
칙과 문명 진보의 근본 원인을 자각한 청년의 모임인데,[88] 이 자각
을 유지하기 위해서는 인격 수양을 해야 하고, 준비를 해야 하며,
힘을 길러야 한다고 했다.[89] 최남선은 신채호의 「청년학우회취지
서」를 안창호 사상으로 재해석했던 것이다.

그는 1915년부터 시작하여 특히 1917년에 집중적으로 문명 진보
론을 논했다. 「風氣革新論」(1915)「財物論」(1917)「努力論」(1917)
「藝術과 勤勉」(1917)「勇氣論」(1917)「貴賤論」(1917) 등 일련의 논

---

86) 崔南善, 1918, 「十年」『靑春』 14 ; 『全集』 10, 481쪽.
87) 申采浩, 1975, 「靑年學友會趣旨書」『改訂版 丹齋申采浩全集』 下, 螢
   雪出版社, 110쪽.
88) 崔南善, 「靑年學友會의 主旨」『全集』 10, 426쪽.
89) 崔南善, 「靑年學友會의 主旨」『全集』 10, 424쪽.

설을 통해, 문명 진보가 필요한 이유와 문명 진보에 필요한 요건들을 상세하게 논의했다.

　문명 진보를 해야 하는 절대 절명의 이유는 당시 시대가 문명 진보하지 않으면 약육 강식당하는 시대였기 때문이다. 힘 있는 자는 생존하지만 힘 없는 자는 생존할 수 없는 시대이므로 강자가 되어야 한다고 했다.[90] 강자가 되기 위한 필수 조건은 문명 진보일 따름이었다.

> 　現代 文明에 대하여 獨立孤行하는 者는 文明의 緣을 斷하는 동시에 生存의 權을 棄하여야 할지라, 진실로 自己存在를 欲하며 自己發展을 思하는 者 어찌 文明進步에 一步인들 落後하리요. … 文明 開化에 幷駕齊驅치 아니할 수 없으며, 生存角力과 文明競走에 대하여 필요한 것은 畢備하고 無益한 것은 痛祛치 아닐 수 없으며, 前後 형편과 內外 事情을 統히 文明 進步上에 便하도록 利하도록 준비치 아니치 못할지니라.[91]

　문명 진보를 따르지 않으면 생존은 말할 것도 없고 자기 존재와 자기 발전도 포기해야 하기 때문에 모든 것을 문명 진보에 맞추어야 한다는 것이다. 다른 모든 것은 차치하고 우선 문명 진보부터 해내야 한다는 주장에는 근대화에의 강박감이 배여 있다. 이러한 근대화에의 강박감에는 사회 진화론적 시대 인식이 작용하고 있다.

　근대 서구 문명을 이룩한 기본 정신은 진보적 정신이라 했다.[92] 진보적 정신에 가장 장애가 되는 정신으로 양반 정신을 지목하고 신랄하게 비판했다. 양반은 무실 역행의 정신이 없기 때문에 쓸모없는 존재였고, 양반 정신은 '文明에는 業冤이요, 進步에 不共戴天

---

90) 崔南善,「努力論」『全集』 10, 186쪽.
91) 崔南善,「風氣革新論」『全集』 10, 165쪽.
92) 崔南善,「勇氣論」『全集』 10, 201쪽.

之讎'였다.[93] 문명 진보의 시대에서 귀천은 종래처럼 혈통이나 가문에 의해서가 아니라 실력에 의해서 결정된다고 했다.

> 實力者 다 가득할지라. 窮理 明知로 超世의 功을 成하면 그는 학문으로써 貴族일 것이요, 殖産興業으로 不朽의 基를 建하면 그는 財富로서 貴族일 것이요, 敎學·藝術·醫農工商 기타 一切의 문화 발전·幸福 增進으로 凌前過人의 建成이 有하면 各自 一方의 貴族일지니, 發奮振作에서 新貴族이 胚胎될 것이요, 勤勉勵精에서 新貴族이 護養될 것이요, 發明的 事業과 創造의 動業에서 新貴族이 産出될 것이요, 이리하여 新生命 眞意義로써 합리적 新貴族이 그 位와 名을 得하였고, 그 尊榮과 幸福을 享할 것이요, 또 爲爾 能爾한 者 貴하고 否한 者 賤함은 嚴肅한 社會의 約束이요, 切實한 時代의 요구로다.[94]

새 시대에는 실력자만이 귀족이라는 것이다. 당시 양반 비판은 신랄했지만, 그의 양반 비판과 양반을 대체할 실력자상은 그가 중인 출신이라는 점에서 달리 시사하는 바가 있다. 그는 새로운 시대의 실력자를 학문·산업·교육·예술·의학·농업·공업·상업 분야에서의 직능적 실력자로 파악하고 있다. 이러한 직능적 구분은 근대의 산물이기도 하지만, 최남선의 경우 조선 왕조에서 직능, 즉 기술직 관리를 수행했던 중인 계층의 입장도 반영된 것으로 보인다.

양반의 시대가 소멸하고 실력자의 시대가 된 것은 노동하는 자의 시대가 도래했기 때문이다. 새 시대는 노동을 통해 경제력을 축적해야 하는 시대였다. 경제력이야말로 문명 진보에 이르는 필연적인 경로였다. 군자라도 경제력이 없으면 덕을 펼 수 없고 지사라도 경제력이 없으면 도를 행하지 못하는 시대가 된 만큼, 무엇보다 경제력을 축적하기 위해 노력해야 한다고 했다.[95]

---

93) 崔南善, 「風氣革新論」『全集』 10, 164쪽.
94) 崔南善, 「貴賤論」『全集』 10, 211쪽.

그러면서도 致富보다 散財를 강조했다. 재산을 상속해서는 안되고 공익 사업에 써야 한다는 것이다. 특히 문명 기관으로 가장 공공적 성격을 지닌 학교·도서관·병원·양육원·발명과 탐험 사업에 투자해야 하고, 이러한 공익 사업에의 투자야말로 진보적 정신의 표현이라고 했다.96)

진보적 정신이 근대 문명의 기본 정신이라면, 노력·근면·용기는 진보적 정신의 세부 덕목이었다. 각 덕목이 필요한 주안점은 각기 달랐다. 노력은 역사에서 생존할 수 있는 덕목으로, 근면은 예술을 발흥시키는 덕목으로, 용기는 과학을 발흥시키는 덕목으로 인식했다.

노력은 생존하려는 노력으로, 생존하려는 노력이야말로 동서양 문명의 차이를 생기게 한 것으로 파악했다.

> 西人의 歷史에는 生氣가 潑潑하고 活力이 충실함이요, 東人의 歷史에는 惰氣가 滿滿하고 疲色이 現然함이며, 一은 惺惺하거늘 一은 惛惛함이며, 一은 躍進하였는데, 一은 僵臥하였음이며, 一은 生하려고 生하였는데 一은 生하니까 生한 것이며, 一은 生存慾과 生命力이 극도로 긴장하였는데 一은 何等 意識과 何等 表現이 無함이라. 全力으로 生活한 西人과 不然한 東人이 究竟에 在하여 福不福의 懸隔이 如是함은 嚴峻한 努力律의 固宜한 바로다.97)

생존 노력이 강한 서양 역사에는 생기와 활력이 충만했지만 생존 노력이 결여된 동양 역사에는 나태와 피로감이 만연하면서 결국 서양과 동양의 차이가 생겼다는 것이다. 생존 노력이 강한 역사를 지닌 나라로 영국·독일·미국을 들었는데, 당시 제국주의

---

95) 崔南善, 「財物論」『全集』 10, 173쪽.
96) 崔南善, 「財物論」『全集』 10, 177쪽.
97) 崔南善, 「努力論」『全集』 10, 182쪽.

국가들의 역사를 승자의 역사로 보고 있음이 드러난다. 이러한 승자 중심의 역사 인식과 시대 인식에서는 제국주의에 대한 비판이 자리잡을 곳이 없다. 또한 그는 제국주의를 세계 통일의 사상으로 이해하기도 했다.[98] 이 시기 대다수 문명 개화론자과 마찬가지로 최남선의 제국주의에 대한 비판 의식은 매우 약했다.

근면은 예술을 발흥시키는 데 필요한 덕목이었다. 그가 예술을 중시한 것은 예술이 국가의 文運을 표상하고 민족의 性靈을 표출하는 기능이 있다고 보았기 때문이다.[99] 예술은 문명을 이룩한 뒤에 발달하므로 문명과 문화가 발달한 나라에만 있다 하면서 예술이 없는 것은 문화가 없는 것이므로 민족의 최대 치욕이 된다고 했다. 우리 민족의 경우, 뛰어난 예술이 있었지만 나태해서 예술이 쇠퇴하여 근래의 치욕을 당했다고 했다. 이러한 치욕을 벗기 위해서는 근면으로 예술적 재능을 발휘하기에 힘써 세계 문명의 대열에 서야 한다는 것이다.[100]

근면은 근대 자본주의를 형성시킨 시민 윤리로 손꼽히는 덕목이다. 그런데 최남선은 근면을 경제력의 향상, 당시로서는 산업 진흥 운동과 연결시키지 않고 예술과 연결시키고 있다. 이 논설이 쓰여지기 두 해 전인 1915년에 그는 민족 자본의 성장을 목표로 하는 조선산직장려계의 창립 과정에서 주도적인 역할을 했고 임원으로 참여한 바 있었다. 자신의 활동에도 불구하고 근면을 산업 진흥 운동의 덕목으로는 생각지 않고 있는 것이다.

용기는 과학 발달에 필요한 덕목이었다. 그는 물질 문명을 한마디로 말하면 '자연력 정복'을 일컫는다고 하면서[101] 근대 서구 문

---

98) 崔南善, 「海上大韓史」 『全集』 2, 402쪽.
99) 崔南善, 「藝術과 勤勉」 『全集』 10, 193쪽.
100) 崔南善, 「藝術과 勤勉」 『全集』 10, 197쪽.
101) 崔南善, 「勇氣論」 『全集』 10, 202쪽.

명은 자연을 정복한 과학의 발달로 이루어졌다고 했다. 과학 발달에 필요한 정신은 과학자들이 창조적 발명에 보인 불요 불굴의 용기였다.102)

우리의 경우에는 당쟁으로 죽은 자와 공리 공담을 고수한 자는 많으나 과학적 진리를 역설하고 실천한 자는 드물었다고 했다. 그런 중에서도 과학 탐구에 용기를 보인 인물들이 있었다.

> 코페르니쿠스 후의 갈릴레이처럼, 蔣英實의 후를 誰承하였는가. 로크 후의 밀처럼 李家煥의 후를 誰踵하였는가. 李濟馬의 四象說이 할러의 組織各殊說과 相將하고, 朴燕巖의 塵積說이 다아윈의 進化論과 幷付하고, 沈白雲의 功利說이 벤담과 同價하고, 崔惠岡의 「推測錄」이 콩트와 相爭하기로, 時人이 認識하고 後進이 修潤하지 아니하면 韞玉이 어찌 自衒하며 藏珠가 어찌 自光하리요.103)

우리에게도 서구의 과학자에 비견할 만한 과학적 인물이 있었으나 후대인이 계승하지 못했고 당대인도 그 성과를 인식하지 못했다는 것이다. 이로 인해 '文明上 大罪人'이 되었으므로 과거 시험에 보인 그 용기를 과학 연구로 옮기고, 멸족으로 치달으면서까지 당쟁을 하던 그 용기를 문화의 改進으로 옮겨야 한다고 했다.104)

이상에서 살펴 본 그의 문명 진보론은 사회 진화론적 시대 인식을 바탕으로 근대 자본주의 시민 윤리에 입각한 해결 방안을 제시하고 있다. 진보적 정신·노력·근면·용기가 결여되어 약육 강식 시대에 패자가 되었다는 것이다. 이러한 입장은 국권 상실의 원인을 제국주의 비판에서보다 내부의 문제에서 찾는 것으로 나타났

---

102) 崔南善, 「勇氣論」『全集』 10, 200쪽.
103) 崔南善, 「勇氣論」『全集』 10, 205쪽.
104) 崔南善, 「勇氣論」『全集』 10, 207쪽.

다. 다음은 그러한 인식을 보여 주는 예이다.

> 近世의 歷史를 讀하고 民邦의 消滅로써 全然히 弱肉强食의 犧牲
> 으로 觀하는 者 或有하지마는, 만일 一步를 進하여 文明史眼으로써
> 그 强弱의 由分한 바를 檢察할진대, 결코 暴惡이 弱小를 陵虐한 結果
> 뿐 아니라, 進步的 곧 世運에 適應한 一集團이 非進步的 곧 世運에
> 適應치 못한 一集團을 打破함인 줄을 覺하리니, 剛勇과 勤勉으로써
> 進步的 功業을 成하여 優者 勝者됨이 조금도 非理가 아닌 것처럼, 懦
> 弱과 懶怠로서 非進步的 生活을 위하다가 劣者 敗者된 것이 진실로
> 당연타 할 것이며, 抑하건대 嚴明 峻節한 天則의 賞罰이 暗默한 중에
> 施行된 結果라 할지니라.105)

국권 상실은 비진보적 집단이 진보적 집단에게 타파된 현상이고, 이는 진실로 당연한 것으로 하늘의 상벌이 엄격하게 실시된 때문이라는 것이다.

이처럼 조선 왕조의 멸망을 내부 책임으로 환원시킨 것은 국권 상실에 대한 자기 비판적 인식일 수 있다. 그러나 강자 중심의 논리를 중심으로 한 자기 비판적 인식은 종국에는 자기 패배적 인식으로 발전할 단서를 내재하고 있었고, 여기서 민족 개조론적 역사 인식이 발아되어 갈 수 있었다.

문명 진보론에 경도되어 있던 이 시기에도 전통 문화의 중요성을 인식하고 있었고, 이는 조선광문회를 설립한 근거이기도 했다. 그러나 전통 문화의 중요성은 신문명을 받아 들이는 토대를 마련할 수 있다는 데 있었다. 조선광문회 설립 동기를 회고하면서 "新文明의 基礎를 奠固하기 위하여 舊敎化의 地質을 探査하라"106)라고 하는 데서 나타나듯이, 신문명의 기초를 다지기 위해서 고문화를 알아야 한다는 입장이었다. 고문화를 계승하고 신문명에 동화

---

105) 崔南善, 「努力論」『全集』 10, 206쪽.
106) 崔南善, 「10年」『全集』 10, 481쪽.

되어야만 문명 진보의 시대에 생존할 수 있다는 것으로,[107] 이 시기에는 국학 운동도 문명 진보론의 입장에서 접근했다.

2. 民族自覺論

3·1운동은 최남선 사상의 분수령을 이루었다. 열렬한 문명 진보론자였던 20대에서 벗어나 민족 자각론자로 전환했기 때문이다. 그에게 3·1운동은 민족을 발견한 일대 사건이었다.

한사군에 대항할 때 민족적 자각이 한때 이루어졌으나 이후로는 그러한 자각에 바탕한 민족 일치가 이루어지지 못했고, 이런 현상은 조선 시대에 들어 와서도 마찬가지였다. 그러나 3·1운동은 당쟁으로 인한 대립, 양반과 상민의 구분, 적서의 차별, 빈부의 격차로 인한 분열을 말끔히 소멸하고 하나의 민족으로 융합한 계기가 되었다고 했다.[108] 민족적 융합, 일치야말로 그에게는 민족적 자각이었다. 이제 자신에게 주어진 과제는 민족의 발견을 민족의 완성으로 이끌어나가는 것이었다. 문명이 아닌 민족이 사상의 중심축으로 자리잡게 되었다.

최남선은 출옥한 후 1922년 신문관을 해체하고 동명사를 설립하고『동명』을 간행했다. 東明社라는 이름 자체가 新文館과 대비된다. 신문관이 신문화 운동에 주력하던 시기의 문명 진보론을 표상하고 있었다면, 동명사는 고구려의 번성을 상징하는 동명성왕에서 따온 명칭으로 민족을 우선하겠다는 의지가 상징적으로 나타난다. 그는 「東明 刊行辭」에서 3·1운동이 이룬 성과를 다음

---

107) 崔南善,「努力論」『全集』10, 187쪽.
108) 崔南善,「三一運動의 史的 考察」『全集』2, 754쪽.

과 같이 말했다.

　　우리가 '民族'이란 귀중한 發見을 이루기 위하여 어떻게 慘憺한 途
程을 지냈습니까. 어떻게 巨大한 犧牲을 바쳤습니까. 凌辱의 層氷과
鞭蹴의 積雪과 試鍊의 鐵火와 折磨의 毒刺 속에서 十顚九倒 幾死殆
滅한 끝에 바드럽게 간신히 一線 慈光을 天下에 발견한 것이 眞實로
活潑 熾熱한 民族的 自覺, 民族的 認識 아닙니까.[109]

그간의 거대한 희생 끝에 민족을 발견했고 민족의 발견은 곧 민
족적 자각이며 민족적 인식이라는 것이다. 이제 할 일은 '이 발견
을 다치지 않고 잘 護持하며 잘 長養하여, 그 內容의 충실과 그 外
延의 確固를 完成'하는 데 있다 하고 민족 완성 운동을 제창했다.

　　現下의 朝鮮人은 오직 한가지 職務가 許與되어 있습니다. 무엇인
고 하니, 最近에 이르러 새삼스럽게 發見된 '民族'을 '一心一致'로
'完成'하는 일이외다. 일체의 步武가 오직 이로부터 출발되어야 할 것
과 一切의 希望이 도무지 이로써 실현될 것을 확신하는 吾人은 風潮
야 如何하든지, 趨向이야 如何하든지, '民族完成'을 위하여 아직 동안
一切의 기회를 運用하며 一切의 정력을 集注하지 아니치 못합니다.
이로써 自勵하고 이로써 勸他하여 無限한 生命 開展의 第一步, 理想
實現의 第一線 삼아 發見된 民族을 완성하려 하는 者외다.[110]

3·1운동을 통해 발견한 민족을 완성하는 것만이 현재 주어진 직
무일 뿐이며, 모든 것을 '민족 완성'에 집중해야 한다는 것이다. 문
명 진보라는 것도 민족 완성 뒤에 할 일이었다. 자신은 신이상과
신경향을 받아 들이는 데 열성을 다했던 사람이지만, 이제 자신의
당면 과제는 민족 완성 운동일 뿐이라고 했다. 민족의 발견, 민족
의 자각을 중심으로 삼지 않는 문명 진보 운동이란 것은 공중 누각

---

109) 崔南善, 「東明 刊行辭」 『東亞日報』 1922. 8. 24 ; 『全集』 9, 588쪽.
110) 崔南善, 「東明 刊行辭」 『東亞日報』 1922. 8. 24 ; 『全集』 9, 588쪽.

에 지나지 않는다고 단언하기도 했다.[111]

민족 완성이란 민족적 자각을 완성해 간다는 의미였다. 민족적
고유성을 자각하는 한국인의 자기 인식 운동이자 자기 성찰 운동
이었다. 단군을 중심으로 한 역사 연구, 조선학 제창, 국토 답사, 시
조 부흥 운동 등 1920년대 최남선의 활동은 모두 민족적 자각을 완
성하려는 노력이었다. 이 시기 그의 사상과 활동을 이광수는 '조선
주의'로 명명했다.[112] 그의 조선주의는 조선을 중심으로 하는 모든
것이었다.

> 朝鮮은 필경 朝鮮일 以上에는 朝鮮을 朝鮮으로 어떻게 하는 밖에
> 다른 무슨 일이 있을 것이냐. 딸려 지내도 朝鮮, 혼자 서도 朝鮮, 빨개
> 도 朝鮮, 하얘도 朝鮮, 朝鮮이 떼어놓지 못할 것은 朝鮮이요, 朝鮮人
> 의 할 일은 굳으나 깨끗하나 朝鮮 그것이면, 朝鮮人에게 아무 것보다
> 끔찍할 것이 朝鮮밖에 또 무엇이랴.[113]

최남선 자신은 조선주의라는 표현을 쓴 일이 없지만, 그가 즐겨
쓰던 표현이었던 '朝鮮心' '朝鮮我' '朝鮮精神' '朝鮮意識' '朝鮮生
命'을 모두 포괄하는 개념이 조선주의라 할 수 있다. 조선주의는
구체적으로 조선학 운동으로 나타났다.

자신의 조선학을 선양시키는 데 가장 유효한 방법은 역사 연구
였다. 역사야말로 민족적 자각과 그 내용을 충실하게 채워 나갈 수
있는 유력한 방법이었기 때문이다.[114] 그는 후일 '민족의 정신적
결합이라는 이념을 확립'시키기 위해 역사 연구를 했다고 술회했
다.[115] 그의 역사 연구가 단군에로 집중되었던 것도 단군이 민족의

---

111) 崔南善,「東明 刊行辭」『東亞日報』1922. 8. 24 ;『全集』9, 588쪽.
112) 李光洙, 1979,「六堂崔南善論」『李光洙全集』8, 又新社, 489쪽.
113) 崔南善,「自己忘却症」『全集』10, 217쪽.
114) 崔南善,「朝鮮歷史通俗講話開題」『全集』2, 410쪽.

정신적 결합을 상징하는 표상이기 때문이었다. 민족적 자각에는 지주가 필요했고, 그 지주로 단군을 상정했던 것이다.

　　壇君은 朝鮮 及 朝鮮心의 究極的 標幟이다. 歷史의 위에서는 그가 朝鮮國土의 開拓者요, 朝鮮文化의 創造者요, 朝鮮生活의 建設者며, 血緣上으로는 그가 朝鮮民族의 都祖上이여, 朝鮮眷屬의 大宗祖요, 朝鮮門戶의 主棟樑이며, 信仰上으로는 그가 朝鮮精神의 人格化요, 朝鮮理想의 總攬點이시니, 朝鮮의 一切를 收約하면 壇君의 密로 退藏하고, 壇君의 密을 開敷하면 朝鮮의 一切를 顯現함과 같이, 얼른 말하면 壇君 즉 朝鮮이시다.116)

조선심이 구현된 대상은 비단 단군만은 아니었다. 국토 전부에 조선심이 구현되어 있었다. 국토에 구현된 조선심을 찾아 국토를 순례했다. 그에게 '朝鮮의 國土는 山河 그대로 朝鮮의 歷史며 詩며 精神'이었고, 국토에 대한 자신의 몰입을 애니미즘적 신앙이라고도 했다.117)

시조 또한 조선아의 현현이었다. 시조를 조선 정신이 가장 잘 구현된 문학으로 평가하고 시조를 부흥시켜 국민 문학으로 자리매김할 것을 주장했다.

　　時調는 朝鮮人의 손으로 人類의 韻律界에 提出된 一 詩形이다. 朝鮮의 風土와 朝鮮人의 性情이 音調를 빌어 그 渦動의 一 形相을 具現한 것이다. 音波의 위에 던진 朝鮮我의 그림자이다. 어떻게 自己 그대로를 가락있는 말로 그려낼까 하여 朝鮮人이 오랜오랜 동안 여러가지로 애를 쓰고서 이때까지 도달한 막다른 골목이다. 朝鮮心의 放射性, 朝鮮語의 纖維組織이 가장 壓搾된 狀態에서 표현된 '공든 탑'이다.118)

---

115) 洪一植, 1959, 『六堂硏究』, 日新社, 76쪽.
116) 崔南善, 「壇君께의 表誠 - 朝鮮心을 具現하라」『全集』9, 192쪽.
117) 崔南善, 「尋春巡禮」『全集』6, 259쪽.

1920년대 중반에 집중된 최남선의 단군 연구, 국토 순례, 시조 부흥 운동의 맥락을 정확하게 표현한 사람은 홍명희였다. 홍명희는『백팔번뇌』의 발문을 쓰면서 최남선의 '님'은 조선이고 그의 모든 작품들이 그 '님'을 표현한 것에 지나지 않는다고 했다.「심춘순례」(1925) 「단군론」(1926) 「백두산근참기」(1926) 「백팔번뇌」 (1926) 모두가 조선이라는 '님'을 달리 표현하고 있을 뿐이라는 것이다.119)

최남선은 조선적인 것을 부정하는 것에 대해 매우 격렬하게 반응하곤 했다. 특히 맑스 레닌주의의 민족 부정의 경향을 통렬하게 비판했다. 사회의 개조와 변혁은 '朝鮮의 구하는 그것, 朝鮮에 合하는 그것, 朝鮮에 터잡은 그것, 朝鮮에서 우러나온 그것으로의 合理的 努力을 말미암아' 되는 것이지, 조선을 부정하고 민족을 부정하면서 가능한 것은 아니라고 했다.120) 개혁은 '마르크스 업보다도 레닌 성주보다도 단군 터줏대감이 精神界의 支柱'가 되는 데서 가능하다고 했다.121)

그는 당시 진보 사상으로 대두하고 있던 사회주의의 계급 사상이 조선심과 조선 전통을 수난기에 빠지게 했다고 비판했다. 진정한 진보는 민족적 자아를 인식하는 데서부터 출발해야 한다고 하여,122) 열렬한 문명 진보론자였던 20대의 진보에의 경도와는 다른 입장을 표명했다.

한국 고유의 것을 밝히고 이를 널리 알림으로써 한국 민족의 자각을 완성해 나가려 했던 이 시기에, 최남선에게 민족은 생명

---

118) 崔南善,「朝鮮國民文學으로서의 時調」『全集』9, 386쪽.
119) 洪命憙,「百八煩惱 跋文」『全集』5, 467쪽.
120) 崔南善,「自己忘却症」『全集』10, 217쪽.
121) 崔南善,「반드시 朝鮮心이 생길 줄 아오」『全集』10, 233쪽.
122) 崔南善,「意味 깊고 變遷 많은 10年」『全集』10, 488쪽.

처럼 중요했다. 그러나 그의 민족론은 한계가 있었다. 민족적 자
각만을 중시했기 때문이다. 자각은 내적인 것이다. 이 때문에 그
의 민족 운동은 문화 운동으로만 나타날 수밖에 없었다. 그의 민
족 자각론은 민족적 자각을 이루어서 언제고 올 독립을 준비한
다는 의미였지 독립 자체를 직접 목적한 사상은 아니었다.

3. 文化優位論

최남선의 민족 자각론의 한계는 문화 우위론과의 관계에서 뚜렷
하게 나타난다. 여기서 문화 우위론이란 문화를 민족의 상위 개념
으로 인식한 사상을 지칭한다. 그는 "민족은 작고 문화는 크다. 역
사는 짧고 문화는 길다"[123]라고 했는데, 문화 우위론적 인식을 단
적으로 보여 주고 있다. 그에게 민족은 상대적이고 한시적인 개념
이었다.

> 나의 생각으로는 '民族'은 本質的으로 필요한 것도 아니며, 當然히
> 있어도 안될 것이요, 다만 '對立'의 意識으로만 成立된 것이라고 보게
> 되었다. 이것은 나의 一種의 自家辯이기도 하다. 도대체 民族이라는
> 것이 人間社會에서 나온 것은 그리 오래지 않다. … 그래서 나는 '民
> 族'은 하나의 '對立意識'이라고 생각했다. 相對의 民族的인 集團體가
> 있을 때에 '民族意識'은 생긴다는 것이다. 이것은 全人類의 平等한
> 平和生活을 위하여는 있어야 할 當然性은 없다고도 말할 수 있다.
> '民族'은 '對立'에서 생기므로 現世界가 아직 社會主義나 虛無主義나
> 코스모폴리탄이 아닌 이상 역시 民族的·國民的 統一이 있어야 生存
> 發展할 수 있다.[124]

---

123) 崔南善, 「朝鮮文化의 本質」 『全集』 9, 382쪽.
124) 崔南善, 「眞實精神」 『全集』 10, 251쪽.

민족은 대립에서 생겨난 것으로 이상적인 집단은 아니지만, 단지 현세계가 민족을 단위로 움직이고 있기 때문에 생존에 민족이 필요하다는 것이다. 이에 반해 문화는 역사상 일시적으로 나타난 민족보다 영원하고 유구한 것으로 인식했다.

최남선의 문화 우위론은 문명 진보론과 어울어져서 그가 친일화하는 사상적 배경으로 작용했다. 문명 진보론에 배여 있는 사회 진화론적 시대 인식도 이미 제국주의에 함몰되어 있었지만, 문화 우위론은 같은 문화권내에서의 일본 문화와의 동질성을 추구하는 근거를 제시했다. 식민지 지배를 받는 당시 상황에서 지배 국가와의 문화적 동질성을 주장한다는 것은 결국 식민지 지배를 문화론으로 정당화하는 것일 수밖에 없었다.

제국주의 시대에 식민지 지식인의 문화 우위론이 내포한 위험성은 이광수에게서도 나타났다. 이광수는 문화가 반드시 정치의 종속물이라고 할 수 없으며, 민족의 가치 또한 정치적 지위로 논할 필요가 없다고 했다. 문화와 정치를 겸할 수 없는 경우에는 차라리 문화를 취하겠다고 했다.125) 정치적 독립이 배제된 채로 문화적 가치만을 추구하겠다는 입장이다.

최남선에게 문화는 자연에 대비되는 개념으로 인간의 인위적인 모든 것을 포괄하는 가장 상위의 개념이었다.126) 역사는 문화의 기록이었고, 문화는 국민 지능의 바로미터였다. 한국 문화는 한국 민족이 살아 온 살림살이의 솜씨였고,127) 한국 민족의 우위성은 그 문화적 가치에 있다고 했다.

최초의 역사 논설인 「海上大韓史」(1908～1910)에서부터 문화

---

125) 李光洙, 1917,「우리의 理想」『學之光』14호 ; 박찬승, 1992,『한국근대정치사상사연구』, 역사비평사, 152～153쪽에서 재인용.
126) 崔南善,「滿蒙文化」『全集』10, 331쪽.
127) 崔南善,「朝鮮文化의 本質」『全集』9, 375쪽.

우위론적 역사 인식이 나타났다. 반도라는 지정학적 특성이 대륙 문화와 해양 문화의 집성처로서의 한국 문화의 특징을 결정했다 하여[128] 처음부터 문화적 가치를 중심으로 한국사를 접근했다. 그의 한국사 연구는 한국사 전개가 문화적 능력을 지녔음을 증명하는 데에 있었고,[129] 따라서 문화 연구는 민족 연구보다 앞서는 것이었다.[130]

그가 생각하는 문화적 능력은 외적인 지리적·경제적인 조건이 아닌, 내적인 민족성에서 오는 創造力·彈發力·應化力의 여부에 달려 있었다.[131] 사회 가치보다는 문화 가치가 뛰어나게 전개된 한국사는 '문화적 창조력에 있어서 조선인은 진실로 드물게 보는 천재 민족'[132]임을 증명하고 있었다. 그는 한국 문화의 우월성을 누누이 주장했다. 일본 문화를 능가할 뿐만 아니라 지나 문화권과 인도 문화권과 다른 계통의 불함 문화권에서 중심적 존재로서의 한국 문화의 위상을 강조했다.

그러나, 한국 문화의 우월성은 점차 퇴색해 갔다. 그는 한국 문화의 특징을 세계성·동북아세아성·반도성이라고 규정했다. 그러나 이러한 특징은 특징일 뿐이지 한국 문화의 우월성을 보여 주는 것은 아니었다.

　　그런데 朝鮮文化가 세계적이라 해도 그것은 세계의 여러 요소를 주워 모아가지고 있다는 것이지, 결코 그 가치가 세계적으로 크고 恩澤이 세계적으로 덮였다는 것은 아닙니다. 北東亞細亞的이라 해도 그 것도 우리와 그네들과 文化的으로 동일한 계열에 매여 있다는 말이

---

128) 崔南善,「海上大韓史」『全集』2, 398쪽.
129) 崔南善,「朝鮮歷史通俗講話開題」『全集』2, 410~411쪽.
130) 崔南善,「朝鮮歷史通俗講話開題」『全集』2, 409쪽.
131) 崔南善,「朝鮮歷史通俗講話開題」『全集』2, 410쪽.
132) 崔南善,「朝鮮歷史講話」『全集』1, 86쪽.

지, 결코 우리 文化가 北東亞細亞를 領導해나왔다는 것은 아닙니다.
또 半島的이라 하는 것도 다만 大陸的으로 굵고 톡톡하지도 않고, 海
島的으로 얇고 밍밍하지도 않게, 半島的 環境에 적응한 一樣式을 만
들어 가졌다는 것이지, 결코 半島的이기 때문에 理想的이라거나 半島
的임으로써 偉大했다는 것은 아닙니다.133)

한국 문화는 세계성·동북아세아성·반도성의 어느 측면에서도
영도적이지도 위대하지도 않았다는 것이다. 이러한 입장은「불함
문화론」에서 한국 문화의 우월성을 주장할 때와 현격하게 차이가
난다.

그의 문화 우위론은 한국 문화와 일본 문화의 관계 설정에도 작
용했다. 1920년대에는 한국 문화 우월론을 주장했지만, 1930년 이
후에는 한일 문화 동원론을 주장했다.134) 그의 한일 문화 동원론은
1930년대 후반에는 일본 문화 우월론으로 변화했다. 다음은 그의
일본 문화 우월론을 보여 주는 예이다.

둘째, 日本化 문제는 당면 절실한 것이며 강력한 지도력에 의해 재
촉받고 있는 일로서 가장 중요성을 띤 전체 문제 중의 핵심이며 기실
첫째 셋째 문제는 양면에 불과한 것이다. 이런 의미에서 오늘날 조선
의 문화 문제는 그 독자성·본질성의 내부 생명에 있다기보다는 차라
리 일본 문화와의 상관적 의미에서 고려되고 분석되어야 할 것으로
생각한다. … 조선은 '일본 문화화' 되어야하는 운명에 놓여 있는 것
을 일단 긍정하기로 하고, 일본 문화라는 것이 도대체 무엇인가. 일본
은 옛부터 문화국이다. 오래되고 고도화된 문화의 소유자임에 틀림없
다. 조선에 영향을 줄 만한 문화적 위력을 원래 많이 가지고 있다. …
조선은 일본화되어야 한다. … 일본과 조선은 원래 같은 문화 원천의
2개의 지류로서 일본의 근본적으로 깊고 깊은 강이 만세에 흘러서 如
一한 조선은 불행하게도 절단되는 운명에 놓여 그 의식도 흐려졌던
것인데 시운을 만나서 이제야 분류가 재회하여 같은 원류를 가진 파

133) 崔南善,「朝鮮文化의 本質」『全集』9, 382쪽.
134) 崔南善,「朝鮮의 神話와 日本의 神話」『全集』5, 37쪽.

도에서 춤추게 약속받은 것이다.[135]

한국 문화의 독자성과 본질을 부정하고 있는 것이다. 한국 문화의 고유성과 창조력을 주장했고 그를 증명하기 위해 다각적인 노력을 했던 '조선주의'가 결국 '일본주의'로 변모하고 말았다.

그러나 그는 한일 민족의 동질성에는 동조하지 않았다. 그에게 민족론과 문화론은 별개였다. 서양에서도 민족이 형성된 시기는 멀어야 400년 정도를 넘지 않는다고 보았고, 근세 이후에야 대립의식으로 형성된 집단체가 민족이라고 파악한 그로서는 고대의 한일 민족이 同根이었다는 일선 동조론에는 동의할 수 없었다.

> 문화론과 민족론은 별개의 범주에 속한다는 것을 밝혀두고자 합니다. 그리고 조선과 일본이 문화적으로 同源 관계에 있다는 것은 인정되지마는, 민족적 異同 여하라는 문제가 되면 학술적으로 아직 불명한 것이므로, 오히려 경솔하게 동원론을 농하는 것이 매우 不謹慎하고 불충실하다는 것을 여기서 첨부해서 말씀해두는 바입니다. 이것은 조선에 支那 문화의 침윤이 깊다고 해서 이것이 조선인과 지나인과의 민족 異同論에 하등의 영향을 줄 수가 없으며, 오늘 일본에 서양의 문화가 보급해서 그 흔적이 후세에 전해지더라도 그것이 일본인 대 서양인의 민족론의 근거가 될 수 없다는 것과 같은 이치입니다.[136]

한일간의 문화적 동원성은 인정했지만 민족적 동질성은 거부했던 그의 민족과 문화의 관계를 이해하는 데는 尹致昊(1865~1945)의 '다민족 대국가'의 개념이 시사하는 바가 크다. 윤치호는 한국은 독립할 능력이 없기 때문에 일본이라는 대국가내에서 민족 차별을 받지 않으면서 공존해야 한다고 했다.[137] 민족적 정체성은 유

---

135) 崔南善,「朝鮮文化の當面課題」『每日申報』1937. 2. 9～2. 11.
136) 崔南善,「朝鮮의 神話와 日本의 神話」『全集』5, 45쪽.
137) 김상태 편역, 2001,『윤치호일기』, 역사비평사, 45쪽.

지하되, 국가적 독립은 시기 상조라고 보았다. 그는 일제 말기 내선 일체론자가 되어서도 민족적 정체성은 포기하지 않았다. 당시 일본 지식인의 지적대로 그의 내선 일체론은 한국 고유의 것을 모두 포기하는 내선 일체론이 아니라 민족주의 감정 위에서 구축되는 내선 일체론이었다.[138] 윤치호의 '다민족 대국가'는 최남선의 문화 우위론에서 민족이 현실적으로 존재할 수 있는 방식이었고, 그의 사학에서는 문화권역내에서의 문화적 보편성으로 나타났다.

---

138) 宮田節子 著·李熒娘 譯, 1994,『朝鮮民衆과「皇民化」政策』, 一潮閣, 172쪽.

제2장

역사 연구 방법론

최남선 사학이 자료 정리적인 의미에 그친다거나, 근대 사학 이전의 계몽 사학에 지나지 않는다는 평가는 그의 변절에 초점이 맞추어져 있다.[1] 이러한 평가에는 근대 사학의 척도는 민족주의여야 한다는 전제가 반영되어 있다. 그러나 근대 사학의 발전에는 민족주의적 사학 정신뿐만 아니라 연구 방법론의 근대화도 필요하다.

최남선은 연구 방법론의 근대화라는 측면에서 누구보다 한국 사학에 기여한 역사가였다. 당시 근대 역사가들에게 풍미했던 연구 방법은 고증적 방법과 언어학적 방법이었다. 그도 고증적 방법과 언어학적 방법을 자신의 역사 연구에 활용했다. 그러나 고증적 방법과 언어학적 방법은 기본적으로 문헌에 의지하는 연구 방법이다. 이들 연구 방법은 원시 사회를 밝히는 데는 한계가 있었다.

단군 연구를 비롯하여 고대의 실상을 밝히는 데 주력했던 최남선은 원시 사회 연구에 유용한 근대 학문들을 한국사 연구에 도입했다. 그가 한국사 연구에 도입한 학문은 인문학과 사회 과학을 망라했다. 이들 다양한 학문들 중에서 특히 민속학·인류학·신화학·고고학이 최남선의 역사 연구 방법론 수립에 결정적인 역할을 했다. 이들 학문은 공통적으로 문화 보편주의에 입각하고 있어 그의 문화 사관에 적합한 학문들이기도 했다.

그의 역사 연구 방법이 전형적으로 적용된 논설로는, 문화 사관과 그 연구 방법론을 논한 「朝鮮歷史通俗講話開題」, 인류학적 방법과 언어학적 방법을 적용한 「不咸文化論」, 민속학적 견지에서

---

1) 金哲埈, 1972, 「韓國의 歷史學」 『韓國學』, 玄岩社 ; 1990, 『韓國史學史研究』, 서울大出版部.

문헌 고증을 가한 「三國遺事解題」, 샤머니즘에 대한 분석으로 연구 방법상 일대 진척을 이룬 「薩滿敎箚記」를 들 수 있다. 이 논설들에 대한 분석은 그의 사학의 특징을 규명하기 위해 필수 불가결한 작업일 뿐 아니라, 근대 사학사에서 연구 방법론의 진척을 파악하는 데도 필요한 작업이다.

인접 학문을 다각도로 동원한 학제적 연구 방법은 최남선 사학의 최대 강점으로 꼽을 수 있다. 또 근대 사학사에서 새로운 연구 방법론이 수립되었다는 점에서도 의의가 크다. 그러나 그의 연구 방법론은 그의 사학내에서 친일 논리를 발전시킨 학문적 배경이었다는 점을 주목해야 한다.

이 장에서는 최남선의 역사 연구 방법론을 분석했다. 민속학과 인류학, 신화학, 고고학을 수용하면서 그의 연구 방법론이 수립된 과정을 살펴 보았다. 그의 연구 방법론이 전형적으로 적용된 네 편의 논설을 분석했다. 마지막으로 그의 연구 방법론이 공통적으로 한일 문화 동원론을 도출하여 일선 동조론으로 기울면서 대동아 공영론으로 이어지고 있는 특징을 논의했다.

I. 역사 연구 방법론의 수립

1. 민속학과 인류학

신채호와 박은식이 전통 유학의 기반 위에서 근대 사학을 구축했다면, 최남선은 10세 경부터 근대 문물을 익히는 것으로 공부를 시작했다. 이 점에서 최남선의 전통 유학과의 연결은 약했다고 할 수 있다. 그의 학문 체계는 19세기 말 20세기 초에 성립·발전한 서구의 근대 학문을 수용하면서 형성되었다. 이들 학문을 토대로 자신의 연구 방법론을 구축했다는 점에서 다른 근대 역사가들과 구별된다.

그가 인접 학문을 한국사 연구에 도입한 것은 문헌 사료의 한계를 극복하기 위해서였다. 그는 역사 연구에 필요한 학문들로 고고학·인류학·인종학·土俗學·종교학·언어학·金石學·古泉學·紋章學·지질학·지리학·해부학·생물학을 들었다.[2] 이러한 학문 모두를 자신의 역사 연구에 원용했던 것은 아니다. 그러나 역사 연구에 필요한 인접 학문의 범위를 매우 폭넓게 잡고 있음을 보여 준다.

그는 기본적으로 '인문 과학적' 역사 연구를 강조했다. 그의 '인문 과학'은 오늘날의 학문 분류로는 사회 과학까지 포함한다. 그의 학문의 토대를 이루는 민속학·인류학·신화학·고고학 중에서 인류학과 고고학은 오늘날 사회 과학으로 분류된다. 이 중에서도 최남선 사학에 가장 주효하게 작용했던 학문은 민속학과 인류학이다.

최남선 시대의 민속학과 인류학은 오늘날과 개념이 달랐다. 최남선은 실제로는 인류학을 논의하면서 민속학이라 표현했고, 또 그의 민속학 자체가 대단히 포괄적이어서 오늘날의 민속학과는 달랐다.[3] 최남선의 민속학적 논의에는 인류학·민족학·종교학·사

---

2) 崔南善, 「朝鮮歷史通俗講話開題」『全集』 2, 411쪽.
3) 민속은 한 민족의 전통적인 생활 양식으로서의 문화에 한정하여 쓰는 개념이다. 따라서 민속학은 전통적인 생활 양식을 의식주, 사회와 민속, 생업과 민속, 인간의 일생, 세시 풍속, 민속 놀이, 민간 신앙, 구비 문학 등으로 분류하여 연구 대상으로 삼는다. 문화가 포괄적인 의미인데 반하여, 민속은 특정 지역의 생활 양식을 한정하여 쓰는 용어이다(金東旭 등, 1994, 『개정판 韓國民俗學』, 새문사, 16~29쪽).

회학·신화학적 논의가 모두 어우러져 있었다. 이처럼 민속학이 포괄적이었던 것은, 당시의 민속학이 인류학과 구분되지 않았기 때문이다. 지금도 인류학은 '총체적 사회 과학'이라고 불릴 만큼 포괄하는 범위가 매우 넓은 학문이다. 최남선 시대에는 인류학과 인접 학문과의 경계가 분명하지 않았고, 더욱이 민속학과 인류학은 혼용되어 있었다.[4]

일제 시기 한국 학자들은 인류학이란 용어를 거의 쓰지 않는 경향이 있었다. 서구에서 그랬던 것처럼, 일제는 인류학을 침략의 수단으로 활용했다. 이 시기 인류학적 조사는 조선총독부의 식민 통치 자료를 확보하기 위해 이루어졌다. 1915년의 舊慣調査, 1921년의 風俗調査에 일본의 인류학자들은 적극적으로 참여했다.[5] 일제의 인류학적 조사는 한국 지식인에게 인류학이 식민 통치 수단이라는 인식을 심어 주었고, 이로 인해 한국 지식인들은 인류학적 내용을 논의하면서도 그 명칭을 기피하고 민속학이라는 용어를 차용했다.[6] 최남선이 실제로는 인류학적 작업을 하면서도 인류학보다는 민속학이라 명명했던 데에는 이러한 사조도 반영되었던 것으로 보인다.

최남선은 민속학을 명확하게 규정하지는 않았지만, 그에게 민속학의 의의는 고대 풍습이 현재의 민속에 남아 있기 때문에 민속을 통해 고대사를 복원할 수 있다는 데에 있었다. 다음은 민속학에 대한 그의 이해이다.

　　古代史를 밝힐 材料가 現存 時行하는 狀態·習慣·風俗·制度 속에 많이 들어 있다. 民族의 자연한 性情에서 우러나오고, 環境의 자

---

4) 전경수, 1999, 『한국인류학 백년』, 一志社, 46~48쪽.
5) 전경수, 1999, 『한국인류학 백년』, 一志社, 49쪽.
6) 전경수, 1999, 『한국인류학 백년』, 一志社, 48쪽.

연한 要求에서 생겨난 것은, 없는 듯 있는 듯하게 그 生命이 심히 悠久한 것이다. 한번 形成된 것은 쉽사리 없어지지 아니한다. 다른 遺物은 대개 靜止한 꼴, 死廢한 꼴로 남아 있지마는, 習慣이나 風俗 같은 것은 오히려 활동하는 꼴로 우리의 생활 가운데 섞여 있다. 오늘날 우리의 生活上 習俗을 가만히 들여다보면, 그 내부에 古代 生活의 生餘物(Survivals)이 무수히 潛伏하였음을 발견할 것이다. 지금에 와선 아무 必要와 意味가 없는 것이 古代－未開時代의 習俗이 禮節·儀式이라는 명목으로 이제까지 생명있는 것이 많다.[7]

민속학을 현재의 상태·습관·풍속·제도를 통해 고대를 연구하는 학문으로 이해하고 있다. 여기서 生餘物(Survivals)은 인류학자 타일러의 잔존(Survivals) 개념이다. 生餘物(Survivals)의 실례로, 고구려 서옥제와 고대 약탈혼과 매매혼이 오늘날 '장가 간다'의 어의, 봉치 싸움 관습, 納采 의식에 남아 있는 것을 들었다.

그는 「불함문화론」에서 '民俗學的 研究'라는 표현을 사용한 이래,[8] 민속학적 연구가 단군 연구의 중심이 되어야 한다고 누누이 강조했다. 그러나 실제로는 민속학을 민족학·인류학·인문 과학과 무차별하게 병칭하고 있고[9] 민속학에 대한 정의를 하지 않아 그의 민속학의 범위는 매우 불분명했다.

그가 민속학과 인접 학문과의 관계를 분명하게 설정하기는 동북아시아 일대의 샤머니즘에 대한 논설인 「薩滿敎箚記」(1927)를 발표한 이후였다. 「壇君神典의 古義」(1928)에서는 '民俗學 중심의 여러 人文科學的 眼目'이라 하여 민속학을 '인문 과학'의 중심에 두

---

7) 崔南善, 「朝鮮歷史通俗講話開題」『全集』 2, 418쪽.
8) 崔南善, 「不咸文化論」『全集』 2, 44쪽.
9) 「불함문화론」에서는 '言語的·民俗的 溯求' '人類學的으로 民俗學的으로' '人文科學的·民俗學的'이라는 표현이 나온다. 「壇君 否認의 妄」에서는 '民族學'을 쓰고 있다. 「壇君論」에서는 '人類學的·民族學的' '民族學的·民俗學的'으로 쓰고 있다.

었다. 「壇君神典에 들어 있는 歷史素」(1928)에서는 인류학을 '民俗
諸學'에 포함시킴으로써 인류학을 민속 연구의 방편으로 분명하게
설정했다. 자신의 단군 연구를 집대성한 「壇君及其硏究」(1928)에
서 '神話·傳說·信仰·觀念 등 民俗學的 通則'을 단군 연구의
방법으로 종합했다. 최남선의 민속학은 민속을 탐구하는데 필요한
여러 학문을 포괄한 개념으로, 民俗諸學이었다고 할 수 있다.
　이처럼 민속학 중심의 연구를 주장했지만, 실제 최남선 사학에
가장 주효하게 작용한 학문은 인류학이었다. 최남선은 사실상 인
류학 중심의 역사 연구를 진행했다. 당시 인류학의 범위에는 최남
선 사학이 토대한 학문 모두가 포함될 수 있었다.[10] 인류학이 그의
학문에 가장 큰 영향을 미칠 수 있었던 것은 인류학이 문화 보편주
의에 토대하고 있기 때문이다. 그 자신이 인류학을 문화의 보편성
을 추구하는 학문으로 파악하고 있었다.

　　한 民族의 文化를 조사하는 데는 그 특수한 성질을 定하기 위해서

10) 최남선에게 많은 영향을 미쳤던 인류학자 西村眞次의 학문 분류표는
　　일제 시기 인류학이 어떤 학문을 포함했는지를 알려 준다(전경수, 1999,
　　『한국인류학 백년』, 一志社, 62쪽).

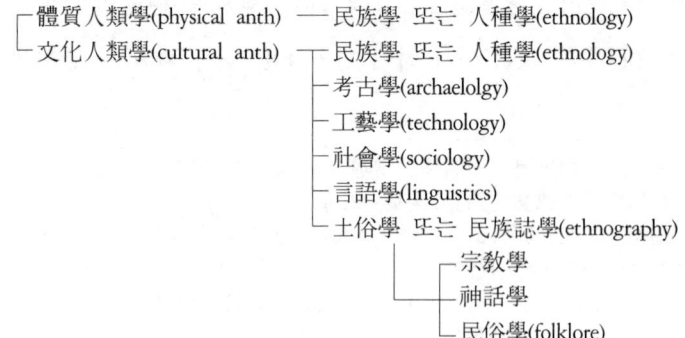

人類學(anthropology)

┌ 體質人類學(physical anth) ── 民族學 또는 人種學(ethnology)
└ 文化人類學(cultural anth) ┬ 民族學 또는 人種學(ethnology)
　　　　　　　　　　　　　├ 考古學(archaelolgy)
　　　　　　　　　　　　　├ 工藝學(technology)
　　　　　　　　　　　　　├ 社會學(sociology)
　　　　　　　　　　　　　├ 言語學(linguistics)
　　　　　　　　　　　　　└ 土俗學 또는 民族誌學(ethnography)
　　　　　　　　　　　　　　　　┌ 宗敎學
　　　　　　　　　　　　　　　　├ 神話學
　　　　　　　　　　　　　　　　└ 民俗學(folklore)

는 人種學的 방법에 의하여, 그 보편적 의미를 밝히는 데는 人類學的 방법에 의하여, 이 두 가지 方法이 서로 합쳐서 비로소 어떤 文化의 內容 내지 價値가 闡明되며, 더욱이 原始文化라는 것은 特殊性보다 普遍性이 많은 關係上, 보다 많이 一般的(즉 人類學的) 文化規範에 制約될 것은 이 역시 여러분도 아시는 바와 같습니다.[11]

원시 문화는 특수성보다는 보편성을 띠기 때문에 인류학이 유용하다는 것이다.

최남선 사학을 대변하는 불함 문화론과 단군론에는 19세기 말 20세기 초의 인류학 학설들이 반영되어 있다. 최남선 사학의 백미라 할 수 있는 해석들은 대부분 인류학을 활용한 데서 도출되었다. 불함 문화권이라는 kulturkreis 설정, '밝' 사상과 태양 거석 문화론의 연결, 단군과 그 시기의 신앙 형태를 shaman·magic-religious·animism으로 설명한 것, 단군 신화의 곰과 호랑이를 totem·taboo로 해석한 것, 웅녀와 환웅의 결혼을 exogamy으로 해석한 것, 단군 시대를 period of matrilineal로 해석한 것 등이 모두 그러하다.

2. 신화학

최남선은 단군 신화의 연구에 주력했기 때문에 신화학에 많은 관심을 기울였다. 신화학 또한 인류학의 한 분과라 할 수 있고 그 자신은 민속학에 포함시킨 학문이지만, 신화학이 그의 학문에 미친 영향이 크기 때문에 별도로 논의하고자 한다.

최남선은 단군 연구사에서 최초로 단군 신화의 역사성과 신화성을 총체적으로 조망한 역사가로 평가받고 있다.[12] 이는 그가 단군

---

11) 崔南善, 「古朝鮮에 있어서의 政治規範」 『全集』 2, 350쪽.

신화를 신화학적 입장에서 신화 자체로 접근했기 때문이다. 비단 단군 신화만 아니라 한국의 신화와 설화 전체에 신화학적 연구를 진행했다.

그의 신화학 연구는 각국의 신화를 한국 신화와 비교하는, 전형적인 비교 연구였다. 신화학 연구가 비교 연구로 진행되었던 것은 한국 신화가 지닌 문제점때문이었다. 그는 한국에는 신화다운 신화, 설화다운 설화가 없다고 할 만큼 신화적·설화적 결함이 많은 것으로 보았다. 이는 유교적 전통에 기인한 것으로 모든 것을 중국화하려는 전통때문에 설화적 상실이 많았다고 했다. 신화의 신화다운 부분은 이미 상식적 역사가의 손에 거의 삭제되었고, 나머지마저도 역사적 사실의 탈을 쓰고 있다는 것이다. 역사적 탈을 쓰고 있는 신화·설화를 추출하여 신화·설화로서의 효능을 발휘시킬 것을 주장했다.[13]

그는 신화·설화·전설 중에서 설화를 가장 포괄적 개념으로 사용하면서 셋으로 분류했다.

> (1) '예에도 한 사람이 있는데' 혹 '예에도 어느 때 아무 데 개(혹 기타 有情 無情의 物類)가 한 마리 있었는데'로 비롯하는 古談(Fairy tale·Märchen 혹은 童話·遊離說話, 또 그저 說話라고 하는 것)
> (2) '언제 누가' 이러고 저러고 했다는 半 歷史 半 空想的 傳說 (Legands)
> (3) '어떠한 神(혹은 神人)이 어찌어찌 했다'는 神話(Myth) [14]

신화를 신화로, 설화를 설화로 온전하게 복원하기 위해서는 비

---

12) 李弼泳, 2001,「檀君 研究史」『檀君 — 그 이해와 자료』, 서울대학교 출판부, 105쪽.
13) 崔南善,「朝鮮歷史通俗講話開題」『全集』 2, 423쪽.
14) 崔南善,「朝鮮歷史通俗講話開題」『全集』 2, 421쪽.

교 신화학의 방법을 써야 한다고 했다. 신화·설화·전설은 타문화로부터 유입되므로 순수한 민족적 특산물로 보이는 것도 외래일 경우가 많고, 한국 설화에도 순수한 것은 없어서 한국 고대의 역사적 사실인 것처럼 보여도 실상은 전 세계에 퍼져 있거나 아니면 어떤 종족의 설화에 지나지 않는다고 했다. 이는 기본적 설화가 각 민족·각 시대·각 지방으로 퍼져나갔기 때문이었다.[15] 따라서 이들 설화·신화의 비교 연구를 통해 사라진 또는 결손된 한국 신화를 복원할 수 있다는 것이다.

그는 신화학적 비교 연구를 통해 한국 신화에서 사라진 신화를 추정했다. 한국 신화는 주로 人文神話만 남아 있다고 하면서, 이 인문 신화를 통해 사라진 天然神話를 추출했다. 단군·고구려·신라·가락의 건국 신화에서 공통적인 卵生事實를 천연 신화의 편린으로 보았다. 난생 사실은 천지 개벽 설화에 생식 현상을 부회하여 건국 설화로 假借된 것이라는 것이다. 또 한국에는 노아 방주 설화나 大禹治水說話 같은 홍수 설화가 없지만, 智異山聖母大溺說話와 태종무열왕의 비인 寶姬가 西岳에서 捨溺하여 경주를 잠기게 했다는 전설이 홍수 설화의 편린이라 했다.[16]

그가 집중적으로 연구한 신화는 일본 신화였다. 한국 신화와 일본 신화의 비교 연구를 통해 두 나라 건국 신화의 공통점을 天孫降臨, 왕조 교체, 동쪽에의 동경으로 파악했다. 천손 강림의 모티브는 단군 신화를 비롯하여 부여·고구려·신라·가야의 건국 신화와 일본의 이자나키·아자나미·須佐之男命 신화에 공통적인 현상이라고 했다. 왕조 교체의 유사성으로는 양국의 신화에서 先主者가 後來者에게 국가와 권력을 평화적으로 양도하는 현상을 들었

---

15) 崔南善,「朝鮮歷史通俗講話開題」『全集』2, 424쪽.
16) 崔南善,「朝鮮歷史通俗講話開題」『全集』2, 424~426쪽.

다.17) 또한 후래자가 神明의 후세인지 여부를 시험하는 모티브도 동일한 것으로 보고, 이의 증거로 한국 신화에서는 주몽과 松讓王, 수로왕과 탈해의 기술 시합을, 일본 신화에서는 建御名方神과 建御雷之男神의 힘 겨루기 시합을 들었다.18) 동쪽에의 동경의 유사성은 한일 양국의 건국 신화에 보이는 동쪽으로의 천도에서 찾았다. 한국 신화에서는 부여의 천도, 고구려의 東南進, 비류 백제의 東遷, 가락국의 수로왕비가 서쪽에서 도래한 사실을, 일본 신화에서는 神武의 東征을 들었다.19)

최남선의 일본 신화 연구는 1930년대 후반에 집중적으로 이루어졌다.20) 이를 통해 그는 지금까지도 일본 신화 연구에 탁견으로 평가되는 설을 내 놓았다. 동쪽으로의 동경이라는 신화적 구조를 통해 일본 신화의 천손 강림지가 出雲이 아닌 九州의 高千穗라고 설명한 것, 日向三代 전승의 남방적 요소를 지적한 것 등이 그러한 예이다.21)

그가 일본 신화 연구에 집중했던 것은 단군 신화에서 결손된 부분을 추정하기 위해서였다. 초기에는 天符印을 일본 신화의 三種神器를 연결시켜 거울·검·구슬일 것이라고 조심스럽게 추정했지만,22) 일본 신화 연구가 진척되면서 素盞嗚尊과 天日槍의 전승과 연결시켜 보다 구체적으로 추정했다. 우리 나라 무당 굿에 거울

---

17) 崔南善, 「朝鮮의 神話와 日本의 神話」 『全集』 5, 37〜38쪽.
18) 崔南善, 「朝鮮의 神話와 日本의 神話」 『全集』 5, 37〜40쪽.
19) 崔南善, 「朝鮮의 神話와 日本의 神話」 『全集』 5, 40〜45쪽.
20) 최남선은 1937년부터 1939년 초엽까지 『매일신보』에 한국의 신화·설화에 관한 글을 발표했는데, 특히 1938년에 집중되어 있다. 이 때의 글에 일본 신화와 설화에 대한 비교 연구가 많이 실려 있다.
21) 盧成煥, 1990, 「한국의 일본신화 연구」 『日本 古事記』 中, 예진, 235〜239쪽.
22) 崔南善, 「壇君神典의 古義」 『全集』 2, 198쪽.

과 검이 쓰이는 것을 보아 거울과 검이 천부인에 속하는 것은 확실
하지만, 나머지 하나를 구슬로 추정할 수 있는 근거는 고대 한일
관계와 밀접한 素盞嗚尊과 天日槍 신화에 구슬이 나온다는 사실
이라는 것이다.[23)

최남선이 신화학적 입장에서 단군 신화를 접근하여 이루어 낸
성과는 단군 기사를 신화부와 역사부로 분리하여 이원적으로 접근
한 데 있었다. 신화부의 환웅전은 동북 아시아 공통의 건국 신화의
특징인 天降說話를 답습하고 있고, 역사부의 단군전은 고조선의
역사적 사실을 전하는 것으로 구분했다.[24) 환웅 신화가 동북 아시
아 신화를 대변하는 것으로 보고, 이를 토대로 동북 아시아 전체의
신화를 비교 연구했다.

3. 고고학

1) 일제의 古蹟調査事業과 조선학 제창

일제 시기 고고학은 문화 전파론에 토대하고 있었다.[25) 최남선
의 문화권론은 문화 전파론을 토대로 구축된 학설이기 때문에 고
고학과 밀접한 관계가 있었다. 또한 고고학에서 다루는 유적과 유
물은 실물이었기 때문에, 무형적 유물을 다루는 민속학·인류학·
신화학에서의 가설을 고고학을 통해 확증할 수 있었다.

---

23) 崔南善, 「如意珠說話」 『全集』 5, 214~215쪽.
    해방 후에는 이 때 추정한 구슬을 冠으로 바꾸었는데, 冠은 부여계 인
    민이 즐겨 쓰던 것으로 천신족의 기호이기 때문이라고 했다(崔南善,
    1954, 「檀君古記箋釋」 『思想界』 2).
24) 崔南善, 「壇君神典에 들어 있는 歷史素」 『全集』 2, 237쪽.
25) 이선복, 1988, 『고고학개론』, 이론과실천, 237쪽.

최남선은 유물·유적의 중요성을 매우 강조했다. '書籍과 책상에서 병신된 내 소견을 眞如한 상태로 있는 活文字 大机案'[26]이 한국 산하 도처에 즐비한 유물·유적이었다. 또한 그에게 유물·유적은 역사적 사료 이상의 의미가 있었다. 조선심의 현현이었던 것이다.

1920년대 이래 주력한 그의 역사 연구는 유물·유적의 답사와 병행되고 있었다. 그는 금강산, 지리산, 백두산, 함경도, 만주, 평양, 부여, 경주, 통구 등지를 답사하고 기행문을 발표했다.[27] 또한 유물·유적의 보전에 대한 일반인의 인식을 고취하기 위해 라디오 강연을 자주 했다. 그에게 유물·유적은 민족의 정신적 양식이 저장되어 있는 실물의 역사였다.[28] 유물·유적의 중요성에 대한 인식은 최남선이 일제의 고고학 발굴을 중요시한 배경이었다.

그의 고고학에 대한 이해는 일제 당국이 주도한 고고학 발굴 성과에 절대적으로 의존하고 있었다. 다른 학문도 일본을 통해 수용했지만, 고고학은 특히 일본에 의지할 수밖에 없었다. 한국의 유적·유물에 대한 본격적인 학술 조사는 조선총독부에 의해 고적조사사업으로 진행되었다. 고적조사사업은 총독부 박물관이 개관한 이듬해인 1916년 古蹟及遺物保存規則이 고시되면서 시작되었다.

古蹟調査五個年計劃이 작성되어 조사 범위가 先史遺蹟·古蹟·古墳·史蹟·古建築物·金石·其他考古物·古文書로 정해졌다.

---

26) 崔南善,「尋春巡禮」『全集』6, 259쪽.
27) 1924년 금강산을 답사하고『金剛禮讚』을, 1925년에는 지리산 일대의 백제 유물을 답사하고『尋春巡禮』를, 1926년에는 백두산 일대를 답사하고『白頭山觀參記』를, 1928년에는 함경도 일대를 답사하고『北征記』를, 1937년에는 만주 일대를 답사하고『松漠燕雲錄』을 출간했다. 1938년에는 平壤·扶餘·慶州를 답사하고「三都古蹟巡禮」를, 1939년에는 通溝를 답사하고「通溝의 高句麗 遺蹟」을 발표했다.
28) 崔南善,「古蹟 愛好에 대하여」『全集』9, 543쪽.

고적조사위원회를 조직하여 조선총독부 정무총감을 위원장으로 하고, 조사 위원에는 關野貞·鳥居龍藏·黑板勝美·池內宏·濱田 耕作·原田淑人 등이 임명되었다. 이들이 지역별 조사단을 구성하여 한반도 전역에 걸친 고적조사사업을 진행시켜 나갔다.[29]

조선총독부가 재정적 지원을 아끼지 않아 당시 일본내의 고고학 발굴보다 대대적으로 진행된 고적조사사업은 나름의 목적이 있었다. 한반도 북부에서 한사군의 유적을 발굴하여 타율적인 한국사의 시작을 증빙하는 것, 그리고 한반도 남부에서 일선 동조론을 증빙하는 유적을 찾는 것에 있었다.[30] 전자의 목적은 평양 일대의 낙랑 유적 발굴로, 후자의 목적은 신공왕후 신라 정벌설과 임나 일본부설을 증빙할 수 있는 신라와 가야 지역의 발굴로 나타났다.

고적조사사업은 낙랑 지역으로 추정된 평양 지역으로부터 시작하여 평남 용강군 일대, 대동강 일대를 집중적으로 발굴했다. 그리고 조사 지역을 남부로 돌려서 삼한·가야·백제의 유적을 발굴했다.[31] 고적조사사업의 결과는『朝鮮古蹟圖譜』15책으로 발간되었다.

평소 유물·유적이 방치되고 있는 현실을 우려하고 있던 최남선은 일제의 고적조사사업을 매우 높게 평가했다. 일본의 다른 것은 모두 마땅치 않지만, 일본이 한국 고적의 탐구와 유물의 보존에 근대적·학술적 노력을 쌓아 가고 있는 것만큼은 크게 칭찬할 일이라고 했다.『조선고적도보』의 학술적 가치 또한 '學界의 不朽的 建樹'로 평가했다. 우리의 손으로 우리의 고적에 대한 조사가 이루어지지 못하고 있는 현실을 개탄하면서, 여기서 조선학의 수립을

---

29) 崔錫榮, 1997,『일제의 동화이데올로기의 창출』, 書景文化社, 272쪽.
30) 이선복, 1988,『고고학개론』, 이론과실천, 228쪽.
31) 崔錫榮, 1997,『일제의 동화이데올로기의 창출』, 書景文化社, 275~277쪽.

제창했다.

> 精神부터 독립할 것이다. 思想으로 독립할 것이다. 學術에 독립할
> 것이다. 특별히 自己를 護持하는 精神, 自己를 발휘하는 思想, 自己를
> 究明하는 學術의 上으로 絶對한 自主, 완전한 獨立을 實現할 것이다.
> 朝鮮人의 손으로 朝鮮學을 세울 것이다. 朝鮮의 피가 속에 돌고 活潑
> 潑한 大朝鮮 經典을 우리 자리에서 우리 힘으로 만들어 놓을 것이
> 다.[32]

　최남선의 조선학 제창이 고적조사사업의 충격에서 비롯되었다
는 사실은 매우 시사적이다. 우리의 유물·유적이 일제에 의해 근
대적 학문 방법으로 발굴·조사되고 있는 현실에 대한 개탄으로
조선학을 제창했다는 것은, 그의 조선학이 근대 학문에 의한 한국
연구를 목적으로 했음을 보여 준다.

2) 고고학을 통한 학설의 확증

　오늘날 고고학은 사회 과학으로 분류되지만, 최남선에게 고고학
은 인문 과학이자 문화 과학이었다. 인류학과 마찬가지로 원시 인
류 문화의 성격, 그리고 문화 계통을 파악할 수 있는 학문이 고고
학이었다.[33]

　그에게 고고학 발굴은 무엇보다 한국 문화의 세계사적 의의를
보여 주고 있었다.

> 世界의 學術界는 正히 文化的 反省時代를 당하였습니다. 이 때문
> 에 考古學의 시대, 더 適切히 말하면 發掘의 時代가 앞에 나타났습니
> 다. 그런데 發掘에 힘입은 人文科學上에 있는 朝鮮의 地位는 어디보

---

32) 崔南善,「朝鮮歷史通俗講話開題」『全集』2, 416쪽.
33) 崔南善,「朝鮮의 古蹟」『全集』9, 500쪽.

다 중요한 곳으로 世界의 視聽을 모아 가지고 있습니다.[34]

또한 고고학 발굴은 한국 역사의 유구성을 증명하고 있었다. 최남선은 역사 연구의 대상 시기를 先史期・原史期・有史期로 나누었다.[35] 한국 민족의 유사기는 2000년 정도밖에는 소급하지 못하며, 그 전에 2000~3000년의 원사기가 있고, 또 그 전에 아득한 선사기가 있다고 했다. 한국 역사의 실제 사실을 상고할 수 있는 문헌 자료는 陳壽의『三國志』東夷傳을 넘어설 수 없지만,[36] 고고학적 유물이 있기 때문에 원사기 연구를 통해 반만 년의 한국사가 가능하다는 것이다.

이러한 유물로 먼저 석기를 주목했다. 전통 시대에는 그 정체를 몰라서 괴이하게 여겼지만, 석기는 우리 조상의 생활 기구로 오늘날 위대한 문화를 만들어 낸 토대라고 했다. 석기야말로 역사가에게는 고대 문화를 문자 이상으로 명확히 설명해 주는 '良師友'라고 했다. 石斧・石刀 등 마제 석기 출토를 신석기 시대에 한국사가 시작된 증거로 보았다.[37]

패총은 석기 시대 사람이 식용에 사용하고 난 지꺼기를 내다버린 쓰레기통인데, 쓰레기통이기 때문에 그들의 생활 자료와 기구들이 섞여 있어 태고 인류의 생활 박물관이라고 했다. 수 천 년을 두고 층층이 퇴적한 패총은 '서투른 기록보다 매우 정확한 연대기 노릇'을 한다고 했다. 또한 패총에서는 석기・골기・각기・토

---

34) 崔南善,「朝鮮의 古蹟」『全集』9, 497쪽.
35) 先史期(Prehistoric)는 문헌 자료가 전혀 전하지 않고 遺蹟・遺器만 가지고 연구하는 시기이고, 原史期(Protohistoric)는 약간의 문헌이 있지만 대체로 傳說이 위주인 시기이고, 有史期(Historic)는 문자와 實蹟이 함께 전하는 시기라 했다.
36) 崔南善,「朝鮮의 古蹟」『全集』9, 502쪽.
37) 崔南善,「朝鮮歷史通俗講話開題」『全集』2, 411~413쪽.

기·철기뿐만 아니라 문화적 유물도 나오고 있어 사학·고고학·
민족학에 귀중한 자료를 제공하고 있다고 했다.[38]

최남선이 고고학적 의의를 가장 평가한 것은 고분이었다. 고분
구조를 통해서는 거주 상태를, 인골을 통해서는 종족을, 유물을 통
해서는 생활 방법과 문화 정도 나아가 신앙과 예술까지도 유추할
수 있다고 했다. 고분의 중요성을 패총과 비교하여 다음과 같이 말
했다.

> 古代史를 밝혀주는 上에 조개무지는 관솔불쯤 되면, 古墳은 화톳
> 불 노릇을 한다. 古墳은 진실로 古代史 研究의 寶庫이다. 또 조개무지
> 는 石器時代에 限하는 遺蹟이지마는, 古墳은 原史·有史의 諸時期를
> 통하여 連綿不絶하는 것이므로, 歷史上에 便益되는 것이 심히 크고,
> 더욱 文籍 없는 동안에는 거의 唯一 最高의 稽古資料가 되는 것이
> 다.[39]

한국의 경우, 후장하는 풍속이 있었기 때문에 다른 유적은 보잘
것 없어도 고분만큼은 도처에 즐비하고 귀중한 자료가 포함되어
"朝鮮의 古墳은 唯一 最正確의 朝鮮 古代史 그것이다"라고 했다.
또한 한국의 고분은 그 시대가 장구하기로 세계에서 유례가 없을
정도라고 하면서 세계사적 의의를 부여했다.[40]

석기·패총·고분에 대한 고고학 발굴은 모두 일제의 고적조사
사업을 통해 이루어졌다. 고적조사사업을 통한 발굴 중에서 최남
선 학설에 가장 결정적인 영향을 미친 유물은 지석묘였다. 그는 지
석묘를 死靈恐怖思想으로 만들어진 신석기 시대의 무덤인 것으로
보았다. 지석묘는 세계 곳곳에 존재하기 때문에 인류 문화를 표상

---

38) 崔南善, 「朝鮮歷史通俗講話開題」 『全集』 2, 413~414쪽.
39) 崔南善, 「朝鮮歷史通俗講話開題」 『全集』 2, 415쪽.
40) 崔南善, 「朝鮮歷史通俗講話開題」 『全集』 2, 414~415쪽.

하는 유물이었다. 그 분포도를 분석하면 문화의 전파 과정을 알 수
있어 '문화 과학' 또는 '인문 과학'에서 매우 중요한 유물이었다.[41]

그는 한국의 지석묘를 스미스의 거석 문화(Megalithic Culture)와
연관시켜 해석했다. 그 전파 경로는 인종 이동선과 일치하고 신
화·전설 같은 정신 문화와도 일치하여 고대 문화 이동의 궤도를
보여 준다고 했다. 전 세계적으로 분포되어 있는 지석묘는 근원지
로부터 두 갈래의 길을 통해 전파되었는데, 남방계와 북방계의 지
석묘가 한반도에 공존하는 현상은 한국 문화의 세계사적 위치를 보
여 주고 있었다.[42] 북방 이동로와 남방 이동로가 모두 한반도로 귀
결된 지석묘의 분포는 한국이 모든 세계 문화의 매듭이 맺어진 곳
이라는 증거였다.

> 그리하여 半島文化의 내용은 一層의 複雜을 더하고, 따라서 世界
> 文化移動史上의 地位는 그만큼 중요성을 더할 밖에 없었습니다. 말하
> 자면 世界文化의 주요한 移動路線은 그 끝이 모조리 朝鮮에 와서 닿
> 은 셈입니다. 마치 天下의 길이 羅馬로 통했다는 것처럼, 世界文化의
> 매듭은 모두 朝鮮에 와서 맺은 모양입니다.[43]

지석묘는 단군론의 증거로도 원용되었다. 최남선은 대동강 유역
과 구월산 일대를 답사하여 지석묘가 밀집된 현상을 발견했다. 이
를 통해 단군의 중심지를 구월산으로 비정한 자신의 설[44]을 확증
할 수 있었다.

> 나는 年前에 黃海道 九月山을 중심으로 原始朝鮮의 面貌를 찾아
> 다니다가 意外에 九月山을 에둘러서 이 고인돌이 무수히 널려 있음

---

41) 崔南善, 「朝鮮의 古蹟」 『全集』 9, 500~502쪽.
42) 崔南善, 「朝鮮의 古蹟」 『全集』 9, 504쪽.
43) 崔南善, 「朝鮮의 古蹟」 『全集』 9, 498쪽.
44) 崔南善, 「壇君神典에 들어 있는 歷史素」 『全集』 2, 240쪽.

을 보고, 九月山 밑의 平野가 傳說과 같이 朝鮮最古의 文明地임을 다만 이것만으로써 確認할 수 있음을 意外에 기뻐한 일이 있습니다. … 또 平安南道 龍岡郡 池雲面 石泉山의 中腹에는 一百 數十個의 고인돌이 한바닥에 뭉텅이져서 있는 것이 있습니다. 이것이 九月山 一帶의 그것과 합하여 朝鮮 最初의 文化가 대동강을 끼고 開發되었음을 說明해 주는 좋은 證據가 되는 것은 차차 아시게 될 것입니다.[45]

환웅의 천강지는 백두산으로 볼 수 있어도, 단군의 활동지는 한반도내에 있었다는 그의 단군론은 민족주의 계열의 단군론과는 달라졌다. 당시로서는 문제가 많았던 최남선의 이러한 주장은 고적조사사업의 발굴에 힘입은 바가 크다. 대동강 유역의 발굴로 이 지역이 문화적 세례를 가장 일찍 입은 지역이라는 사실이 밝혀지고 있었다. 이를 토대로 최남선은『삼국유사』기록대로 단군의 활동지를 대동강과 구월산 일대로 비정하는데 자신감을 얻을 수 있었고, 또 이 지역에 밀집한 지석묘를 통해 자신의 설을 확증할 수 있었던 것이다.

II. 역사 연구 방법론의 적용

1. 「朝鮮歷史通俗講話開題」

최남선은 누구보다 역사 연구 방법론의 모색에 고심했던 역사가였다. 본격적인 연구물을 발표하기에 앞서, 그는 자신의 사관과 역사 연구 방법론을 논의했다. 이 논설이 1922년『동명』에 발표된

---

45) 崔南善,「朝鮮의 古蹟」『全集』9, 499쪽.

「조선역사통속강화개제」이다. 문화 사관과 그 연구 방법론이 심도 깊게 논의된 이 글은 최남선 사학의 출발을 알리는 지표라 할 수 있다.

최남선에게 역사는 과거의 경험을 통해 현재와 미래를 아는 것으로[46] 이를 통해 자각이 가능하다는 데 의의가 있었다. 역사는 민족적 자각을 일깨울 수 있는 가장 강력한 수단이었다. 한국인이 한국 역사에 소홀했기 때문에 민족적 자각이 이루어지지 않았다고 하면서, 한국 역사에 대한 지식도 과학적 연구도 부족한 실태를 개탄했다.[47]

민족적 자각에 필요한 역사는 문화사였다. 문화적 능력자・강자만이 존재가 보장되는데, 한국은 문화적 능력자임이 분명한데도 그 사실을 증명하지 못하고 있다고 했다.[48] 따라서 당면 과제는 '民族的 一致로 文化圈內의 有力한 일군'이 되는 것이었다.[49] 이러한 입장은 역사 연구에서 민족보다 문화를 앞세우는 것으로 나타났다. 민족과 문화는 역사 연구의 양대 문제이지만, 민족 연구는 문화 연구의 전제일 뿐이었다.[50] 따라서 역사 연구는 문화를 천착하는 것으로 이루어져야 했다.

> 朝鮮의 文化는 어떻게 발생하였는지, 어떠한 사정과 어떠한 조건과 巡路로 발달하였는지, 다른 文化에 대한 영향의 與受는 어떠한지, 얼마만한 창조력을 발휘하였는지, 자기의 存在와 生活을 보장하기에 얼마만한 效力이 있었는지, 世界 人文의 進運에 대하여 얼마만한 기여가 있는지, 文化性의 개발에 대한 朝鮮人의 독특한 효능이 얼마나 되는지, 文化的 大同의 潮流에 섞여서 얼마만한 負擔과 協同을 기대

---

46) 崔南善,「朝鮮歷史通俗講話開題」『全集』2, 409쪽.
47) 崔南善,「朝鮮歷史通俗講話開題」『全集』2, 410쪽.
48) 崔南善,「朝鮮歷史通俗講話開題」『全集』2, 410~411쪽.
49) 崔南善,「朝鮮歷史通俗講話開題」『全集』2, 411쪽.
50) 崔南善,「朝鮮歷史通俗講話開題」『全集』2, 409쪽.

할 만한지, 幷時한 남에게 비하여 문화적 결함은 무엇인지, 또 얼마인지 등은 朝鮮歷史가 당연히 闡明해야 할 主要 問題이다.[51]

한국 문화의 발생과 계통, 다른 문화와의 관련성, 집단을 유지해 온 능력으로서 문화의 장단점 등이 한국사 연구에서 밝혀져야 할 주요 문제라는 것이다. 최남선 문화 사관의 핵심을 요약한 이 언급은 그의 역사 연구가 지향하고 있는 방향을 예시하고 있다.

문화가 포괄하는 범위는 넓다. 또한 문화의 발생과 계통을 중시했던 그는 기원을 찾기 위해서 원시 사회로 소급해야 했기 때문에 문헌 자료로는 부족했다. 이러한 문헌 자료의 부족을 인접 학문을 통해 보완하고자 했다.

　　보통 歷史라는 것은 흔히 文籍의 載傳이 있는 동안을 아랑곳하고, 멀리 올라갈지라도 口碑 傳說의 流來하는 期間이나 關繫하며, 오로지 遺物 遺蹟만 가지고 人類의 過去를 관찰 연구하는 것은 '考古學'에 讓與함이 常例이다. 또 어떠한 부분은 '人類學' '人種學' '土俗學' '宗敎學' '言語學' '金石學' '古泉學' '紋章學' '地質學' '地理學' '解剖學' '生物學' 등에게 분담시키는 것도 많다. 이 여러 가지 學術의 調査・發明・斷案의 補助를 받지 아니하면, 根據있는 論斷을 얻을 길 없으며, 더욱 文獻이 미비한 古代史는 大體의 材料를 이런 學科에서 거두어 쓰는 것이다.[52]

역사 연구에 유용한 학문으로 인문 과학뿐 아니라 사회 과학・자연 과학 모두를 들고 있다.

그는 역사 연구 자료를 문헌 외에 유형적 유물과 무형적 유물로 대별한 후, 유형적 유물과 무형적 유물의 사료적 가치와 의의를 집중적으로 논했다. 유형적 유물로 든 것은 석기・패총・고분이고,

---

51) 崔南善,「朝鮮歷史通俗講話開題」『全集』 2, 409쪽.
52) 崔南善,「朝鮮歷史通俗講話開題」『全集』 2, 411쪽.

무형적 유물로 든 것은 성정·습관·신앙·종교·신화·전설·
설화·언어이다.[53]

여기서 주목되는 것은 무형적 유물로 민족성을 들고 있다는 사
실이다. 민족성 자체를 역사 연구 자료로 파악했던 것이다. 민족성
을 역사 자료로 파악한 데에는 유심적인 역사관이 작용하고 있었
다. 그는 "萬事가 도무지 一心의 飜譯이다"라면서 민족성을 一心
으로 전제했다.

> 그가 一千年 歷史를 가졌다 하면, 그 一千年 歷史라는 것은 곧 그
> 民族의 性情이 一千年 동안 이 일 저 일에 여러 가지로 물든 것이다.
> 그 바탕이 붉은 것일 것 같으면, 짙고 엷고 곱고 미움의 等分과, 다
> 홍·분홍·자주·주황의 差別은 있을 지라도 그 밑은 한가지 붉음서
> 나온 것이다. 경우와 사정을 따라 隱現과 濃淡은 가지가지 다를지라
> 도, 그 임자의 民族的 特殊性을 띠지 아니한 歷史的 事實은 한가지도
> 없을 것이다.[54]

역사는 민족성이란 바탕 위에서 전개된다는 것이다. 민족성을
선험적 명제로서 전제하고 있음을 보여 준다. 민족성이 역사를 만
든다는 입장은 '現今의 民族性 그대로가 過去의 歷史'라는 단언에
서도 나타난다. 민족성, 그 중에서도 민족성 결함 자체를 역사 연
구의 유력한 재료로 파악했던 것은[55] 1920년대 초반에 유행했던
민족 개조론이 연구 방법론을 매개로 그의 사학에 연결되고 있음
을 보여 준다.[56]

---

53) 「조선역사통속강화개제」의 목차 자체가 역사 연구 자료로 삼고 있는
　　대상을 보여 준다. 先史時代—石器, 貝塚, 古墳, 無形的 遺物, 宗敎, 神
　　話, 傳說, 說話, 言語, 朝鮮語, 不咸文化, 言語와 文化, 文化上의 稱謂,
　　文字, 漢字, 夷字, 字音.
54) 崔南善, 「朝鮮歷史通俗講話開題」 『全集』 2, 417쪽.
55) 崔南善, 「朝鮮歷史通俗講話開題」 『全集』 2, 418쪽.

사실 최남선의 연구 방법론의 강점은 무형적 유물에 대한 분석과
해석에 있었다. 그의 사학에 주효하게 작용한 인류학・민속학・신
화학은 무형적 유물을 접근하고 해석하기 위해 반드시 필요했다.
문화 사관에 입각한 그로서는 무형적 유물을 중시할 수밖에 없었
고, 그의 연구 방법이 다각화된 배경이기도 했다. 당시 근대 사학
이 고증적 방법과 언어학적 방법 외에는 다른 연구 방법을 모색하
지 못하고 있을 때, 연구 방법의 다각화를 주장한 이 논설은 근대
사학사에서 차지하는 의의가 크다.

2. 「不咸文化論」

1) 인류학의 문화 전파론

「조선역사통속강화개제」에서 논해진 연구 방법을 처음으로 적용
한 논설이 「불함문화론」이다. 「불함문화론」은 단군 연구사에 있어
단군 샤먼론을 최초로 제기하여 최남선 단군론의 토대를 구축한 논
설이다. 동시에 최남선 사학의 특징인 문화권론이 최초로 드러난
논설이기도 하다. 「불함문화론」에 적용된 연구 방법을 분석하는 것
은 이 논설을 둘러싼 친일 시비를 해명하는 단서를 제공한다.

「불함문화론」은 인류학의 문화 전파론에 입각해 쓰여진 논설이
다. 「불함문화론」에 적용된 문화 전파론이 영국 멘체스타 학파의
전파론인 것으로도 평가되고,[57] 독일 오스트리아 학파의 전파론인

---

56) 「조선역사통속강화개제」에서 지적한 민족성의 결함은 비사회성이다.
　　이 논설에서는 비사회성 외에는 다른 결함을 제시하지 않았으나, 1930
　　년의 『조선역사강화』 부록 「역사를 통하여서 본 조선인」에서 민족성
　　의 단점을 한국사의 전개와 관련하여 상세하게 논의했다.

57) 洪以燮, 1968, 『韓國史의 方法』, 探求堂, 25쪽.

것으로도 평가된다.58) 이처럼 상반된 견해가 나오게 된 것은 최남선이 「불함문화론」에서 전거를 밝히지 않았기 때문이다.

19세기 말엽, 20세기 초엽 유행했던 인류학의 문화 전파론은 일원적 전파론과 다원적 전파론으로 분류된다. 일원적 전파론이란 문명의 기원지는 하나이고, 세계의 모든 문화는 이 기원지로부터 전파되었다는 설이다. 극단적 전파주의라고도 일컬어지는 이 학파는 영국 멘체스타 학파라고 하며 대표적 인물은 Elliot Smith이다.

다원적 전파론은 문화의 기원지를 하나가 아닌 여러 곳으로 보는 설이다. 독일 오스트리아 학파라고 불리며 대표적인 학자는 Wilhelm Schumidt이다. 소수의 고유한 문화들이 발생 지점으로부터 마치 물에 파문이 일듯이 시간적으로 공간적으로 퍼져 나와서 세계의 모든 문화를 산출했다는 설이다. 문화 성장의 파문 효과를 '문화권(Kulturkreis)'이라 했기 때문에 일명 문화권설로도 일컬어진다.59)

최남선은 두 전파론 모두를 「불함문화론」에 적용했다. 「불함문화론」의 문화권 자체는 독일 오스트리아 학파의 다원적 전파론에 입각해서 설정했다. 이는 최남선 자신의 독일 오스트리아 학파의 문화권에 대한 설명을 통해 알 수 있다.

> 文化的 連帶關係를 系統的으로 보아 '文化圈(Kulturkreis)'이라 하고 形態的으로 보아 文化類型(Kulturtypus)이라 한다. 文化圈 또는 文化類型은 한 개의 構造體이므로, 中心도 있고 周邊도 있으며 더 나아가서

---

58) 全京秀, 1984, 「韓國民族文化의 起源研究에 대한 方法論의 批判的 檢討」『韓國史論』14.
임돈희·로저 L.자넬리, 1995, 「최남선의 1920년대의 민속연구」『민속학연구』2.
59) 가바리노 원저·한경구 이봉길 공역, 1995,『문화인류학의 역사』, 일조각.

는 第二次・第三次性의 그것이 있고, 그리고 그들 사이에 여러가지 의 作用이 행하여진다. 특히 文化的 類緣이 種族 또는 社會와 一致를 兼하는 경우에는 中心과 周邊 사이에 感應・牽引・吸收・融合의 作用이 한층 더 활발하기도 하고 容易하기도 하다는 점에 여기서 注意 하고자 한다.60)

독일 오스트리아 학파의 문화권설의 핵심은 중심과 주변 구도에 있다. 중심과 주변 지역간에는 문화적 감응・견인・흡수・융합이 작용하고 있다는 것이다. 「불함문화론」의 기본 구도도 중심・주변 구도에 있다. 白字가 집중적으로 나타나는 한국을 불함 문화권의 중심으로 설정하고, 나머지 지역을 주변으로 설정했다.

영국 멘체스타 학파의 일원적 전파론은 부분적으로 수용했다. 문화권 설정에서는 일원적 전파론을 받아들이지 않았다. 문화의 기원지가 하나라는 일원적 전파론을 수용했다면, 별도로 동북 아시아 문화권인 불함 문화권을 설정할 필요가 없었을 것이다. 이는 「불함문화론」을 집필・발표한 1920년대 중후반에 스미스의 일원적 전파론을 받아들이지 않았던 데서 나타난다.

　　스미스 敎授의 所說에는 傾廳할 부분도 있지마는, 疑問도 적지 아 니하여 아직 一說로 있을 따름이며, 一般의 學者들은 아직까지 돌멘 에 대하여 지방마다 小中心地가 있어 그것이 隣族에게 傳及한 것으 로 認하는 편이 많습니다.61)

스미스는 지석묘의 분포를 통해 세계 문화의 중심지는 이집트라 고 주장했다. 반면 최남선은 지석묘 또한 별도의 소중심지들이 있 는 것으로 보았다. 그러나 그는 스미스의 태양 거석 문화론을 취해 동북 아시아의 태양 거석 문화의 중심이 한국에 있는 것으로 보고

---

60) 崔南善, 「滿蒙文化」 『全集』 10, 386쪽.
61) 崔南善, 「岩石崇拜와 巨石文化에까지」(1927) 『全集』 9, 314쪽.

자신의 '밝' 사상과 연결시켰다.[62] 「불함문화론」에서 '밝'을 광명 사상으로 해석하는 데에는 스미스의 태양 거석 문화론이 미친 영향이 컸다.

이상에서 살펴 본 것처럼, 「불함문화론」은 인류학의 다원적 전파론과 일원적 전파론을 모두 수용했다. 다원적 전파론의 문화권을 적용하여 불함 문화권이라는 동북 아시아 문화권을 설정하고 중심·주변 구도로 한국을 중심에 위치시키고 나머지 지역을 주변에 배치했다. 그리고 일원적 전파론의 태양 거석 문화론을 적용하여 이 지역을 태양 숭배 신앙 지역으로 해석했다. 「불함문화론」이 중심·주변의 구도로 한국을 중심에 위치시켰다는 사실은, 그의 의도가 동북 아시아 문화권내에서의 한국의 우위를 주장하려는 데 있었음을 보여 준다.

「불함문화론」에 대한 평가는 상반되어 있다. 일선 동조론에 대항한 논리라고 평가하기도 하고, 일선 동조론을 수용한 논리라고 평가하기도 한다.[63] 일선 동조론을 수용한 논리라는 평가는 불함 문화권에 일본을 포함시켰다는 사실에 집중되어 있다. 그러나 「불함문화론」은 한국을 중심지로 설정한 동북 아시아 문화권론이다. 「불함문화론」에서 한국은 분명 중심에 위치해 있고 일본은 주변에 위치해 있다. 이 점에서 「불함문화론」은 고대 동북 아시아에서의 한국 문화의 우위, 특히 일본 문화에 대한 우위를 증명하기 위해 쓰여졌다고 할 수 있다.

일선 동조론과의 관계에서 보면, 불함 문화권의 중심이 한국이란 사실을 강조함으로써 일본 국학자의 일선 동조론, 즉 고대 일본이 한국을 지배했다는 일선 동조론에 대항한 논리였다고 할 수 있

---

62) 崔南善, 「壇君論」『全集』 2, 143쪽.
63) 본서 서론 참조.

다. 그러나 일본과 한국이 동종의 문화를 갖는다는 문화적 일선 동
조론에 반대한 것은 아니었다. 일본과 한국은 하나의 문화권이지
만 한국이 일본보다 훨씬 우세한 문화였음을 주장했던 것이다.[64]
일본과 한국을 하나의 문화권이라고 했다고 해서 친일 논리라고
할 수는 없다. 문화권론 자체로 보면, 1930년 이후 불함 문화권의
중심을 일본으로 이동시키고 일본 문화의 우위를 주장할 때 그의
친일 논리는 분명해진다.

「불함문화론」의 문화권역을 대동아 공영권과 유사한 것으로 간
주해서 「불함문화론」이 대동아 공영론을 지지하고 있다는 평가도
후일의 친일 행적으로부터 소급된 평가이다. 먼저, 불함 문화권과
대동아 공영권은 그 권역에서 크게 차이가 난다. 대동아란 동북 아
시아에 동남 아시아를 더한 지역을 가르킨다.[65] 불함 문화권에는
동남 아시아와 중국이 배제되고 있는 데 반해 대동아 공영권에는
포함되어 있다.

대동아 공영권이란 말은 1940년 7월 일본이 국책 요강으로 '대
동아 신질서 건설'을 내세우면서 처음으로 사용되었다. 서양 세력
의 식민 지배로부터 해방되려면 아시아 민족이 일본을 중심으로
대동아 공영권을 결성해 정치적, 경제적 공존 공영을 이루자는 것
이다. 이 때의 대동아 공영론을 1925년에 탈고한 「불함문화론」의
'아시아주의'와 병렬, 등치시키는 것은 무리이다. 여기서 아시아주
의는 한말 이래 동양 평화론의 맥을 잇고 있는 것으로 1940년대의
'태평양 전쟁기 일본 제국주의의 아 · 태 지역의 침략 지배를 정당

---

64) 임돈희 · 로저 L.자넬리, 1995, 「최남선의 1920년대의 민속연구」『민속
   학연구』 2, 47쪽.
65) 대동아 공영권의 권역에는 일본 · 중국 · 만주를 주축으로 하여 프랑스
   령 인도차이나 · 타이 · 말레지아 · 보르네오 · 네덜란드령 동인도 · 미
   얀마 · 오스트레일리아 · 뉴질랜드 · 인도가 포함된다.

화하기 위한 이데올로기 또는 슬로건'66)인 대동아 공영론과는 성
격을 달리 한다.

최남선은 1949년에 반민특위에 제출한 「자열서」에서 다른 죄목
은 수용하겠으나 「불함문화론」이 내선 일체를 주장했다는 비판은
받아 들일 수 없다 했다. 「불함문화론」은 "실로 壇君文化로서 日本
은 물론이요, 全人類文化의 一半을 포섭하고자 한 당돌한 提案에
不外하는 것이었다"라고 항변했다.67) 그 자신의 말대로 「불함문화
론」은 고대 한국 문화의 우위를 주장하기 위해 쓰여졌다고 본다.

2) '밝'과 '당굴'의 類言 추적

인류학의 문화 전파론은 세계 각지의 유물·유적의 분포 양상을
토대로 성립한 설이지만, 최남선은 언어 분포를 통해 불함 문화권의
권역을 추정했다. 문화권역 설정에 언어학적 방법을 적용했던 것은
당시 근대 사학에 언어학적 방법이 성행하고 있었기 때문이다.

특히 고대사 연구에 언어학적 방법은 당대를 풍미하고 있었다.
고대사 관련 사료들이 한자로 적혀 있고 그 영향을 받아 원의를 상
실했기 때문에 고대사의 정확한 파악을 위해서는 한자로 쓰여진
우리 말을 복원하여 원의를 밝히는 것이68) 가장 효과적인 연구 방
법으로 여겨졌다. 여기다가 청일전쟁 전후로 白鳥庫吉 등 일본 학
자들이 한국사 연구에 언어학적 방법을 채용한 것도 한국 학자들
에게 영향을 미치고 있었다.69)

---

66) 대동아 공영론의 정의에 대해서는 『日本歷史大辭典』『日本近現代史
事典』 참조.
67) 崔南善, 「自列書」『全集』 10, 532쪽.
68) 李萬烈, 1990, 『丹齋 申采浩의 歷史學 研究』, 文學과知性社, 139쪽.
69) 李萬烈, 1985, 「19世紀末 日本의 韓國史研究」『清日戰爭과 韓日關
係』, 韓國史研究會 編.

최남선도 역사 연구에 언어학적 방법을 주효하게 활용했다. 그는 언어, 특히 한글에 조예가 깊었다. 누구보다 한글의 우수성을 인식했던 그는 자신의 잡지 출판을 통해 國主漢從・言主文從의 신문장 건립 운동을 주도한 한글 운동가였다. 또한 조선광문회에는 주시경을 비롯한 그의 제자들, 金枓奉・李奎榮・權悳奎 등이 사전 편찬에 종사하고 있었다.70) 조선광문회에서의 사전 편찬 작업에 참여했고, 조선광문회 후에도 계명구락부를 통해 사전을 완성시키고자 했던 그는 한글의 음운 체계와 문법 체계에 정통해 있었다.

그의 언어학적 방법은 그의 문화 사관과 긴밀하게 연결되어 있었다. 그는 언어에는 사용하는 사람의 정신이 반영되어 있기 때문에, 어느 민족이나 어느 시대의 문화를 알고자 하면 그 언어를 분석하는 것이 가장 빠르고 바른 방법이라고 했다. 특히 고대사를 연구할 때 古語의 분석은 절대적으로 필요한 것으로 보았다.

> 그 민족에게 言語가 있기만 하면-그 言語의 발달한 徑路를 뒤질 수 있기만 하면-필요한 古語가 流傳되어 있기만 하면, 다른 古記와 遺物이 아무 것도 없을지라도 그 민족이 오히려 상당한 文化史를 가졌다 함이 可하다. 왜 그러냐 하면, 言語만 하여도 풍부한 史料요, 또 多方面의 史料가 되기로다. 그 言語의 時間的 生命을 系統的으로 설명하면, 어느 정도까지 그네의 文化的 發達을 次序있게 알 수 있음이로다.71)

언어의 계통적 분석을 통해 문화사를 구축할 수 있다는 이 말은 최남선의 언어학적 방법론의 핵심을 압축하고 있다. 태고의 역사를 신화・전설 중에서 찾는 것도 신화・전설의 재료가 되어 있는 언어의 뜻을 밝히는 것이고, 종교・철학을 통해 역사를 밝히는 것

---

70) 오영섭, 2001,「朝鮮光文會 硏究」『韓國史學史學報』3.
71) 崔南善,「朝鮮歷史通俗講話開題」『全集』2, 426쪽.

도 종교·철학에 사용된 추상적 언어들을 분석하는 것이라 했다. 이처럼 역사와 언어의 긴밀한 관계를 "言語의 音韻的 排次가 辭典을 만들듯이 그 年代的 排次가 곧 歷史를 이룬다"[72]라고 표현했다.

최남선 자신이 不咸文化의 연구는 언어학적 방법에 입각하고 있음을 밝혔다.

> 不咸文化 系統의 硏究는 오늘날 얼마만한 徵憑과 材料를 가졌느냐 하면, 그 唯一最高의 金玉을 言語의 礦中으로서 採取하여야 할 형편이다. 다른 방면으로도 약간의 資料가 나오지 않는 것 아니지마는, 그 거의 전부를 言語에 얹어야 할 형편이다. 不咸系統의 文化의 硏究는 별 수 없이 그 文化 流布 地域의 言語 硏究라고도 할 수 있다. 言語로써 밝힐 수 있는 범위가 거의 不咸文化를 審明하는 最大限度라고 할 만하다.[73]

증빙 자료가 없기 때문에 불함 문화 연구는 문화 유포 지역의 언어 연구일 수밖에 없다는 것이다.

「불함문화론」에는 두 가지의 언어 분석이 적용되었다. 문화 계통을 증명하는 분석과 문화 성격을 규명하는 분석이다. 전자는 '밝'의 분석에, 후자는 '당굴'의 분석에 적용되었다.

동일한 문화 계통은 동일한 어원을 가지고 있다고 전제하고, 어원을 통해 문화권을 설정했다. 한국어가 속한 우랄알타이 어족의 일련의 언어들, 즉 일본어·만주어·몽고어·터기어·사모예드어 등이 자매어임은 말할 것도 없고, 나아가 인도게르만 어족, 하미트세미틱 어족과도 같은 어원을 가지고 있다고 했다. 같은 어원을 가진 이들 지역을 같은 문화 계통, 즉 하나의 문화권으로 묶을 수 있다는 것이다.

---

72) 崔南善,「朝鮮歷史通俗講話開題」『全集』 2, 436쪽.
73) 崔南善,「朝鮮歷史通俗講話開題」『全集』 2, 430쪽.

「불함문화론」에서 不咸의 어원으로 'park'을 설정하고, park 類言을 추적하여 문화권역의 범위를 정했다. '밝'에 착안한 것은 한국에 白字의 음을 가진 산이 많은 현상을 발견해서였다. park 類言을 찾아 일본·유구·만주·몽고·중앙 아시아·발칸반도·흑해로 확대했다. 이 지역을 park 문화권, 즉 불함 문화권이라 했다.

'당굴'에는 문화 성격을 증명하는 분석이 가해졌다. 언어를 통한 문화 성격의 증명은 구체적 실례는 다음과 같다. 국가를 의미하는 '나라'가 조정을 의미하게 되고, 다시 변하여 조정의 중심인 군주를 칭하는 '나랏님'으로 쓰였다고 했다. '나라'는 또한 신라 시조의 탄생지인 신궁을 지칭하는 '奈乙'로 쓰여졌다고 했다. 이처럼 국가·조정·군주를 의미하는 '나라'가 신궁을 의미한 것은 당시 사회가 제정 일치의 사회임을 증명한다는 것이다.

이러한 분석이 단군의 해석에 가해졌다. 현재 '당굴'이 무당을 의미하는 것으로 보아 단군 시대는 제정 일치 사회였다는 것이다. 단군의 어원인 taigar 類言를 추적했다. 金剛은 tagar에서 유도되었고, 吐含은 taigam에서 유도되었다고 보았다. 나아가 터어키의 tangri, 몽고의 tengri, 일본의 タケ·タカ 등이 모두 taigar의 유언이라고 했다.[74] 그리고 이들 유언은 모두 수장이면서 사제장의 의미를 가지고 있다고 했다. 이처럼 단군의 유언을 불함 문화권 전체에서 발견할 수 있기 때문에, 단군은 한국 고대만이 아니라 동북 아시아의 고대를 풀 수 있는 중요한 존재였다.[75]

---

74) 최남선은 taigar의 類言을 추적하면서 白鳥庫吉의 「蒙古民族の 基源」
   (1907, 『史學雜誌』 18편 2호)을 인용했다. 여기서 白鳥庫吉은 撐犁는
   天, 孤塗(孤屠)는 子의 뜻이며 天을 의미하는 몽고어 tegri·tengeri 터기
   어 tengere·tangara·tangri가 같은 류라고 했다. 최남선 단군론의 입점
   인 단군=tengri는 白鳥庫吉의 연구에 토대했던 것이다.
75) 崔南善, 「不咸文化論」 『全集』 2, 43~44쪽.

이상에서 살펴 본 것 처럼, 「불함문화론」에는 두 가지 언어학적 방법이 적용되었다. '밝'의 유언을 통해 문화권을 설정하고, 그 문화권내에서 '당굴'의 유언을 통해 문화권의 성격을 제정 일치 시대로 규정했다. 그리고 '밝'과 '당굴'의 중심지가 한국임을 논증하여 동북 아시아 문화권내에서의 한국의 위상을 높이고자 했다. 거대 문화권의 권역을 추정하는데 적용한 '밝'의 분석 방법은 타당성에 의문의 여지가 많다. 그러나 '당굴'의 분석을 통해 단군이 사제장임을 추정한 것은 지금까지도 단군 연구에 지대한 영향을 미치는 성과였다.

3. 「三國遺事解題」

1) 민속학적 견지에서의 문헌 고증

「삼국유사해제」는 최남선의 문헌 고증적 강점을 보여 주는 논설이다. 그 자신이 학문적 성과물로 매우 자랑스러워 했던 「삼국유사해제」는 지금까지도 절대적인 영향을 미치고 있다. 「삼국유사해제」는 문헌 고증으로도 돋보이지만, 무엇보다 민속학적 입장에서 문헌 고증을 구사했다는 점에서 특별한 의미가 있는 논설이다.

일본 학자들의 단군 부정론은 『삼국유사』가 사료로서의 가치가 없다는 데 근거하고 있었다. 일본 학자들은 치밀한 문헌 고증으로 단군 기사가 실린 最古 문헌인 『삼국유사』의 사료로서의 허구성을 주장했다. 이에 대해 최남선은 그들 논증의 공통적 맹점으로 문헌 편중을 들었다.

日本人의 壇君論은 대개 文獻 偏重의 弊에 빠졌다 할 것이다. 그 一은 記錄 本位로 나타나서 『三國遺事』의 資料를 壇君의 全生命으

로 보게 되었고, 또 一은 字面 本位로 나타나서『三國遺事』所傳의
本文 批評에도 表面의 語句(量으로나 質로나)에 너무 얽매여서 도리
어 記錄 그것의 性質 곧 그 本地와 背景과 成立 來歷 등 必須 條件을
檢覈하는 用意가 缺如하고, 甚하면 古意와 私注를 混同하여 닥치는
것 없는 팔을 내두르기도 했다. 아무 것보다 이것이 그 잘못된 出發點
又 行相이라 할 것이다.[76]

　　일본 학자들의 문헌 편중의 폐단은『삼국유사』의 기록과 자구에
그대로 얽매여서 본래의 성격을 간과한 데 있다는 것이다.『삼국유
사』의 본질적 성격·배경·내력을 파악하려는 의사가 없는 채, 기
록과 자구에만 매달린 논증을 하는 것은 출발점부터 잘못되었다는
것이다.

　　그들의 이러한 잘못된 출발점은 민속학적 관찰이 결여되어 있기
때문인 것으로 지적했다. 고대의 설화가 문자로 고정되기까지는
오랜 세월이 걸리고, 또 기록되는 과정에서 문자 계급의 사조·신
조·선호·요구에 따른 취사 선택이 가해지는 것은 당연한데, 이
를 무시하고 기록 그대로만 해석하려 한다고 비판했다.[77] 따라서
민속학적 견지에서『삼국유사』를 보는 안목이 있어야만,『삼국유
사』의 사료적 가치와 성격을 파악할 수 있다고 했다.

　　『삼국유사』의 사료적 성격을 밝히고 그 가치를 논증하는 것은
그에게 필수 불가결한 작업이었다. 당시『帝王韻紀』가 나타나지
않은 상태여서 단군 기사가 실린 유일한 문헌은『삼국유사』밖에는
없었다.[78] 그는 무엇보다『삼국유사』가 고대의 사실을 원형대로
전하는 사서라는 점을 강조했다. 고대 사회의 원형이 변형되지 않

76) 崔南善,「壇君論」『全集』2, 93쪽.
77) 崔南善,「壇君論」『全集』2, 93〜94쪽.
78)『제왕운기』는 1930년대 초엽 黃義敦에 의해 발견되었다(孫晉泰, 1939. 4,
　　「檀君壇君」『文章』3 ;『孫晉泰先生全集』6, 25〜27쪽).

고 실렸기 때문에 斷落·錯雜·粗陋·詭誕하지만, 이러한 탄괴함
이야말로 원시 신앙과 관념을 보여 준다는 것이다. 이 점에서 『삼
국유사』는 신화학·古語學·지명학·문학사·사상사·종교사에
관한 '一大百科典林'이었다. 이에 반해 『삼국사기』는 '支那的 思
想과 漢文的 氣習'으로 체재를 정비하는 과정에서 원형을 변화시
킨 사서일 뿐으로 평가했다.

『삼국유사』의 사료적 성격과 가치를 논증한 후, 찬자 문제, 인
용 문헌에 대한 분석, 판본과 간행 경위에 대한 서지학적 고증을
치밀하게 가했다. 찬자인 一然이 승려이고 경주인이라는 사실이
『삼국유사』가 신라 중심, 불교 중심으로 찬술된 배경이라고 했다.
일연 외에 無極이 撰한 부분이 있음을 지적했다. 『東史綱目』과
『文獻備考』에 '無亟(極)의 一然의 撰'으로 기술된 이래, 계속 이
설이 채택된 것은 무극이 다른 사람인 것을 파악하지 못했기 때문
이라고 했다.

「삼국유사해제」의 문헌 고증이 돋보이는 부분은 『삼국유사』의
인용서들에 대한 다각적인 분석이다. 최남선은 『삼국유사』가 述而
不作의 태도를 견지한 사서임을 증명하여 후대에 날조 또는 가필되
었다는 일본 학자들의 주장을 논파하려고 했다. 인용서를 중국 문
헌·불교 문헌·국내 문헌으로 분류하여 분석했다. 『삼국유사』는
중국 문헌보다는79) 주로 국내 문헌에 의거했음을 논증했다. 국내
문헌은 古記類·寺誌類·碑碣類·案牘類로 나누어 각 문헌이 어떤
곳에 몇 차례에 걸쳐 인용되었는지를 찾았다. 이들 외에 인용된 문

---

79) 중국 문헌으로는 『周禮』『論語正義』『史記』『漢書』『後漢書』『魏志』
『魏書(後魏書)』『北史』『新唐書』『舊唐書』『賈耽郡國志』『通典』『册
府元龜』『指掌圖』『纂古圖』『淮南子注』『唐僧傳』『高僧傳』『唐續高
僧傳』『求法高僧傳』『梁唐二僧傳』『元魏釋曇始傳』『法規西域傳』
『西域記』『開元貞元二釋敎錄』『珠琳傳』『三寶感通錄』을 들었다.

헌들을 뽑아 내어『삼국유사』가 참조한 문헌 모두를 논증했다. 문
헌이 직접 인용되지 않은 곳이라도 그 귀절이 근거한 인용 서적을
밝혔고,[80] 인명만 거론된 곳은 그 인명을 통해 문헌을 추정했다.

이미 사라진 고서를 추정했다. 이러한 고서들로 崔致遠의『帝王
年代歷』, 金大問의『花郞世紀』, 大矩和尙의『三代目』을 들었다.
권 1 王曆은『제왕연대력』을, 풍류와 국선에 관한 기사는『화랑세
기』를 토대로 편찬한 것으로 추정했다.[81] 신라의 향가 전문은『삼
대목』에서 인용된 것으로 논증했다. 僧傳의 인용 출전으로 제시된
'僧傳' '海東僧傳' '高僧傳'이 覺訓의『海東高僧傳』에 의거했음을
밝혔다. 그러나『해동고승전』이 고증에 정치하지 않았기 때문에
전문을 인용한 경우는 없고 단지 대조나 辨析에만 참조했을 뿐이
라고 하여『삼국유사』의 사료 인용에서의 객관성을 강조했다.

이와 같은 논증을 통해『삼국유사』가 분명한 전거에 의해 찬술
된 사서임을 밝힌 후에, 문제가 되는 '魏書'와 '古記'의 날조설을
반박했다. 일본 학자들은『삼국유사』의 단군 기사의 인용 출전으
로 제시된 '위서'와 '고기'가 조작된 사서이기 때문에 단군 기사도
날조라고 주장했다. '위서'의 경우는 魏收의『後魏書』에 단군 기
사가 없다는 점이, '고기'의 경우는 그 기사가 불교적이기 때문에
후대 승려의 날조라는 점이 일본 학자들의 논거였다.

---

80)『三國遺事』卷3, 萬佛山이 唐 蘇鶚의「杜陽雜編」에서, 卷5의 金現感
虎 중의 申屠澄에 관한 기사가 唐代의 소설에서 채입된 것으로 보았
다. 또한 眞聖女大王 중의 居陀知의 榮華, 落山二大聖 중의 調信의 夢
幻, 惠通降龍 중의 龍柳의 怨害 등이 모두 單行한 別記에서 채입된 것
으로 보았다.

81) 薛元郞・鼻荊郞・未尸郞・述宗郞・庾信郞・耆婆郞・竹旨郞・膺廉
郞・邀元郞・譽昕郞・桂元叔宗郞・處容郞・夫禮郞・俊永郞・好世
郞・金現郞・居烈郞・實處郞・寶同郞・孝宗郞 기사가『화랑세기』
에서 습용되었다고 했다.

최남선은 '위서'가 반드시 위수의 『후위서』라고 할 수는 없고 다른 사람의 '위서'일 수도 있다는 점, 위수의 『후위서』로 본다 해도 현재의 『후위서』는 후대의 교정을 통해 변개되어 『삼국유사』 찬술 당시와는 다를 수 있다는 점, '위서'가 반드시 拓拔氏 위나라의 역사서가 아닐 수 있다는 점, 승려들에게 위나라는 중국의 대명사로 쓰인 용례로 보아 '위서'는 중국 문적을 지칭하는 보통 명사일 수 있다는 점을 들어 '위서' 날조설을 논박했다. 최남선은 '위서'가 어떤 사서를 지칭하는지에 대해 여러 추론을 제시했으나, 딱히 못 박지는 않았다.82)

'고기'에 대해서는 『삼국유사』의 심상한 곳에 壇君記의 명이 보인다는 점, 古記 云云의 원문에는 불교적 영향이 없다는 점, 문제가 되는 '謂帝釋也' 조차도 夾註로 삽입된 것에서 찬자의 古記 존중 의식을 볼 수 있다는 점을 들어 '고기'의 승려 날조설을 반박했다. 최남선은 '고기'를 옛 문헌이란 의미로 해석하고 '고기'로 추정되는 옛 문헌을 『삼국유사』 전체에서 추정했으나, 고조선조의 '고기'는 고구려조의 '단군기'일 것으로 보았다. 그러나 '단군기'가 하나의 단행본인지, 아니면 어느 고기 중의 一篇인지는 알 수 없다고 했다.

2) 사료 수집과 『三國遺事』의 校勘

「삼국유사해제」에 보이는 문헌 고증, 특히 다각적인 인용서 분석은 그의 오랜 사료 수집에 힘입은 바 크다. 문헌이 부족한 고대사를 연구하면서 다각적인 연구 방법을 시도했지만, 기본적으로 역사 연구 자료로 문헌을 가장 중시했다. 문헌이 없다면 모를까 문

---

82) 崔南善, 「三國遺事解題」 『全集』 8, 35쪽.

헌이 있으면 문헌을 중시해야 한다는 입장이었다.[83]

문헌 사료의 수집에서 최남선은 타의 추종을 불허했던 역사가였다. 어렸을 때부터 서적을 모으는 데 열심이었던 그는 일본 유학에서 큰 충격을 받았다. 황실 유학생으로 일본에 갔던 15세 소년 최남선을 가장 사로잡은 것은 서점에 그득히 쌓인 책들이었다.

1906년 2차 渡日하여 와세다 대학 고등사범부 지리역사과에 입학했을 만큼 역사 지리에 대한 관심이 깊었던 최남선은 일본에서 관련 서적을 수집했다. 또한 일본 학자들의 단군 부정론에 분개하고 있던 그는 단군의 과학적 연구에 필요한 인류학·민속학·종교학·언어학 등의 서적도 함께 수집했다.

그의 문헌 사료 수집에서 결정적인 계기는 조선광문회였다. 조선광문회 동안 그는 전국에 흩어져 있는 고서를 모아 들였다. 당시는 고서의 중요성에 대한 일반인들의 인식이 아직 없던 시절이어서 고서 수집은 순조롭게 진행되었고 1～2년 사이에 수만 권의 고서를 모을 수 있었다.[84] 또 李始榮이 서간도로 망명하면서 그의 집안에 전래하던 수만 권의 서적과 문서를 최남선에게 기탁했다. 이시영이 맡긴 도서 중에서는 청일전쟁 전후에 관한 귀중한 자료가 많았다. 1916년 金教獻이 만주로 망명할 때도 자신의 소장 도서를 최남선에게 기탁했다.[85]

그의 사료 수집 열의는 당대에도 정평이 나 있었다. 남의 진서를 빌려 보고는 잘 돌려 주지 않아서 비난받았을 정도로,[86] 그의 수집

---

83) 崔南善,「朝鮮의 原始相－校刊 <三國遺事>의 感」『全集』10, 227쪽.
84) 崔南善, 1990,「書齋閑談」『六堂이 이 땅에 오신 지 百周年』, 東明社, 354쪽.
85) 朴永錫, 1984,『日帝下 獨立運動史硏究－滿洲露領地域을 中心으로－』, 一潮閣, 260쪽.
86) 梁柱東, 1990,「學緣記」『六堂이 이 땅에 오신 지 百周年』, 東明社, 99쪽.

열은 높았다. 최남선은 점차 최고의 장서가로 이름나기 시작했다. 1928년 조선사편수회에 들어가면서 일제 당국에서 발행한 자료들을 쉽게 모을 수 있어 그의 장서는 더욱 늘어났다. 1939년 만주국 건국대학 교수로 부임한 후 4~5년 동안은 중국 북경을 드나들며 『二十四史』『國學叢書』『淸朝實錄』『圖書集成』『四部叢刊』 등을 수집했다.

이렇게 모은 서적들은 약 17만여 권 정도였다. 그러나 이 국보급 장서는 1951년 1·4후퇴 때 불타 버렸다. 평생 정성과 열의를 다해 모은 장서가 불타 버리자 최남선은 자신의 심장이 파열하지 않은 것이 신기할 정도라고 개탄했다.[87] 그는 다시 서재 재건에 착수했지만, 양에 있어서는 말할 것도 없지만 질에 있어서도 앞서의 장서에 훨씬 뒤떨어진다고 스스로 평가했다.[88] 사료 수집에 기울인 그의 노력이 「삼국유사해제」의 다각적인 인용서 분석에서 유감없이 발휘되었다고 할 수 있다.

그의 사료 수집 열의와 문헌 고증적 치밀함은 『삼국유사』의 교감 과정에서도 나타난다. 당시 『삼국유사』는 일본 학자들이 간행하고 있었다. 1904년 동경제국대학에서 校本이 간행되었고, 今西龍이 安鼎福의 手澤本을 입수하여 1921년 경도제국대학에서 간행했다. 1928년에 朝鮮史學會에서 경도대학본을 活字本으로 간행했고, 1932년에는 경성의 古典刊行會에서 경도대학본을 원형 크기로 영인했다.[89]

최남선은 조선광문회 때부터 『삼국유사』에 관심을 기울여 간행

---

87) 崔南善, 1990, 「書齋閑談」『六堂이 이 땅에 오신 지 百周年』, 東明社, 355쪽.
88) 후기의 장서 22,000여 권은 1967년 고려대학교에 기증되어 六堂文庫로 소장되어 있다.
89) 崔南善, 「三國遺事解題」『全集』 8, 39쪽.

목록에 포함시켰지만, 조선광문회 당시는 간행하지 못했다. 조선광
문회에서 구한『삼국유사』는 하권(卷 3, 4, 5) 3종뿐이었고, 今西龍
이 안정복의 수택본을 입수하기까지는『삼국유사』의 완본이 나타
나고 있지 않았다. 今西龍이 경도대학본을 간행한 후, 宋錫夏가 영
남 지역에서 卷 1 王曆 부분을 입수했다. 이로써『삼국유사』의 완
본 형태가 이루어졌다고 판단한 그는 동경대학본·경도대학본·
송석하본·조선광문회본을 대본으로『삼국유사』를 다시 교감했
다. 최남선의 교감본은 1927년에 계명구락부의 원조를 받아『新訂
三國遺事』로 출판되었다.90)

4. 「薩滿敎箚記」

「살만교차기」 이전까지 그의 인접 학문에 대한 이해는 불분명
했다. 특히 인류학과 민속학의 관계 설정이 분명하지 않았다. 薩滿
敎,91) 즉 샤머니즘에 대한 본격적인 논설인 「살만교차기」에 이르
러서야 민속학과 인접 학문의 관계가 분명해지면서 제 학문에 대
한 그의 이해가 깊어졌다.

민속학계에서는 「살만교차기」와 李能和의 「朝鮮巫俗考」가『啓
明』19호에 발표된 1927년을 민속학의 기점으로 잡는 시각이 있을
만큼,92) 「살만교차기」를 민속학 논설로 꼽고 있다. 그러나 이 논설

---

90) 崔南善, 「朝鮮史學의 出發點-三國遺事의 新校刊」『全集』9, 37~38
쪽.
91) 薩滿은 만주어이다. 살만이란 용어는『薩滿原流考』에 처음 등장한다.
이 책은 1778년(乾隆 43)에 阿桂와 于敏中이 황제의 명을 받들어 편찬
했고, 총 20권으로 되어 있다. 만주의 부족·지리·풍속에 관한 史傳
과 고증이 수록되어 있다.

은 비단 민속학에 국한되어 있지 않다. 인류학자들이 대거 인용되고 있어 오히려 인류학적인 성격이 강하다. 최남선은 자신의 「살만교차기」를 인종학 계통으로, 이능화의 「조선무속고」를 토속학 계통으로 구분했다.[93] 당시의 토속학이 오늘날의 민속학에, 인종학이 인류학에 가깝다고 보면, 「살만교차기」에 이르러서 민속학과 인류학이 구분되고 있다고 할 수 있다.

단군 연구사에서도 「살만교차기」가 차지하는 의의는 크다. 「불함문화론」에서 단군 샤먼론을 제기하기는 했으나, 샤머니즘 자체에 대한 본격적인 논구는 「살만교차기」에서 이루어졌다. 「불함문화론」에서 인류학적 방법과 언어학적 방법으로 불함 문화권과 단군을 규정했으나, 그의 주장은 논거가 박약했다. 특히 '당굴'의 類를 추적만으로는 불함 문화권에서의 단군의 성격을 분명하게 규정지을 수 없었다. 이 때문에 최남선은 한국의 무속을 동북 아시아에 공통적인 샤머니즘과 연결시켜 단군의 성격을 논증하고자 했다. 이 점에서 「살만교차기」는 「불함문화론」을 보강하기 위해 집필되었다고 할 수 있다.[94]

그는 Czaplica와 鳥居龍藏의 설을 중심으로 여러 학자들의 설을 초록하여 「살만교차기」를 썼다고 했는데,[95] 이 논설은 그의 어떤

---

92) 조지훈, 1962, 『韓國民俗學小史: 解放前』, 민족문화연구소.
　　임돈희 · 로저 L.쟈넬리, 1995, 「최남선의 1920년대의 민속연구」 『민속학연구』 2.
93) 崔南善, 「『啓明』 十九號 卷頭言」 『全集』 9, 591쪽.
94) 임돈희 · 로저 L.쟈넬리, 1995, 「최남선의 1920년대의 민속연구」 『민속학연구』 2, 52쪽.
95) 鳥居龍藏은 일본 인류학의 비조로 일컬어지는 인물로 한국에서 현지 조사를 한 바 있다. Czaplica는 옥스퍼드 대학에서 공부한 인류학자로 당시 Shaman에 대한 현지 조사를 했다. 특히 Tylor의 인류학 이론을 많이 원용했다. 최남선은 Czaplica의 어떤 책을 참조했는지를 밝히고 있지 않으나, Aboriginal Siberia(1914)를 참조한 듯하다.

논설보다 인용 출전이 많이 제시되어 있다.96) 자신의 의견보다는
여러 학자의 설을 제시하여 샤머니즘에 대한 객관적 증거를 높이
려고 한 것으로 보인다.97) 샤머니즘의 개념, 분포 지역, 샤먼의 역
할과 직능, 샤먼의 사회적 지위, 샤먼의 수행과 作法 과정, 샤만의
우주관과 인생관 등을 정리한 이 논설은 샤머니즘에 대한 입문서
이기도 하다.

최남선은 샤머니즘을 정령 숭배에 기초를 두고 祝師(혹 巫醫)가
중요한 職司를 행하는 원시적 종교라고 보았다. 종교학적으로 샤
머니즘은 터부와 매직을 결합한 前 애니미즘 단계와 정령 숭배에
기초한 애니미즘이 혼합된 Magico-religous의 자연 종교라고 했다.
인류학에서 아시아 종교, 아시아 문화라고 할 때는 샤머니즘이 대
표한다고 했다. 샤머니즘에서 神意를 탐지하고 靈能을 행사하는
살만, 즉 샤먼이 한국의 무당에 해당한다는 것이다.

샤머니즘의 분포 지역은 시베리아를 중심으로 동으로는 베링해
협, 서로는 스칸디나비아반도에 이르는 지역, 남으로는 아이누·
일본·유구·만주·몽고로부터 중앙 아시아를 지나 동부 유럽에
이른다고 했다. 우랄알타이계 종족의 원시 신앙이라는 것이다. 「불
함문화론」에서 우랄알타이 어족을 '밝' 類言의 추적으로 설정한

---

96) 「살만교차기」에 인용된 책과 학자는 다음과 같다.
鳥居龍藏의 『日本周邊民族の原始信仰宗教』와 『人類學上より見たる
我上代の文化』, Bogoras의 The Chukchi, Jochelson의 The Koryak, 케임브
리지 『중세사』 제1권 제12장, 파이스커 박사의 Asiatic Background, 鳥居
きみ子의 『土俗學上より見たる蒙古』, 『哲學大辭書』補遺 金田一京
助 <アイヌノ 神話 及アイヌノ 宗教>, 中田千畝 『アイヌ神話』, 南
滿洲鐵道株式會社 『滿洲全書』 第一卷, Czaplica, Tylor, Banzaroff, 클레
멘스, 트로시찬스키, Gorckhoff, Sieroszewski, Shashkoff, Agapitoff,
Khangaloff, Lepekhin.
97) 임돈희·로저 L.쟈넬리, 1995, 「최남선의 1920년대 민속연구」 『민속학
연구』 2, 52쪽.

불함 문화권의 권역과 샤머니즘의 분포 지역이 일치하고 있다.

샤머니즘의 신관은 최남선의 단군 신화의 구조 파악에 많은 영향을 미쳤다. 샤머니즘에서는 세계를 창조한 主神은 인간사에 간여하지 않고 부하의 諸神이 인간사를 관장한다고 했다. 주신은 인간사를 관찰하다가 인간이 큰 환란에 처하면, 제신 중의 하나를 天降시켜 인간의 불행을 구한다고 했다. 이 때의 제신은 주신의 아들로 표현될 수도 있었다.[98] 이러한 신관이 단군 신화에 적용되어 주신은 환인으로, 제신 중의 하나로 인간사를 관장하기 위해 천강한 신은 환웅으로 해석했다.

샤머니즘의 세계관은 상계·중계·하계로 구분된다고 했다. 상계는 상제와 선신이 있는 곳, 중계는 인류와 모든 物類가 사는 곳, 지하는 악신이 사는 곳이라 했다. 상계의 선신은 광명, 지하의 악신은 암흑에 대비시켰다고 했다. 상계의 선신을 광명에 대비시켰기 때문에 상계의 선신은 태양신으로 표상된다고 했다.[99]

상계·중계·하계의 3단 구조가 단군 신화에 적용되었다. 단군 신화에서 상계는 '환' 또는 '한'으로 천국에, 중계는 '사뭐' 또는 '살'로 인간이 사는 곳에, 하계는 '굿'으로 地府에 대비시켰다.[100] 상계의 선신이 태양신으로 표상된다고 하여 「불함문화론」에서의 '밝' 신앙, 즉 태양 숭배 신앙을 샤머니즘과 연결시켰다.

이상에서 살펴 본 것처럼, 「살만교차기」는 단군 신화에 샤머니즘적 해석을 본격적으로 가한 논설이다. 샤머니즘에 대한 분석을 통해 단군 신화 자체에는 결여되어 있는 신관과 세계관을 유추할 수 있었고, 「불함문화론」의 '당굴' 분석으로는 밝히지 못했던 샤먼

---

98) 崔南善,「薩滿教箚記」『全集』7, 511~516쪽.
99) 崔南善,「薩滿教箚記」『全集』2, 511~516쪽.
100) 崔南善,「壇君神典의 古義」『全集』2, 191쪽.

으로서의 단군에 보다 접근할 수 있었다. 「살만교차기」이후 그의 단군 연구는 보다 다각화되어 오늘날까지 영향을 미치는 성과를 낼 수 있었다.

Ⅲ. 역사 연구 방법론의 특징

「조선역사통속강화개제」「불함문화론」「삼국유사해제」「살만교차기」에서 구사된 연구 방법은 근대 사학사적 의의가 크다. 이들 논설이 한국사 연구와 단군 연구에서 이룩한 성과가 크다는 측면에서 그의 연구 방법의 강점을 알 수 있다. 인접 학문을 다양하게 활용한 그의 연구 방법은 당시로서는 가장 근대적인 연구 방법이었다 해도 과언은 아니다. 또 지금까지도 최남선만큼 학제적 입장에서 한국사 연구를 진행하고 있는 학자가 없다는 사실을 고려하면, 그의 연구 방법은 매우 선구적이라 할 수 있다.

그의 연구 방법론의 토대를 이룬 학문들은 모두 문화 보편주의에 입각하고 있다. 문화 보편주의에 토대하여 원시 사회 연구를 진척시켰기 때문에 행적을 둘러싼 친일 시비에도 불구하고 그의 연구는 후대에 지속적인 영향을 미치는 성과를 낼 수 있었다. 그러나 그의 문화 보편주의적 연구 방법은 발전하고 진척될수록 보편주의로 경사되어 민족주의를 탈색시켜 갔다.

제국주의 시대에 문화적 보편성을 추구한다는 것은 지배 국가와 피지배 국가의 문화적 동질성을 승인함으로써 식민 지배를 합리화하게 된다. 최남선도 일본과 한국의 문화적 동질성에 대한 의식이 강해져 갔다. 문화적 보편성의 확보와 친일로의 경사는 그가 적용한 연구 방법 모두에서 찾을 수 있다.

인류학적 연구 방법을 한국사 연구에 도입한 것은 그의 사학에서 가장 돋보이는 특징이다. 그러나 인류학적 보편성의 추구는 그의 역사 인식의 변화를 초래했다. 단군론과 불함 문화론의 변화가 단적인 예이다.

그가 단군 연구에 인류학을 원용했던 것은 단군의 보편성을 확보하여 단군이 고대에 실재한 존재라는 것을 증명하기 위해서였다. 제정 일치 사회에서의 巫君의 존재는 세계적이고 보편적인 현상이라는 것을 증명하고자 했다. 인류학적 해석이 치밀해질수록 단군의 보편성은 강화되었다. 그러나 동시에 단군의 역사적 실재로서의 성격은 약화되었다. 인류학적 보편성을 획득한 그의 문화적 단군론은 결국 민족주의 계열의 단군론과는 결별해야 했다.[101]

같은 현상을 동북 아시아 문화권론으로 시작된 불함 문화론이 세계 문화론으로 변화한 데서도 찾을 수 있다. 그는 인류학의 다원적 전파론에 입각해서 불함 문화권을 설정했다. 불함 문화권의 권역은 확대되었는데, 이는 그가 일원적 전파론으로 입장을 선회하는데서 비롯되었다. 「불함문화론」에서는 스미스의 일원적 전파론을 받아 들이지 않았다. 그러나 최남선은 점차 일원적 전파론으로 기울어져 갔고, 1941년에 이르러서는 확실하게 선회했다.[102] 영국 맨체스타 학파의 일원적 전파론은 독일 오스트리아 학파의 다원적 전파론에 비해서 그것이 일원적이란 점에서 보편주의적이다. 다원적 전파론에서 일원적 전파론으로 기울어져 간 과정은 그의 문화

---

101) 이영화, 2002, 「崔南善 壇君論의 전개와 그 변화―檀君에서 壇君으로, 壇君에서 檀君으로―」『韓國史學史學報』5.
102) 崔南善, 「滿蒙文化」『全集』10, 341쪽.

보편주의가 강화되는 변화를 반영하고 있다.

집필할 당시「불함문화론」(1925)은 동북 아시아 문화권론이었다. 그러나『故事通』(1943)에 이르면 불함 문화권은 시간적으로는 고대에서 전 시대로, 공간적으로는 동북 아시아에서 전 세계로 확장되어 세계 문화론으로 나타났다. 세계 문화의 원형은 모두 불함 문화권내, 구체적으로 한국에 있는 것으로 파악했다.[103] 동시에『고사통』은 고대에 국한되었던 자신의 한일 문화 동원론을 통사 체재를 통해 전 시대로 확장시킴으로써 한일 문화의 혼융을 추구했다.

문화권역의 확대보다 더 문제는 불함 문화권의 중심을 일본으로 이동시켰다는 사실이다. 1930년대 내내 그는 한일 문화 동원론을 주장하고 있었다. '양문화의 同源 관계는 … 나아가 장래에 대해서는 영원히 결합되어 풀려서는 안 될 融合을 약속하는 쐐기'[104]라고 하기까지 했다. 한일 문화의 동원성에 대한 이러한 강조는 불함 문화권의 중심을 일본으로 이동시켰다. 일본은 오래되고 고도화된 문화국이므로 한국에 영향을 줄 만한 문화적 위력을 많이 가지고 있고, 따라서 한국 문화는 그 독자성보다는 일본 문화와의 상관 관계에서 파악해야 한다고 했다.[105] 이러한 입장은「불함문화론」과는 확연하게 차이가 난다.「불함문화론」에서 일본은 불함 문화권의 一翼에 지나지 않았지만, 종국에는 불함 문화권의 중심에 위치하게 된 것이다.

신화학적 연구 방법에서도 마찬가지 현상이 나타났다. 그는 일본 신화와 한국 신화와의 비교 연구를 통해 한일 문화 동원론을 도

103) 李英華, 2001,「崔南善의 通史 서술에 나타난 역사인식의 변천」『韓國史學史學報』4.

104) 崔南善, 1934,「神なからの古を憶ふ」『東亞民族文化協會パンフレット 第3編』.

105) 崔南善,「朝鮮文化の當面課題」『每日申報』1937. 2. 9~2. 11.

출했다.106) 또한 한국과 일본의 신화상의 공통점으로 권력의 평화적인 양도를 들면서 '한일 합방'도 그와 같은 평화적인 양도의 일종이라고 했다.107)

환웅 신화의 연구는 대동아 공영론의 지지 근거를 제공하는 데 이르렀다. 환웅 신화에는 다른 천강 설화에서는 보이지 않는 天子降臨과 神國建設의 동기가 분명하게 나타난다 하고,108) 이러한 특징을 통해 동북 아시아 건국 신화의 원형을 재구성할 수 있다고 했다. 환웅 신화로 재구성한 동북 아시아 신화는 '日本의 建國精神인 光宅天下라든가 八紘一宇의 大理想에 도달'109)할 수 있는 이념이라고 했다. 결국 그는 환웅 신화의 동북 아시아적 보편성을 대동아 공영론의 학술적 근거로 제시한 것이다.

일제의 고적조사사업의 발굴 성과를 수용했던 것도 마찬가지 현상을 낳았다. 1916년 이래 시작된 평양 일대의 발굴에서 낙랑의 유적·유물이 쏟아져 나왔다. 낙랑 발굴이 세계적 의의가 있는 것으로 평가한110) 최남선은 낙랑 문화가 한국에 미친 영향을 다음과 같이 평가했다.

여기서 나온 중요한 資料만을 힘입어서 東洋의 文化史가 비로소 科學的인 二千年을 가지게 되고, 支那 古文化의 內容이 그제로부터 이미 놀라운 모든 것을 包有하였던 것이 밝아지고, 또 朝鮮 及 朝鮮人이 줄잡아도 數千年 그전에 이러한 文化에 접촉하고 刺戟되고 薰染되었다는 앙탈할 수 없는 明證을 가지게 되니, 이는 다 東洋史上의 획기적인 一大 事實로, 진실로 수월하게 생각할 일이 아닌 것이다.111)

---

106) 崔南善, 「朝鮮의 神話와 日本의 神話」『全集』 5, 36~45쪽
107) 崔南善, 「朝鮮의 神話와 日本의 神話」『全集』 5, 37~38쪽.
108) 崔南善, 「滿蒙文化」『全集』 10, 370쪽.
109) 崔南善, 「滿蒙文化」『全集』 10, 372쪽.
110) 崔南善, 「朝鮮의 古蹟」『全集』 9, 506쪽.
111) 崔南善, 「되무덤에서-樂浪古墳의 出土品」『全集』 9, 481쪽.

우수한 낙랑 문화를 수천 년 전에 접했기 때문에 한국의 고대 문화가 우수했다는 것이다. 문화라는 단서를 달기는 했지만 한국 고대 문화의 우수성이 낙랑 문화를 접한 데서 가능했다고 파악한 점에서, 타율적 한국사의 시작을 목적했던 고적조사사업의 의도가 최남선의 역사 인식에 그대로 관철되고 있다.

이러한 입장은 신채호·정인보와 상반된다. 신채호는 낙랑 유물이 낙랑군의 것이 아니라 고구려의 漢人들이 남긴 것으로 보아 낙랑군이 대동강 유역에 있었다는 증거로 인정하지 않았다.[112] 정인보는 고적조사사업에 대한 비판에서 역사 연구를 시작했다. 정인보는 낙랑 유적 발굴 보고서가 실린 『조선고적도보』를 읽고 역사 연구를 결심했다. 그는 일제의 평양 지역 발굴이 조선총독부 정책과 밀접하게 관련되어 있음을 직시했고,[113] 한사군 한반도내 설치설을 논파하는 데 주력했다. 그는 우리 나라 학자들이 낙랑의 在平壤說을 수용하고 있다고 비판했는데, 그 가운데 최남선도 있었던 것이다.[114]

---

112) 李萬烈, 1981, 『韓國近代 歷史學의 理解』, 文學과知性社, 177쪽.
113) 鄭寅普, 1983, 『朝鮮史研究』 附言, 『簷園鄭寅普全集』 4, 延世大學校 出版部, 270쪽.
114) 鄭寅普, 1983, 『朝鮮史研究』 附言, 『簷園鄭寅普全集』 4, 延世大學校 出版部, 281쪽.

제3장

단 군 론

최남선은 말년에 자신은 단군 신화를 연구하기 위해 모든 학문을 집중시켜 왔다고 술회했다.[1] 사실 최남선만큼 단군 신화에 무한한 중요성을 부여하고 왕성한 연구 의욕과 다양한 방법으로 단군 신화를 추적한 연구자는 찾기 어렵다.[2] 그는 근대인이 단군을 신념으로만 받아 들이기에는 이념을 너무 좋아하기 때문에 단군을 객관적·과학적으로 연구해야 한다고 했다.[3] 이를 위해 당시로서는 최첨단 연구 방법을 다각도로 원용하여 단군의 실재를 증명하는 데 자신의 학문적 역량을 모두 집중했다.

그의 단군 연구는 지금까지도 지대한 영향을 미치고 있다. 단군이 巫君이었다는 단군 샤먼론, 『삼국유사』의 사료적 가치 논증, 단군 기사의 역사부와 신화부의 구분, 단군 기사의 토테미즘적 해석은 현재도 단군 연구의 기본틀로 작용하고 있다. 해방 후의 단군 연구에서 최남선의 문제 제기와 논의를 넘어서고 있는 것은, 고고학의 발굴 성과 위에 청동기 문화를 단군 신화와 연결한 연구, 그리고 단군 인식의 변천에 관한 연구를 들 수 있을 뿐이다. 최남선이 닦아 놓은 기초를 무시하고 오늘날 단군 연구는 올바른 성과를 올리기 힘들었을 것이고,[4] 이 점에서 그는 분명 단군 연구사에 금자탑을 이룩했다[5]고 할 수 있다.

---

1) 李弘稙, 1971,「檀君神話와 民族의 理念」『韓國古代史의 硏究』, 新丘文化社.
2) 李弼泳, 2001,「檀君 硏究史」『檀君 - 그 이해와 자료』, 서울대학교 출판부.
3) 崔南善,「壇君及其硏究」『全集』2, 243쪽.
4) 李基白, 1991,「六堂史學의 再檢討」『韓國史像의 再構成』, 一潮閣.
5) 李弼泳, 2001,「檀君 硏究史」『檀君 - 그 이해와 자료』, 서울대학교 출

그러나 그의 단군론의 민족주의적 의미에 대한 평가는 상반되어
있다. 그의 단군론이 지닌 민족주의적 의미를 높게 평가하기도 하
고, 정반대로 그의 단군론이 일선 동조론에 부응했다고 평가하기
도 한다. 이처럼 상반된 평가가 나오게 된 것은 그의 단군론을 전
체적 흐름과 구도에서 파악하지 않은 채 일선 동조론과 대비시켰
던 데 기인한다.

이 장에서는 최남선의 단군론을 시간적 흐름에 따른 변화와 연구
방법의 다각화라는 두 가지 관점에서 접근했다. 먼저 그의 단군론이
형성된 배경을 살펴 본 후, 단군 관련 논설을 시간적 흐름에 따라 추
적하여 단군론의 전개 양상을 분석했다. 특히 단군론 전개의 각 단
계에 적용된 연구 방법이 이룩한 성과에 주목했다. 마지막으로 논쟁
이 되고 있는 그의 단군론과 일선 동조론과의 관계를 살펴 보았다.

Ⅰ. 단군론의 배경

1. 申采浩의 단군론

단군에 대한 논의와 그 의미는 을사조약을 전후한 계몽 운동기
에 고양되고 있었다. 민족과 국가 존립의 위기 상황에서 단군은 새
롭게 조명되었다. 단군 시대의 역사와 문화가 재조명되었고, 단군
은 민족의 시조이며 한민족은 단군의 혈손이란 의식이 강화되었
다. 또한 단기를 사용하는 등 '단군 민족주의'라 불리는 사조가 일

_____

판부.

어났다.

이러한 경향은 한말에 편찬된 국사 교과서에서도 나타났다.
1895년 학부 편집국이 간행한『조선역사』이래 대부분의 국사 교
과서는 단군을 건국 또는 민족의 시조로 서술했다. 그러나 이 때는
일본의 식민 사학도 침투하는 시기여서 신공왕후의 신라 침공설·
임나 일본부설도 서술되고 있었다.

신채호는『讀史新論』(1908)을 발표하여 한말 교과서의 식민 사
학적 경향을 신랄하게 비판하면서 새롭게 단군론을 제기했다.「독
사신론」은 근대 사학의 성립을 알리는 지표로 평가될 만큼 역사
인식과 방법론에서 새로운 체계를 제시한 역사 평론으로,6) 발표
당시에도 크나큰 반향을 불러 일으켰다.

단군 연구사에서「독사신론」이 차지하는 위치는 매우 크다.「독
사신론」의 단군 인식은 단군이 추장 시대에 장백산을 중심으로 조
선을 개창한 후 각 부락과 지역을 정복하여 만주·요동·한반도
에 이르는 광대한 영토를 차지하고 숙신·조선·예맥·삼한의 여
러 종족을 거느렸다는 것으로 집약된다. 단군의 정복 사업을 강조
하여 단군을 정복 군주 또는 영웅처럼 서술했다. 이는 한말이라는
시대적 상황에서 민족 영웅을 단군으로 표출한 것으로도 평가된
다.7) 또한 단군조가 부여·고구려로 계승되는 것으로 파악하여 부
여·고구려 중심의 고대사 인식 체계의 단서를 열었다.8)

신채호의「독사신론」은 근대적 역사 인식을 바탕으로 단군 중심
의 웅대한 고대사 체계를 처음으로 제시했다고 할 수 있다. 이 과
정에서 단군이 출현한 곳을 백두산으로, 그 영역과 중심지를 흑룡

---

6) 趙東杰, 1998,『現代韓國史學史』, 나남출판.
7) 李萬烈, 1990,『丹齋 申采浩의 歷史學 硏究』, 文學과知性社, 247쪽.
8) 李萬烈, 1990,『丹齋 申采浩의 歷史學 硏究』, 文學과知性社, 248쪽.

강・요동・조령・동해로 비정했다. 단군 조선을 고구려와 부여가 계승한 것으로 봄으로써 대한제국 수립 이후에 강화된 韓 계승 의식을 부정했다. 한 계승 의식의 부정은 임나 일본부설과 관계되는 한일 관계사의 문제를 제거하기 위해서였다.[9] 한 중심의 고대사 체계를 부정하고 고구려・부여 중심의 고대사 체계를 확립한 것은, 한말 이래의 단군 민족주의가 근대 한국사 체계로 흡수된 것으로 평가할 수 있다. 신채호의 단군 인식과 고대사 체계는 민족주의 사가들에게 크나큰 영향을 주었다.

최남선은 일본 유학시 단군 부정론에 대응하기 위한 서적들을 수집하고 있었지만, 이 시기에는 단군에 대한 논설은 발표하지 않았다. 그의 단군 인식은 문명 진보론적인 입장에서 생존 경쟁에서 살아 남기 위한 국민 정신의 상징에 머물고 있을 뿐이었다. 그러한 최남선에게 「독사신론」은 단군을 근대 사학 체계 속에서 인식하는 데 큰 영향을 주었던 것으로 보인다.

그는 1908년 『대한매일신보』에 게재된 「독사신론」을 1910년 자신의 잡지 『소년』에 '國史私論'이라는 제목으로 전문을 실었다. 「독사신론」을 전재하면서 쓴 서문에서 '祖國의 歷史에 대하여 가장 걱정하는 마음을 가지고, 그 참과 옳음을 구하여 그 오래 파묻혔던 소리를 다시 드러내려고 온 精誠을 다하는' 것으로 평가했다.[10] 당시 아직 역사가로서 입지를 구축하지 못하고 있을 때의 평가이지만, 최남선이 당대 최고의 역사가로 부상한 이후에도 이 시기의 신채호 사학을 높이 평가하는 데는 변함이 없었다.[11]

1910년대에 들어서서 최남선은 고대사 관련 글을 발표했다.

---

9) 박광용, 1992, 「대단군 민족주의의 전개와 양면성」『역사비평』겨울호, 229쪽.
10) 崔南善, 「錦頰山人 國史私論을 轉載하면서」『全集』9, 584쪽.
11) 崔南善, 『朝鮮歷史講話』『全集』1, 67쪽.

1910년대의 고대사 관련 두 논설에는 「독사신론」의 영향이 강하게 나타나고 있다. 그의 최초의 고대사 논설인 「古朝鮮人의 支那沿海 植民地」(1914)는 「독사신론」의 단군 조선의 영역을 그대로 수용했다. 최초의 본격적인 고대사론이라 할 수 있는 「稽古箚存」(1918)도 「독사신론」의 고대사 체계와 단군 인식을 수용했다.12)

그러나 1920년대 중반 본궤도에 오른 최남선의 단군론은 「독사신론」의 단군론과 많은 차이가 나게 된다. 이 시기에 그의 단군론은 정치적 수장이면서 종교적 사제장으로서의 단군론으로 변화했고, 단군의 문화적·보편적 성격이 보다 강화되었다. 단군의 개국지도 백두산이 아닌 구월산 일대로 비정하여 신채호의 「독사신론」과는 견해를 달리 했다.

그런데 신채호의 단군론도 『朝鮮上古文化史』와 『朝鮮上古史』에서 변화했다. 신채호는 1910년대 대종교에 관여하던 시기에 『조선상고문화사』를 저술했고, 근대적 역사 연구법으로 자신의 사학을 발전시켰을 때 『조선상고사』를 저술했다. 두 책의 단군 인식은 「독사신론」의 단군 인식과 차이가 난다. 『조선상고문화사』에서는 선교와 관련하여 낭가 사상의 본원으로서의 단군을 인식했다. 『조선상고사』에서는 종교 신앙과 관련하여 단군을 인식했다. 광명신을 신앙하는 조선족의 종교적 제사 처소가 수두 곧 신단이요, 거기에 단군이 종사했다고 했다. 대소의 신단이 있기 때문에 수두는 여러 곳에 있게 된다. 따라서 단군은 '웅녀에 의하여 一壇君王儉으로 탄생한 것이 아니라 조선족이 모여 제사하는 제단에는 어느 때 어디서나 壇君은 無所不在한 존재자'였다.13)

---

12) 丁暻淑, 1982, 「<稽古箚存>을 통해 본 崔南善의 古代史論」『奎章閣』6.
13) 李萬烈, 1990, 『丹齋 申采浩의 歷史學 硏究』, 文學과知性社, 260~265쪽.

최남선의 단군론은 신채호의 『조선상고문화사』『조선상고사』
의 단군론과 유사한 데가 많다. 먼저, 신채호가 단군을 선교와 연
결하여 國仙·仙人·先人·皂衣 등의 시조로 자리매김했다는 점
을 들 수 있다. 최남선도 선인은 단군의 이칭이라 했고, 단군을 고
유 신앙의 시조로 보고 고유 신앙을 신라의 풍류도를 통해 전해
내려 온 무속 신앙으로 파악했다. 신라의 화랑 또는 풍류도를 통
해 유교나 불교가 아닌 고유 신앙[무속 신앙] 또는 고유 사상[낭가
사상]이 단군과 연결되고 있다는 점에서 두 사람의 단군론은 유사
하다.

다음으로, 최남선의 '당굴'과 신채호의 '수두'는 용어는 달라도
함축하는 내용과 추론의 근거가 매우 흡사한 점을 들 수 있다. 최
남선은 마한 지역인 금강 유역에서 무당을 '당굴'이라고 한다는 사
실을 발견하고 소도의 天君과 연결시키면서 자신의 단군론의 입점
을 세웠다. 천군, 즉 '당굴'이기 때문에 단군은 종교적 사제장이라
는 것이다. 신채호는 소도를 수두의 음역인 것으로 보고 수두, 즉
신단의 사제장을 단군이라 했다. 두 사람 모두 소도에 착안하여 단
군의 종교적 성격을 규정했던 것이다.

두 사람 단군론의 유사성으로 들 수 있는 또 한 요소는 광명 숭
배 신앙이다. 최남선은 '밝'이 태양을 의미한다고 하면서 '밝' 지역
은 공통적으로 태양 숭배 신앙을 지니고 있으며, 이 지역의 종교적
사제장이 단군이라고 했다. 신채호도 광명신을 신앙하는 조선족의
사제장이 단군이라고 했다.

두 사람 단군론의 이와 같은 유사성이 어디서 기인하는지는 불
분명하다. 최남선은 1920년 옥중에서 '밝'과 '당굴'에 착안함으로
써 단군 연구에 새로운 경지를 개척할 수 있었다. 이 시기에 신채
호는 중국에 있었고, 『조선상고문화사』와 『조선상고사』는 국내에

발표되지 않았다. 따라서 최남선이 신채호의 영향을 받았다고는
할 수 없다. 최남선의 「불함문화론」은 1925년에 탈고되었지만 발
표되기는 1927년이고, 「단군론」은 1926년에 발표되었다. 이 시기
에 신채호의 『조선상고문화사』는 이미 탈고되었고, 『조선상고사』
도 거의 완성되었다.14) 따라서 신채호가 최남선의 영향을 받았다
고도 추론하기 힘들다.

　최남선과 신채호의 단군론이 유사한 점도 있지만, 다른 점도 명
확하다. 신채호의 '수두' 단군에서는 정치적 권위가 덧입혀지면서
대단군 왕검이 출현하게 된다. 대단군 왕검은『楚史』『史記』『漢
書』등에 산견되는 이른바 삼신·오제의 神說로써 우주의 조직을
설명하고 인간 세상의 일반 제도를 정했다고 했다.15)

　그러나 최남선의 단군론은 이러한 대단군 왕검을 환웅 신화로
처리했다. 단군전과 환웅전을 구별한 최남선은 단군 자체는 대단
군주의로 확장시키지 않았고, 단군의 정치적 권위보다는 문화적·
종교적 성격을 중시했다. 그는 실제 국가로서의 단군 조선도 평양
에서 아사달까지의 극히 좁은 지역, 구체적으로는 재령강 좌우의
평야 지대에 존재한 작은 국가였던 것으로 인식했다. 신채호가 만
주 중심의 단군 조선을 주장했던 반면, 최남선은 반도내의 단군 조
선을 주장했다는 점에서 두 사람의 단군론은 결정적으로 차이가
난다.

---

14) 李萬烈, 1990,『丹齋 申采浩의 歷史學 硏究』, 文學과知性社, 43～47쪽.
15) 李萬烈, 1990,『丹齋 申采浩의 歷史學 硏究』, 文學과知性社, 267쪽.

2. 大倧敎의 단군 신앙

최남선과 신채호의 단군론이 유사한 성격을 띠게 된 데는 대종
교의 단군 신앙과 단군 인식이 미친 영향이 클 것으로 본다. 대종
교가 성립하는 시기와 근대 사학사에서 민족주의 사학이 전개되는
시기는 거의 일치한다. 신채호는 대종교가 창설되는 분위기에서
민족주의 사론을 발표하다가 1908년에 「독사신론」을 썼다.16) 1910
년 만주 망명 후에는 대종교와 밀접한 관련을 맺었는데, 이 시기
대종교의 영향은『조선상고문화사』에 반영되어 있다.17) 최남선 또
한 대종교와 밀접한 관련을 유지하고 있었다.

최남선의 대종교와의 관련은 대종교가 창립되던 해부터 보인다.
1909년 음력 정월 15일에 창립된 대종교는 그 해 음력 10월 3일(양
력 11월 15일) 聖祖開極節, 즉 개천절 기념식을 개최했다.18) 개천
절을 기념하기 위해 최남선은 「檀君節」이라는 창가를 지어『소
년』에 실었다. 「단군절」은 4절로 구성된 8.5조의 창가로 악보까지
실려 있다.19) 「단군절」을 대종교측의 요청으로 지은 것인지 아니
면 그가 자청해서 지은 것인지는 알 수 없으나 단군과 관련된 최남
선 최초의 작품이다. 다음해 그는 자신이 존경하는 안창호에게 바
치는 「太白山詩集」을 지어『소년』에 실었는데, 여기서도 단군의

---

16) 韓永愚, 1993,『韓國民族主義歷史學』, 一潮閣, 8쪽.
17) 李萬烈, 1990,『丹齋 申采浩의 歷史學 硏究』, 文學과知性社, 35～36쪽.
18) 「檀君聖祖祭日」『皇城新聞』1909. 11. 21.
19) 굿은 마음 한갈갓흔 各方사람이
    우리 聖祖 크신빗헤 모여드러서
    아모거나 갓히하자 盟誓하던날
    깃븜으로 노래하야 頌祝합시다(『소년』2－10, 1909)

탄생지인 백두산을 노래했다.[20]

최남선이 대종교와 보다 직접적인 인연을 맺게 되는 계기는 조선광문회이다. 조선광문회에 참여한 인사는 대다수가 대종교 신자들이었다. 조선광문회는 '대종교 공동체'라고 할 수 있을 만큼 대종교적 구국 이념을 받드는 인사들로 구성되어 있었다.[21] 이 중에서 대종교와 관련하여 최남선에게 영향을 주었던 역사가로는 朴殷植·柳瑾·金敎獻을 꼽을 수 있다.

박은식은 1911년 4월 중국으로 망명했기 때문에 조선광문회에서 활동한 기간이 짧은 편이다. 박은식은 대표작인『韓國通史』(1915)『韓國獨立運動之血史』(1920)에 앞서, 1911년 대종교적 역사 인식이 담긴 고대사 논설「東明王實記」「渤海太祖建國誌」「拜夢金太祖」「明臨答夫傳」「泉蓋蘇文傳」을 발표했다.[22] 박은식에 대한 최남선의 존경심은 남달랐다. 1925년 박은식이 사망하자 최남선은 추도사를『동아일보』에 발표했다. 여기서 그는 해외 독립 운동의 분열 가운데서 박은식이 끝내 의용을 지킬 수 있었던 것은 열렬한 대종교도이면서 수양의 바탕을 양명학에 두었기 때문이라고 평가했다.[23]

유근 또한 투철한 대종교 신자였다. 1909년 대종교가 창립된 직후 입교하여 1921년 사망할 때까지 간부로 활동했다. 1917년 김교헌의 만주 망명 후에는 서울 南道本司에서 교무를 전담하며 만주의 독립 운동을 지원했다. 유근은『新訂東國歷史』(1906)『初等本國歷史』(1908)『新撰初等歷史』(1910)를 저술한 역사가였고, 한학에도 조예가 깊은 인물로 조선광문회에서 한문 사전의 편찬을 담당했다.

---

20)『少年』3－2, 1910.
21) 오영섭, 2001,「朝鮮光文會 研究」『韓國史學史學報』3, 110쪽.
22) 韓永愚, 1993,『韓國民族主義歷史學』, 一潮閣, 124쪽.
23) 崔南善,「哭白庵朴夫子－다시 못 볼 老少年－」『全集』10, 87～88쪽.

최남선에게 결정적인 영향을 미친 인물은 김교헌이다. 김교헌은 1910년 1월 대종교에 투신한 이래 1916년 제2대 교주의 자리에 올랐던 대종교의 핵심 인물이다.[24] 1917년 김교헌이 만주로 망명할 때까지, 최남선은 조선광문회를 통해 그에게 깊이 사사받았던 것으로 보인다. 또 김교헌은 자신의 소장 도서를 최남선에게 맡기고 망명했을 만큼 최남선을 신임했다.[25]

김교헌은『文獻備考』纂集委員,『國朝寶鑑』監印委員, 奎章閣 副提學을 역임한 이력에서 나타나듯이 전적에 매우 해박한 역사학자였다. 이 해박한 지식을 바탕으로 1914년『神檀實記』와『神檀民史』를 저술했다.『신단실기』와『신단민사』는 단군 조선의 역사와 문화를 무리하게 날조하지 않고 조선 후기 실학자들이 밝혀 낸 단편적인 연구 성과를 광범하게 수집·정리하고, 여기에 대종교적인 단군 민족주의 세계관을 투영시킨 사서로 평가되고 있다.[26] 이 두 책은 최남선의 초기 단군 인식에 많은 영향을 주었다.

최남선은 대종교의 단군 신앙 운동에도 적극적으로 참여했다. 대종교의 강연회에 연사로 자주 참석했고, 개천절을 기념하는 글을 여러 차례 발표했다.[27] 또 묘향산·평양·구월산의 훼손된 단군 유적을 보수해서 성역화해야 한다고 주장하기도 했다.[28]

---

24) 朴永錫, 1977,「大倧教의 獨立運動에 관한 研究－金敎獻 敎主 時期를 中心으로－」『史叢』21·21合集.

25) 朴永錫, 1984,『日帝下 獨立運動史研究－滿洲露領地域을 中心으로－』, 一潮閣, 260쪽.

26) 韓永愚, 1993,『韓國民族主義歷史學』, 一潮閣, 105쪽.

27)「開天節－全民的 名節」『東亞日報』1926. 11. 7.
「開天節」『東亞日報』1927. 10. 29·30.
「開天節－朝鮮心鏡의 重磨日」『東亞日報』1927. 11. 18.
「開天節」『新生』2, 1928. 11.

28) 崔南善,「壇君께의 表誠」『全集』9.

이처럼 최남선은 대종교와 깊은 인연을 맺고 있었지만, 그가 대
종교에 입교했는지 여부는 확실하지 않다. 입교 여부를 짐작케 하
는 단서는 있다. 1937년 최남선은 만주 여행중에 동경성에 있던 제
3대 교주 尹世復을 만났다. 대종교측 자료에 의하면, 이 자리에서
최남선은 자신을 대종교 승봉자라 했다.

> 저도 일찍 金茂園 종사와 柳石儂 선생의 전통적 훈도를 받은 대종
> 교 승봉자이오나 외면적으로는 불교신자로 행세하면서 단군론을 세
> 상에 문헌으로 밝히려는 일편단심에서 전 생애와 역량을 다 바치려고
> 희생적·모욕적 이용을 당하면서 또한 어떤 의심을 받더라도 목적한
> 바가 성사되는 날 저의 사명이 다할 줄 압니다.[29]

자신은 불교 신자로 행세하고 있어도 김교헌과 유근에게 훈도를
받은 대종교 신도라는 것이다. 대종교측 자료인지라 전적으로 신
빙할 수는 없지만, 대종교측에서 최남선을 대종교 신도로 인식했
음은 알려 준다. 이 때의 윤세복과의 만남은 최남선의 만주 여행기
인 「松漠燕雲錄」[30]에도 기록되어 있다. 최남선은 윤세복을 만나
는 자리에서 '부복하는' 경외심을 나타냈고, 또한 윤세복의 '변절'
질책을 겸허하게 받아 들였다.[31]

대종교와의 관련은 최남선이 1939년 4월 만주국 건국대학 교수
로 부임한 이후에도 나타난다. 당시 일제의 탄압으로 교단의 명맥
조차 유지하기 힘들었던 대종교가 만주국에서 포교권을 얻고자 했

---

29) 李顯翼, 1962, 『大倧教人과 獨立運動淵源』, 미간행 프리트본, 9쪽.
30) 「松漠燕雲錄」은 鮮滿拓植의 초청으로 1937년 만주를 여행했을 때의
    기행문이다. 이 기행문은 『매일신보』에 1937년 10월부터 1938년 4월까
    지 게재되었다. 松은 滿洲, 漠은 蒙古, 燕은 北京, 雲은 山西省을 이르
    는 것으로 원래는 이 지역을 모두 여행할 계획이었으나 만주 여행으로
    끝났다.
31) 崔南善, 「松漠燕雲錄」 『全集』 6, 508쪽.

을 때, 최남선은 대종교의 포교권 교섭을 만주국 정부에 주선하여 성사시켰다.[32] 태평양 전쟁을 발발한 일제는 대종교 탄압을 강화하여 1942년 11월 9일, 윤세복 교주 이하 20여 명의 대종교 간부들을 한국과 만주 각지에서 검거했다. 이른바 壬午敎變이다.[33] 최남선은 바로 이 시기인 1942년 11월에 건국대 교수를 사임했다. 사임의 표면적 이유는 병이었으나 임오교변이나 그 정세와 어떤 형태건 관련이 있지 않은가 추측된다.

일제 당국은 1915년 대종교를 불법 종교 단체로 규정한 후 독립운동 단체로 보아 탄압 일변도로 대응했다. 최남선이 1920년대 중반 이후에 쓴 것으로 추정되는 「歷史的 立場에서 본 大倧敎 槪觀」을 끝내 발표하지 않은 것도 이런 상황을 의식해서였을 것이다. 최남선으로서는 자신이 대종교 신도였다 해도 그 사실을 밝힐 수 없었는지도 모른다. 대종교 입교 여부는 단정지을 수 없지만, 그가 대종교와 밀접하게 관련을 맺고 있었던 것만은 확실하다.

대종교와의 관련은 최남선의 단군론 형성에 큰 영향을 미쳤을 뿐만 아니라 그의 단군론이 종교적인 성격을 띠게 된 배경을 설명해 준다. 또한 단군을 민족 정신의 구심점으로, 신앙의 대상으로 자리매김하려 했던 그의 일련의 노력을 설명해 준다.

3. 일본 학자들의 단군 부정론

최남선이 근대적 연구 방법으로 단군 연구를 시작하게 된 직접적 계기는 일제 동양사학자들의 단군 부정론에 있었다. 이들 동양

---

32) 李康五, 1987, 「檀君信仰의 實態 分析」 『정신문화연구』 32, 66쪽.
33) 朴永錫, 1984, 『日帝下 獨立運動史硏究－滿洲露領地域을 중심으로－』, 一潮閣, 314~317쪽.

사학자는 조선사편수회에서 한국사 편찬 작업을 진행하여 한국사 왜곡에 가장 많은 영향을 미친 장본인들이기도 하다. 그들은 한국사가 태고적 여명기에서부터 남의 지배에 있었으며 그 뒤에도 계속 타율적인 역사 진행이 불가피했다는 것을 논증하기 위해 단군을 부정했다.[34] 단군 부정론이 실제 한국사에 적용되면 한국사는 기자로부터 시작하거나 위만으로부터 출발하게 된다. 단군의 실재를 부정하는 것은 한국사의 종적 시간을 축소시킬 수 있을 뿐 아니라 고대 한국사의 강역, 즉 횡적 공간도 축소시킬 수 있었다.

일제의 동양사학자들은 민족주의 운동의 구심점으로서의 단군, 즉 단군 민족주의를 견제하기 위해서도 단군을 부정해야 했다. 대종교를 중심으로 한 단군 숭배가 빠른 속도로 퍼지면서 민족 의식을 고양시키자, 한국인의 민족 운동을 탄압할 목적에서도 단군 부정론은 필요했다. 이 점에서 단군 부정론은 단군 민족주의에 대한 일제측의 학문적 대응이기도 했다.[35]

1925년 6월, 조선총독부는 기존의 조선사편찬위원회를 조선사편수회로 바꾸어 한국사 편찬 사업을 재개했다.[36] 최남선은 조선사편수회의 출범에 민감한 반응을 보였다. 그 해 10월, 「我史人修의 哀」를 발표하여 조선사편수회의 한국사 편찬 작업에 우려를 표명했다. 그간의 일본인들이 한국사를 왜곡해 온 실례, 그 중에서도 한일 관계사를 왜곡한 실례를 지적하면서 조선사편수회 사업도 위

---

34) 李萬烈, 1981, 『韓國近代歷史學의 理解』, 文學과知性社, 165~166쪽.

35) 今西龍, 1937, 「檀君考」『朝鮮古史の研究』, 近澤書店, 2~3쪽.

36) 1916년 朝鮮半島史編纂委員會로 시작된 朝鮮史編纂事業이 예상대로 진행되지 않자, 1922년에는 朝鮮史編纂委員會로 바꾸었다. 이 또한 성과가 부진하자, 근거 법령을 朝鮮總督府의 訓令에서 일본 천황의 勅令으로 바꾸고, 편찬 사무를 관장하는 관서를 독립 관청으로 승격시키고, 편찬 담당자에게 많은 보수를 지급하는 등 진용을 재정비하여 1925년 朝鮮史編修會를 출범시켰다.

정자가 필요로 하는 한국사 편찬 이상은 되지 않을 것이라고 의구
심을 나타냈다.[37]

조선사편수회에는 今西龍·稻葉岩吉·黑板勝美·三浦周行 등
동양사학자 계열의 단군 부정론자들이 대거 포진하고 있었다. 최
남선은 이들이 주관하는 조선사편수회 사업이란 것은 단군 말살을
기정 사실화하고 있다고 비판했다.[38] 최남선만큼 일본 학자들의
단군 부정론을 면밀하게 분석한 사람은 없다. 그는 1926년 3월 3일
부터 7월 25일까지『동아일보』에 일본 학자들의 단군 부정론을 조
목조목 반박하는 장편의 논설「壇君論」을 게재했다. 이 논설에서
일본 학자들의 단군 연구를 일일이 적시하면서 분석하고 비판했
다. 그의「단군론」을 통해 당시 단군 부정론이 어떠한 양상이었는
지를 살펴 본다.

먼저, 단군 부정론의 효시로 那珂通世와 白鳥庫吉을 들었다. 이
들은 청일전쟁을 전후한 1894년에 단군 신화가 불교 전래 후의 승
려의 날조라는 주장을 폈다. 那珂通世가 최초로 제기한 후에 白鳥
庫吉이 더욱 보강하여 단군은 고구려 一國의 祖先일 뿐이라고 했
다.[39] 이에 대해 최남선은 매우 격하게 비판했다.

那珂氏는 아가미를 따고, 白鳥氏는 배알을 끄집어 내어 兩大家의
손에 속속들이가 다 환하게 드러난 셈이 되며, 단군이란 이를 조선사
의 첫머리에 얹음은 점차 학자의 똑똑하지 못한 표적이 될 듯하고, 그
렇다고 開國者를 없달 수 없으매 箕子로서 조선의 國祖임을 그네의
東洋史에 적게 되고 箕子도 假想的 人物이라는 論이 白鳥氏를 말미
암아 제기된 뒤에는 史漢 兩書의 朝鮮列傳을 그대로 衛滿이 朝鮮의
發見者 비스름한 地位를 가지는 奇觀을 呈하게 되었다.[40]

37) 崔南善,「我史人修의 哀」『全集』10.
38) 崔南善,「壇君論」『全集』2, 90쪽.
39) 崔南善,「壇君論」『全集』2, 83~85쪽.

단군을 부정하여 기자를 조선의 개국자라고 하더니, 그나마 白鳥庫吉이 기자마저도 부정하여 위만을 조선의 발견자라고 한다는 것이다.

이들에 의해 제기된 단군 부정론이 잠잠하다가 '한일 합방'을 계기로 今西龍에 의해 다시 제기되었다. 일본의 한국 병합에 즈음하여 일본내에서 일선 동조론이 고양되면서 단군을 일본 신사내에 합사하려는 움직임이 있었는데, 今西龍은 이를 차단하기 위해 단군 부정론을 폈다. 今西龍은 평양의 고지명이었던 王險이 고려 초에 仙人王儉의 인명으로 변하고, 고려 후기에 단군이란 존칭이 붙여졌을 뿐이라고 했다. 이렇게 후대에 날조된 단군은 일본과 아무런 관계가 없는 존재라는 것이다.[41]

三浦周行도 단군 신화와 일본 신화와의 유사성을 주장하는 일선 동조론에 반대하여 단군 부정론을 제기했다. 三浦周行은 단군 전설은 기자 전설보다 훨씬 뒤인 고려 시대에 만들어졌고, 이 때 단군 전설이 만들어진 것은 중국에 대한 반항심에서 비롯되었다고 했다. 이렇게 후대에 만들어진 단군 신화를 창고한 일본 신화에 비교하는 것은 견강부회라는 것이다.[42]

3·1운동 후 단군 신앙 운동이 고조되자, 稻葉岩吉은 이를 견제하기 위해 단군 부정론을 내놓았다. 기자 전설은 지배자 계급의 전설이고 단군 전설은 저변에 잠행하다가 근래 중국의 권위가 쇠퇴하고 합방으로 특권 계급이 소멸하는 통에 단군 전설이 최후의 승리를 얻었다고 했다. 한국인이 이러한 전설을 믿으면 일본 국가의 일원이라는 의식을 가지기 불가능하다는 것이다.[43]

---

40) 崔南善, 「壇君論」『全集』 2, 85쪽.
41) 崔南善, 「壇君論」『全集』 2, 85~86쪽.
42) 崔南善, 「壇君論」『全集』 2, 87~88쪽.
43) 崔南善, 「壇君論」『全集』 2, 88~89쪽

이처럼 당시 일본 학자들의 단군 부정론은 자국내에서의 일선 동조론을 둘러싼 갈등 양상을 띠고 있었고, 이 과정에서 더 정치해지고 있었다. 이렇게 정치해진 단군 부정론은 식민지 교육 정책에 그대로 반영되었다. 1923년 조선총독부는『普通學校 國史敎授參考書 朝鮮事歷敎材』를 통해 단군 신화에 대한 교육 지침을 내렸다.

> 朝鮮半島에서 立國한 者의 가장 예로부터 전하기는 전에 적은 箕子로되, 또 그 이전에 檀君이란 者가 있었음을 往往이 信하는 者가 있기로 此處에 一言코자 한다. … 古傳說의 內容이 不可思議요, 佛說을 섞음이 많음은 一見에 분명한 바요, 또 該 傳說은 朝鮮의 北部에 關係를 위한 것이지, 朝鮮 南部의 韓種族과는 아무 關係를 가지지 아니하였음은 新羅時代에 在하여 檀君이란 것이 아주 尊崇되지 아니하였음에 보아도 분명하다. … 그런데 李朝時代의 有名한 學者도 該 傳說의 誕妄不稽하여 족히 믿지 못할 것임과, 近代 日本에 있는 學者들의 硏究 또한 다 同一한 結果를 보였다. 그래서 本書는 該 傳說을 取하지 아니하고 參考로 此處에 附記한다.[44]

최남선은 이 교육 지침을 그간의 일본 학자들의 단군 부정론의 총화로 평가했다. "그네가 敎職者를 통해 朝鮮心의 뿌리를 芟除하기를 어떻게 巧妙히 해서 보려 한 뜻을 端的히 엿볼 것으로 꽤 注意를 要하는 文字이다"[45]라고 하면서, 한국 학생들에게 단군 부정론을 교육하는 현실을 우려했다.

사실, 일본 학자들의 단군 부정론은 한국 학자들을 대상으로 전개되고 있었던 것은 아니다. 일본내에서 일선 동조론이 고조될 때마다 이에 대한 반론으로 제기되고 있었다. 이러한 단군 부정론에 최초로 본격적인 반론을 제기한 한국 학자가 최남선이었다. 그는 이들 단군 부정론자들이 조선사편수회에서 한국사 편찬 사업을 주

---

44) 崔南善,「壇君論」『全集』2, 91쪽.
45) 崔南善,「壇君論」『全集』2, 91쪽.

도하여 한국인에게 조선심의 뿌리인 단군를 없애려는 것에 격분하
여 단군 연구를 시작했다. 단군의 실재를 확증하여 '日本人의 朝鮮
史'[46]를 바로 잡아 '民族精神의 探討, 祖國 歷史의 建設'[47]을 위해
단군 연구를 시작했던 것이다.

Ⅱ. 단군론의 전개

1. 정치적 군장으로서의 단군 이해

최남선의 단군 인식은 『소년』에서부터 나타난다. 『소년』에 게재
한 「해상대한사」(1908～1910)는 단군이 출현하기 이전부터 한반도
는 이집트와 같은 문명 시대에 진입해 있었고, 國人이 추대하여 단
군을 군장으로 삼았다고 했다. 그 후예들이 1,000여 년 지속했는데,
후예들 중 하나가 일본을 건국했다고 했다.[48]

이 시기 최남선에게 단군은 생존 경쟁의 시대에서 살아 남기 위
한 국민 정신의 상징이었다. 유교는 국민 정신이 될 수 없기 때문
에 건국 시조의 '大精神'으로 국민 정신을 삼아야 한다고 했다. 단
군 정신을 정의와 지선으로 보고,[49] 이러한 단군 정신을 국민 정신
으로 삼아야 우승 열패의 시대에서 살아 남을 수 있다는 것이다.

그의 최초의 고대사 논설인 「古朝鮮人의 支那沿海 植民地」(1915)

---

46) 崔南善, 「壇君論」 『全集』 2, 90쪽.
47) 崔南善, 「自列書」 『全集』 10, 533쪽.
48) 崔南善, 「大韓海上史」 『全集』 2, 403쪽.
49) 崔南善, 「少年時言」 『全集』 10, 131쪽.

에는 단군에 대한 언급이 없다. 고조선이 북으로 黑水, 남으로 溟
海, 동으로 蝦夷, 서로 突闕을 경계하고 있다고 하여 만주 전역을
고조선 강역으로 잡았다. 이 강역을 넘어 중국 연안에서 설치된 고
조선의 식민지를 논한 글이다. 단군을 언급하고 있지는 않으나, 고
조선의 강역 설정에서 드러나는 것처럼 단군 조선을 웅대하게 그
리고 있었다.

그의 단군 인식이 고대사의 체계 속에서 처음으로 나타나기는
「稽古箚存」(1918)에서였다. 그의 최초의 본격적인 고대사론이라
할 수 있는 「계고차존」은 부제 '檀君暨夫餘時節'이 보여 주듯이
상고사를 단군 시대와 부여 시대로 구분하여 단군 개국부터 삼한
까지를 다루었다. 桓 민족이 태백산에 도읍하면서 神市時代를 열
었고, 桓雄天王은 신시 시대의 영주라 했다. 환은 임금의 이름 위
에 붙여 썼으므로 오늘날의 성씨에 해당한다고 보았다. 檀은 배달
또는 박달로 白山 즉 도읍지 이름이면서 나라 이름이라고 했다. 따
라서 檀君은 檀國의 역대 임금을 가르키는 보통 명사라는 것이다.
단국의 역대 단군은 50여 대 지속되었다고 했다.

「계고차존」은 신채호와 김교헌의 영향을 받았다.[50] 신시 시대의
설정, 단을 '박달' 또는 '배달'로 해석하여 단국의 군주가 단군이었
다는 것 등은 김교헌의 『신단민사』『신단실기』에서 채택한 설이
다. 김교헌은 단군이 몇 대까지 이어졌는지는 알 수 없고 단지 歷
年은 1212년이라고 했을 뿐인데, 최남선은 구체적으로 50여 대의
단군이 재위했다고 했다. 이는 김교헌이 그다지 신빙하지 않았던
『檀奇古史』의 단군 48대 설을 받아 들였기 때문인 것으로 보인다.

이 시기에 최남선은 후일 그의 단군론에서 중요한 제정 일치에

---

50) 「계고차존」에 미친 신채호와 김교헌의 영향은 鄭暻淑의 「<稽古箚存>
   을 통해 본 崔南善의 古代史論」에 자세하게 논구되어 있다.

착안하고 있었다. 왕검을 임검으로 풀이하면서

> 다만 世世로 '임검'으로 칭하니 임은 主의 뜻이요, 검은 神의 義로,
> 合하면 神聖하신 主人의 義를 成하는 것이라 써 當時의 祭政一致임
> 을 竅見할 지니라.51)

라고 하여 단군 시대를 제정 일치 시대로 파악하고 있다. 그러나
단군의 사제로서의 역할은 전혀 언급하지 않았고, 정치적 군장으
로서의 역할을 강조하여 유교적 교화 군주의 의미까지 부여했
다.52) 유교적 교화 군주의 의미를 부여했기 때문에 후일 그의 단군
론의 주요한 근거였던 무속조차도 외래 풍습으로 보았다.

> 風俗의 當代는 실로 一大 混亂期라 할지니, 夫餘人의 古風을 향하
> 여 四方의 雜俗이 慣然히 集注하여 內外 新舊가 雜糅交和하였도다.
> 鬼神敎(卽 巫習)는 北野로서 從하여 점점 南下한 것이니, 濊의 山川
> 及 猛獸 崇祀와 韓地의 巫君 同位의 俗이 다 此風의 漸染으로서 起
> 한 것이며 …53)

귀신교, 즉 무습이 북쪽에서 내려 왔으며 三韓의 天君도 이 외래
풍습의 영향이라는 것이다. 그의 단군론이 본궤도에 오르면서는 천
군이 단군론의 주요 입점이 되지만, 아직은 착안하지 못하고 있다.
단군 조선의 중심지는 송화강 유역으로 비정했다. 송화강 상류에
서 나라를 시작한 단군의 후예는 북으로는 흑룡강, 남으로는 황하
근방, 그리고 반도 일부를 포함하는 지역에 분포했다고 했다.54) 1920
년대에 단군 조선을 대동강 유역으로 비정한 것과 차이가 난다.

---

51) 崔南善, 「稽古箚存」『全集』2, 17쪽.
52) 崔南善, 「稽古箚存」『全集』2, 18쪽.
53) 崔南善, 「稽古箚存」『全集』2, 41쪽.
54) 崔南善, 「稽古箚存」『全集』2, 14∼15쪽.

이상에서 살펴 본 것처럼, 1910년대 최남선의 단군 인식은 민족주의 계열의 단군 인식과 다르지 않았다. 단군 조선의 대강역, 이 대강역을 통치하는 군주로서 단군을 인식했고, 단군 조선이 부여·고구려로 이어졌다고 했다. 또한 김교헌의 영향을 받았다 해도 종교적 대상으로서의 단군보다는 군장으로서의 단군을 강조했다. 1910년대 그의 단군론은 신채호「독사신론」이래의 민족주의 계열의 단군론을 충실히 계승했던 것이다.

2. 일본 학자들의 단군 부정론 비판

최남선의 단군론이 전환점을 맞는 계기는 3·1운동 후 3년 남짓한 옥고를 치루는 동안이었다. 그는 감옥에 있을 때 특별한 허가를 얻어 책을 읽고 저술을 할 수 있었다. 이 기간에 당시까지의 단군에 대한 의문에 집중할 수 있었다. 이 때 최남선은 이후 그의 단군 연구의 두 축을 이루는 '밝'과 '당굴'에 착안했다. 특히 '밝'에 착안한 것을 자신의 일생에서 가장 통쾌한 일이었다고 감격적으로 토로했다.[55]

단군이 '당굴'의 對音일 것을 추정하게 된 것도 옥중에서였다.[56] 출옥 후 최남선은 '天君'의 기록이 나오는 마한 지역인 금강 유역에서 무당을 '당굴'이라고 한다는 사실을 발견했고, 이러한 현상이 서울을 제외한 한국 전역에 있음을 확인한 후에[57] 확실한 입론을 세울 수 있었다.

---

55) 崔南善,「내가 경험한 第一痛快」『全集』10, 487쪽.
56) 崔南善,「白頭山觀參記」『全集』6, 51쪽.
57) 崔南善,「壇君神典에 들어 있는 歷史素」『全集』2, 235쪽.

'밝'과 '당굴'에 착안한 최남선은 「조선역사통속강화개제」(1922)에서 세계 문화는 3대 문화의 조합으로 이루어져 있다 하고 印歐계통의 문화와 支那 계통의 문화와는 다른 이 문화 계통을 '不咸系統'으로 명명한다고 했다.[58]

3년 후 '밝'과 '당굴'의 언어학적 유추와 인류학의 문화 전파론을 적용하여 「불함문화론」(1925)을 탈고했다. 한국 역사의 출발점을 알기 위해서는 동방 문화의 연원을 밝히는 것이 필요하기 때문에 「불함문화론」을 저술했다고 하고, 단군 연구의 중요성을 다음과 같이 언급했다.

> 壇君은 朝鮮 古代史의 수수께기를 해결할 수 있는 유일한 關鍵이요, 따라서 이를 통하여서만 極東 文化의 옛모습을 조망할 수 있을 듯한 지극히 중요한 東洋學의 礎石이라고 생각된다. 壇君에 관한 상세한 考證은 다른 기회로 미룰 것이로서 그 중에서 東方文化의 淵源問題의 基礎가 될 一點만을 開始하여 壇君神話(혹은 傳說)의 중요성을 들추어보고자 한다.[59]

「불함문화론」의 권역과 성격에 여러 평가가 있지만, 「불함문화론」을 저술한 기본 동기는 단군의 실재를 증명하는 기초 작업을 마련하는 데 있었다. 그는 동북 아시아 전역에 분포되어 있는 '밝'과 '당굴'의 보편적 존재 양상을 증명하여 단군이 후대에 조작된 가공물이 아니라는 사실을 논증하고, 이를 통해 동북 아시아에서의 한국 문화의 우월성을 입증하고자 했다. 「불함문화론」에서 단군의 종교적 성격이 착안되어 '君師'로 규정되었다. 단군 연구사에서 처음으로 단군 샤먼론이 제기된 것이다.

---

58) 崔南善,「朝鮮歷史通俗講話開題」『全集』2, 430쪽.
59) 崔南善,「不咸文化論」『全集』2, 43~44쪽.

이제는 壇君의 正體를 명맥하게 드러내어도 좋으리라 생각하는데,
吾人의 보는 바로는 壇君이란 Tengri 또는 그 類語의 寫音으로서 원
래 天을 의미하는 말에서 轉하여 天을 代表한다는 君師의 呼稱이 된
말에 不外하다(君은 政治的, 師는 宗教的 長을 말하는 것인데, 原始
語義에 있어서는 兩者가 一體임이 물론이다.[60]

불함 문화권내에서의 단군의 실재를 논증하고 그 성격을 '정
치적 군장이면서 종교적 사제장'으로 규정하고, 다음해 1926년부
터 최남선은 일본 학자들의 단군 부정론을 정면으로 반박하기
시작했다. 일본 학자들의 단군 부정론에 대한 그의 반박은 두 방
향으로 진행되었다. 하나는 단군이 후대의 날조라는 설을 반박
하는 것이었고, 다른 하나는 단군 신화가 실려 있는『삼국유사』
의 사료적 가치를 증명하는 것이었다. 전자는「단군론」(1926)을
통해, 후자는「삼국유사해제」(1927)를 통해 이루어졌다.

「단군론」에서 최남선은 단군 부정론을 유형별로 분류했다. 那珂
通世와 白鳥庫吉의 것은 僧徒妄談說로, 今西龍의 것은 王險城神
說로, 三浦周行과 稻葉岩吉의 것은 成立年代觀과 民族的 感情說
로 분류했다. 이들 단군 부정론의 핵심은 那珂通世・白鳥庫吉의
僧徒妄談說과 今西龍의 王險城神說에 있다고 보고 이들의 주장을
집중적으로 비판했다.

승도 망담설을 논핵하면서 檀君이 아닌 壇君을 주장했다. 白鳥
庫吉은 태백산에서 산출되는 香木에 불교적 윤색이 가해져 牛頭
栴檀[61]에 의제되면서 栴檀의 정령일 뿐인 檀君이 후일 개국 시조
로 변했다고 했다.[62] 檀君이라는 명칭 자체가 승려가 날조한 증거

---

60) 崔南善,「不咸文化論」『全集』2, 60쪽.
61) 牛頭栴檀은 인도 마라야산에 나는 향나무이다. 향기가 오래도록 없어
    지지 않아 佛像・殿堂・器具를 만들었다.
62) 崔南善,「壇君論」『全集』2, 84쪽.

라는 것이다. 최남선은 단군 기사가 실린 最古의 기록인『삼국유
사』에 壇君으로 기록된 사실에 착안했다.『삼국유사』에 壇君으로
기록되어 있으므로 원래 壇君이었지 檀君은 아니기 때문에 단군이
불교적 가공물이라는 설은 근거가 없다고 했다.

그에게 '壇'의 발견은 승도 망담설을 논파하는 근거로 매우 중요
했다. '壇' 발견의 의의를 "『三國遺事』의 壇字로 因하야 壇君에 관
한 視野가 한번 새로이 一大 展開를 이루는 곳에 시방까지의 千錯
萬雜이 문득 一稚에 擊碎되는 感을 누르지 못할 것이다"라면서,
이 때까지의 檀의 字意을 둘러 싼 분분한 억측들이 단번에 사라졌
다고 자평했다.[63] 나아가 한국 사람은 일본 사람이 쓰는 檀君을 쓰
지 말고 壇君을 써야 한다고 주장했다.

그에게 壇君은 일본 학자의 檀君과 대비되는, 이 시기 그의 단군
론을 압축하는 용어였다. 일본 학자의 단군 부정론에 대응하는 역
사적 실재로서의 단군, 민족적 시조로서의 단군을 상징하는 용어
였다. 당시 일반인들에게도 木字 단군은 일본 사람들이 쓰는 것이
기 때문에 한국 사람은 반드시 土字 단군을 써야 한다는 의식이 팽
배해 있었다.[64]

今西龍의 王險城神說은 평양의 고지명인 王險이 고려 초에 仙
人王儉의 인명으로 변하고 고려 중기에 묘청의 '八聖'으로 나타났
고[65] 고려 후기에 단군이란 존칭이 붙여졌다는 것으로 결국 단군
의 실체는 평양 왕험성의 신이었다는 설이다.[66] 이 설을 논핵하기

---

63) 崔南善,「壇君論」『全集』2, 109쪽.
64) 金哲埈, 1989,「硏究生活의 一斷面」『韓國史市民講座』5, 一潮閣.
65) 今西龍은 묘청이 평양의 신격으로 모신 八聖 중 句麗平壤仙人을 단군
   과 관련된 신격으로 보았다(1937,「檀君考」『朝鮮古史의 硏究』, 近澤書
   店).
66) 崔南善,「壇君論」『全集』2, 85~86쪽.

위해 최남선은 王儉을 지명과 인명으로 구분했다. 예전의 震域은
부락적 소국가의 집합이었는데, 이들간에 종교적·신앙적 계급은
통속 관계가 있었으며 王險이 그 교권의 중심지였다고 파악했다.
仙人王儉에서 왕검은 '엄검'의 譯字로 임금의 뜻이고, 仙人은 한국
고유의 산악도인 '살안'의 譯字라고 했다. 선인을 단군의 이칭이라
고 했지만 단군에 연결시키는 구체적인 논증은 하지 못했다. 「단군
론」을 완성하지 못했기 때문이다.

최남선은 단군 부정론을 반박하고 이어서 본격적인 단군론을 쓸
계획이었으나 백두산 답사를 떠나면서 「단군론」을 중단해야 했다.
이 점에서 「단군론」은 엄밀히 말하면 단군 부정론에 대한 반박론
이었다. 미완의 「단군론」을 완성하는 것은 일단 미루고, 최남선은
『삼국유사』의 사료적 가치를 논증한 「삼국유사해제」(1927)를 발표
했다.

일본 학자들의 단군 부정론은 단군 기사가 실린 『삼국유사』를
신빙할 수 없다는 데서 시작되었다. 단군 기록이 중국 서적에 전혀
보이지 않아 한국에서만 전해지던 전설에 지나지 않는다는 것, 徐
兢의 『高麗圖經』에 建國의 章이 있는데도 단군 기사는 없다는 것,
김부식의 『삼국사기』에 단군 기사가 없다는 것, 또 김부식이 찬한
「妙香山普賢寺立記」에도 단군 기사가 나타나지 않는 것을 들어
단군 신화는 『삼국유사』의 날조라고 했다.[67)]

이 중에서도 중국 전적에 단군 기사가 없다는 사실은 일본 학자
들의 단군 부정론의 핵심적 논거였다. 단군론을 두고 최남선과 가
장 팽팽하게 대립했던 수西龍은 『삼국유사』에서 단군 기사의 인
용 출전으로 제시된 '魏書'의 사료로서의 신빙성을 문제 삼았다.

---

67) 朝鮮總督府, 1923, 『普通學校 國史敎授參考書 朝鮮事歷敎材』; 崔南
善, 「壇君論」 『全集』 2, 91쪽 재수록.

檀君傳說 가운데서 가장 主要한 問題는 '魏書云'이라고 하는 것이다. 魏書는 설명할 것도 없이 北齊의 魏收가 撰한 것으로써 完成되기는 文宣帝 天保 5년(554)이다. 그러나 魏書에는 이(단군) 記事가 전혀 없고, 支那의 다른 古史籍에도, 元代 以前의 書籍에는 이 記事가 전혀 없다.[68]

현존하는 魏收의 『魏書』에 단군 기사가 없기 때문에 위서를 전거로 한 단군 기사는 허구라는 것이다. '古記' 또한 夾註로 들어간 "謂帝釋也"가 고려 후기의 제석 신앙이 반영된 사실을 보여 주므로 승려가 날조한 사서라고 했다.[69]

최남선은 '魏書' 허구설에 대해서 '위서'가 반드시 위수의 『魏書』, 즉 『後魏書』라고 할 수는 없고 다른 사람의 '위서'일 수도 있다는 점, 위수의 『후위서』로 본다 해도 현재의 『후위서』는 후대의 교정을 통해 변개되어 『삼국유사』 찬술 당시와는 다를 수 있다는 점, '위서'가 반드시 拓拔氏 위나라의 역사서가 아닐 수 있다는 점, 승려들에게 위나라는 중국의 대명사로 쓰인 용례로 보아 '위서'는 중국 문적을 지칭하는 보통 명사일 수 있다는 점을 들어 논박했다. '고기' 승려 날조설에 대해서는 『삼국유사』의 尋常한 곳에 壇君記의 명이 보인다는 점, 古記 云云의 원문에는 불교적 영향이 없다는 점, 문제가 되는 "謂帝釋也" 조차도 夾註로 삽입된 것에서 찬자의 古記 존중 의식을 볼 수 있다는 점을 들어 반박했다.

최남선은 일본 학자들의 단군 부정론을 논파하는 데 전력을 기울였다. 「불함문화론」(1925), 「단군론」(1926), 「삼국유사해제」(1927) 모두가 단군 부정론에 대한 반박론이었다. 문화권을 설정한 것도, 단군 부정론을 조목조목 비판한 것도, 『삼국유사』의 사료적 가치를

---

68) 今西龍, 1937, 『朝鮮古史の研究』, 近澤書店, 8쪽.
69) 今西龍, 1937, 『朝鮮古史の研究』, 近澤書店, 29쪽.

논증한 것도 모두 단군이 실재했음을 증명하고자 하는 작업이었
다. 이 과정에서 단군을 정치적 군장이면서 종교적 사제장이라고
규정했던 것이다.

3. 연구 방법의 다각화와 단군론 완성

일본 학자들의 단군 부정론에 대한 반박론에 머물고 있던 최남
선의 단군론은 연구 방법이 다각화되면서 완성을 보게 된다. 그의
단군론 완성에 영향을 미친 연구 방법상의 진척으로는 단군에 대
한 본격적인 샤머니즘적 해석, 단군 시대에 대한 토테미즘적 해석,
단군 기사의 역사부와 신화부의 이원화를 들 수 있다.

완성된 그의 단군론은 두 가지 특징이 두드러진다. 하나는 문화
적 단군론으로 귀결되었다는 것이고, 다른 하나는 개국 시조로서
의 단군을 반도내로 비정했다는 것이다. 이러한 특징은 단군 연구
사에서 괄목할 만한 성과이면서 동시에 그 자신의 행보 변화와도
밀접한 관련을 맺고 있어 주목할 만하다.

최남선의 단군 연구가 발전을 보게 되는 계기는 「薩滿敎箚記」
(1927)이다. 이 논설에 이르러 자신이 '민속 제학'으로 통칭한 인류
학 계열의 연구 방법을 본격적으로 도입함으로써 단군 신화의 역
사성과 신화성을 종합적으로 조망할 수 있는 토대를 마련했다. 시
베리아와 만주의 샤머니즘에 대한 개설서인 「살만교차기」는 「불함
문화론」에서 제기한 단군 샤먼론을 구체적으로 규명한 논설이다.
「불함문화론」의 '당굴'의 類言 추적으로는 단군의 성격 자체를 규
명할 수 없었다. 이 때문에 그는 한국의 무속을 동북 아시아에 공
통적인 샤머니즘과 연결시켜 단군의 샤먼으로서의 성격을 논증하

고자 했다.

특히 샤머니즘의 신관과 세계관은 그의 단군 신화 이해에 많은 영향을 미쳤다. 샤머니즘에서의 창조신인 주신을 환인에 대비시키고, 부하 제신 중의 하나를 환웅에 대비시켰다. 주신의 부하신 중의 하나인 환웅이 인간사를 관장하기 위해 천강한 신인 것으로 해석함으로써[70] 환웅의 성격이 분명해졌다. 또 샤머니즘의 세계관인 상계・중계・하계를 단군 신화의 구조에 원용하여 상계는 '환' 또는 '한'으로 천국에, 중계는 '사뮈' 또는 '살'로 인간이 사는 곳에, 하계는 '굿'이므로 地府에 대비시켰다.[71] 이 논설에 이르러 단군 신화에는 결격된 신관과 세계관을 유추하고 「불함문화론」의 '당굴' 분석으로는 밝히지 못했던 샤먼으로서의 단군에 보다 접근할 수 있었다. 이 점에서 「살만교차기」는 이후 진행될 그의 단군 연구의 기반이었다.

이러한 기반은 다음해 발표한 「壇君神典의 古義」(1928)에 반영되었다. 이 논설은 1926년에 발표하다가 중단한 「단군론」의 본론에 해당한다. 「단군론」에서는 일본 학자들의 단군 부정론을 검토하고 반박하는 데서 끝이 났지만, 「단군신전의 고의」에서는 '壇君記 逐句解'라는 부제가 말해 주듯이 단군 기사 자체에 대한 세밀한 분석을 가하고 있다. 기사 전체가 아니라 '昔有桓國'에서 '將風伯雨師雲師'까지만 분석되어 있어 이 또한 미완의 논설이다. 이 논설에서 최남선은 민속학적・신화학적・언어학적・종교학적・인류학적 논의를 다양하게 전개하고 있다. 특히 일본 신화와 단군 신화의 공통점을 집중적으로 논하고 있다. 비단 일본만 아니라 만주・몽고・중국의 신화를 비교하여 공통점을 찾았다.

---

70) 崔南善, 「薩滿敎箚記」『全集』7, 511~516쪽.
71) 崔南善, 「壇君神典의 古義」『全集』2, 191쪽.

이어 「民俗學上으로 보는 壇君王儉」(1928)에서는 단군 기사의 신화로서의 확실성을 논구했다. 단군 기사가 신화인지 전설이나 설화인지는 매우 중요한 문제였다. 신화로 확정해야 신화학적인 분석, 즉 문화 계통에 입각한 비교 연구를 진척시킬 수 있었다.[72] 신화로서의 확실성을 인정한 후에야 단군 기사의 종교성과 역사성을 논구할 수 있다고 했다.[73] 이 때 단군 기사를 신화로 확정한 것은 이후 최남선의 단군론이 변화하는 중요한 요인이 되었다. 단군 기사의 구조를 달리 접근하게 되었을 뿐 아니라 연구 방법에서 새로운 길이 열렸기 때문이다.

이러한 성과의 하나로 단군 기사의 熊과 虎를 토템으로 해석한 것을 들 수 있다. 곰과 호랑이를 토템으로 해석하면서 웅녀와 환웅의 결혼을 두 종족의 통합으로 해석할 수 있었다.

> 熊의 化爲人은 곧 統屬固化된 部面을 表象한 것이요, 虎의 不得人身은 桓人의 大業에 半撥力이 있게 된 來歷이 '터어부'의 無視에 있었음을 설명하려 함일 것입니다. 곧 社會的 現象에 대한 一種의 宗敎的 解釋입니다. 그리고 神인 桓雄과 熊女의 結婚은 說話學上 이른바 神婚說話의 一種이요, 一面으로는 古震人의 動物哲學의 표현이지마는, 社會學的으로 보면 朝鮮 民族 生成 初期에 있는 桓・熊 兩氏族의 統化를 神婚說話로 설명하고, 나아가서는 이 兩氏族의 결합의 基礎上에 朝鮮의 國制가 생겨났다 함이 그 兩者間에 낳아진 壇君에게 朝鮮國이 建設되었다 하는 一段의 話意일 것입니다.[74]

환웅과 웅녀의 결합을 종족의 통합으로 해석한 이 설은 해방 후 단군 연구에 중요한 영향을 미쳐, 현재까지도 청동기 문화와 연관하여 종족의 이동과 결합의 관점에서 거듭 재해석되고 있다.

---

72) 崔南善, 「民俗學上으로 보는 壇君王儉」 『全集』 2, 334쪽.
73) 崔南善, 「民俗學上으로 보는 壇君王儉」 『全集』 2, 342쪽.
74) 崔南善, 「民俗學上으로 보는 壇君王儉」 『全集』 2, 341쪽.

곧이어 발표한 「壇君神典에 들어 있는 歷史素」(1928)에서는 단
군 기사를 역사부와 신화부로 구분하기에 이르렀다. 단군 기사의
환웅 부분과 단군 부분은 본래 성격이 다른 두 이야기가 편의상 합
쳐진 것으로 보았다. 환웅 부분은 동북 아시아 건국 신화의 특징인
천강 설화를 답습하고 있고, 단군 부분은 고조선의 역사적 사실을
전하고 있다고 했다.[75]

환웅전을 동북 아시아에 공통적인 천강 신화로, 단군전을 고조
선의 건국 신화로 파악함으로써 단군 신화는 이원화되었다. 환웅
전과 단군전을 구분하면서 역사적 실재로서 단군의 위상에도 변화
가 왔다. 신화부와 역사부로 구분하고 나면 역사부에 역사 지리적
고찰을 가할 수 있다고 전제한 후, 단군 조선의 영역을 반도내로
비정했다.

> 이제 壇君記가 神話部의 話意가 어디를 무대로 하고 어디를 發展
> 方面으로 하고 얼마큼을 包括 範圍로 하려 한 것이었거나, 그것은 그
> 것대로 따로 제쳐두고, 歷史部－半島的 制弱을 지키려는 듯한 後代
> 觀念的 朝鮮의 그것에 있어서는 平壤으로부터 阿斯達까지의 극히 좁
> 은 地域을 그 一千五百年 逍遙徊徉의 범위로 허락하기에 그친 것이,
> 생각하면 깊은 의미가 있는 것입니다. 그런데 이유는 장황히 辯論할
> 것도 없이, 壇君記의 이러한 부분이 엄밀히 原史의 素性을 가진 것이
> 기 때문일 것입니다. 壇君記가 그 背景된 事實과 한가지, 이 지방에서
> 생기고 돌아다니고 물러나오던 것이기 때문입니다.[76]

『삼국유사』의 단군 기사가 아사달·평양을 중심으로 서술된 것
은 단군 조선이 반도내에 있었다는 역사적 사실의 반영이라는 것
이다.

그의 비정은 더욱 구체화하여 단군 조선의 영역을 재령강 좌우

---

75) 崔南善, 「壇君神典에 들어 있는 歷史素」『全集』 2, 237쪽.
76) 崔南善, 「壇君神典에 들어 있는 歷史素」『全集』 2, 239쪽.

의 평야 지대로, 수도를 구월산으로 비정했다. 위만의 王儉城과 漢
魏 樂浪郡治가 대동강 좌안에 위치했기 때문에 단군 조선도 이 지
역에 있었다고 했다. 최남선은 단군 조선의 영역을 반도내로 한정
하면서 그 문제점을 의식하고 있었다.

> 다만 한가지 考慮할 것은, 壇君을 個人으로 본다 하면 朝鮮의 國祖
> 이신 壇君이 半島의 안에만 局限되실 것이냐 아니냐 하는 問題가 있
> 습니다. 그러나 우리는, 본디부터 壇君은 歷史的의 것보다도 文化的
> 의 것으로 信認하므로, 따라서 보편적 의미의 壇君에 대해서는 地方
> 的·年代的 아무 制限을 더하고 싶지 아니하니, 壇君을 이렇게 봄이
> 失當이 아닐진대, 壇君의 名號로 稱謂되는 古代의 神人的 君長은 垂
> 直 及 水平 兩方으로 얼마든지 存在하였으리라고도 할 것이요, 그렇
> 지 아니할지라도 壇君 中心의 文化를 가진 이가 朝鮮 歷史의 大勢를
> 順하여, 遞降的으로 半島로 南下한 것을 認할 수도 있을 것입니다.[77]

　건국자로서의 단군은 반도 안에 국한하지만 문화적이며 보편적
인 단군은 지역적·연대적 제한을 받지 않고, '단군 중심의 문화'
를 가진 집단이 반도로 남하하여 단군 조선을 건설했다는 것이다.
'단군 중심의 문화'는 환웅전의 환씨 일족의 문화를 가르킨다. 즉
환웅족이 남하해서 반도에 건설한 나라가 단군 조선이라는 것이
다. 역사적 존재로서의 단군과 문화적 존재로서의 단군의 구분은
다음에서도 나타난다.

> 壇君記의 전하는 阿斯達적 朝鮮 創業談은 그 歷史性에 있어서는
> 半島的 壇君의 事蹟으로 보아도 可한 것입니다. 宗敎的 壇君－信仰
> 上의 壇君은 무론 別個의 問題요, 내가 여기 건드리는 것입니다.[78]

　역사적 단군과 문화적 단군은 별개라는 것이다.

---

77) 崔南善,「壇君神典에 들어 있는 歷史素」『全集』 2, 240쪽.
78) 崔南善,「壇君神典에 들어 있는 歷史素」『全集』 2, 240쪽.

이렇게 단군 조선을 반도내로 비정한 최남선은 "저 後世의 史家들이 壇君朝鮮의 彊域을 妄意로 擴張하여 멀리 四界까지를 說하려 함은 도리어 無謂가 甚한 일일 것입니다"라고 하여 단군 조선을 만주 지역에 비정한 역사가들을 비판했다. 이 지점에서 그의 단군론이 민족주의 계열의 단군론과 결별하고 있는 것을 확인할 수 있다.

민족주의 계열의 단군론은 신채호의 「독사신론」 이래 단군의 탄생지와 영역을 백두산과 만주 지역으로 비정했다. 조선 말엽까지는 단군은 묘향산에서 출현하여 평양에 도읍했다는 것이 통설이었다. 이러한 단군을 백두산에 비정하고 그 영역을 만주 지역으로 확장한 것은, 사실 여부를 떠나 식민 사학의 고대사 체계를 타파하기 위한 민족주의적 대응이었다. 최남선의 단군론도 이와 같은 입장에서 시작했으나, 단군의 활동지를 반도내로 비정함으로써 민족주의 계열의 단군론과는 결별했다.[79]

최남선은 자신의 단군 연구를 「壇君及其研究」(1928.5)에서 종합했다. 이 논설에서 새롭게 나타나는 설은 없다. 그간의 연구 방법과 연구 성과를 정리하여 제시했을 뿐이다. 단군학을 세울 것을 제창하면서 단군 연구의 방법을 다음과 같이 제시했다.

---

[79] 민족주의 계열의 단군론을 이어 최남선의 문화적 단군론을 비판한 사람은 鄭寅普였다. 정인보는 "朝鮮의 始祖는 檀君이시니 檀君은 神이 아니라 人이시라. 白頭의 高山과 松花의 長江을 始基로 朝鮮을 반드시 매 …"라고 자신의 檀君論의 서두를 열었다. 단군이 종교적 존재가 아니라 인간이라는 것, 활동 지역이 백두산과 송화강이라고 처음부터 못박았던 것은 최남선의 문화적·종교적 단군론을 직접적으로 비판한 대목이다. 또한 '壇'은 『삼국유사』에 偏傍 오류의 하나일 뿐이며 인물이 처음 나타나는데 檀樹는 있을 수 있지만, 인공으로 된 神壇은 있을 수 없다고 하여 최남선의 '壇君'도 반박했다(鄭寅普, 「始祖 檀君」 『朝鮮史研究』 上 ; 1983, 『薝園鄭寅普全集』 3, 延世大學校 出版部, 32~34쪽).

그 방법은
(1) 前時代 心理의 産物인 原始文化의 現象으로,
(2) 神話·傳說·信仰·觀念 등 民俗學的 通則으로,
(3) 言語·民族 及 文化 系統에 依하는 比較的 檢覈으로 考査·硏究
될 것이요,
民族 心理學을 주로 하고 社會學·經濟學·史學·地理學 등의
協辦으로 그 내용이 檢討될 것입니다.80)

원시 문화의 현상으로 접근하되, 신화·전설·신앙·관념 등을
다루는 민속학적 방법으로 분석하고 더불어 언어·민족·문화의
비교 연구를 해야 한다는 것이다. 그간 자신이 진행해 온 단군 연
구의 방법이기도 했다. 최남선은 단군 연구 방법에서 역사학을 보
조 학문[協辦]으로 취급했다. 역사적 존재로서보다는 문화적 존재
로서의 단군이 중요했기 때문이다.

그간의 단군 연구 성과를 신화적·종교적·역사적·사회학
적·경제사적·언어학적 고찰의 순으로 종합하고 다음과 같이 요
약했다.

以上에 考察한 바를 收結할진대,
(1) 震域의 古代는 또한 呪力本位·祭政一致의 社會였음.
(2) 古傳을 통하여 알 수 있는 時限 안에서 震域의 古代는 農業經濟
의 國民이었음.
(3) 神話의 形式에 聖典의 用을 兼한 壇君期는 一面에 있어서 '토테
미즘' 時代에서 英雄 及 神의 時代로 進展하는 事實을 表現하는
一種의 原史임.
(4) 壇君古記에 나오는 規範的 稱謂와 歷史的 地理는 다 確實한 事實
의 根據 又 背景을 가진 것임.
(5) 壇君王儉이란 것은, 要하건대 帝天子로 神政을 創始하던 古君長
의 稱號로, 個人으로 憶念될 때에는 震域 人文의 祖인 어른임.81)

---

80) 崔南善, 「壇君及其硏究」 『全集』 2, 243쪽.
81) 崔南善, 「壇君及其硏究」 『全集』 2, 250쪽.

짧게 요약했지만, 이 요약에는 최남선이 단군 연구에 쏟은 정열과 성과가 압축되어 있다. 단군 시대가 제정 일치 시대라는 것, 사회 발전 단계로는 농업 경제 시대라는 것, 토테미즘에서 영웅이나 신의 시대로 변화하는 시기로 有史 이전의 2,000~5,000년 전의 시대라는 것,[82] 단군 기사는 원래의 기사대로 반도내로 해석해야지 반도외로 확대해서는 안 된다는 것, 단군 왕검은 古君長을 칭하는 보통 명사이지만 고유 명사로는 震域 人文의 祖라는 것이다.

이로써 최남선의 단군론은 완성되었다. 3·1운동 후 옥중에서 '밝'과 '당굴'에 착안한 이래 다기한 방법론적 모색과 고심 끝에 10여 년만에 완성되었던 것이다. 그러나 완성된 그의 단군론은 민족주의 계열의 단군론과는 결별했다. 개국 시조로서의 단군보다는 동북 아시아에 보편적인 존재로서의 의미가 부각된 문화적 단군론으로 귀결되었다. 단군론의 이러한 귀결은 이후 그의 행보를 설명하는 단서를 제공한다.

단군론을 완성한 지 5개월 후인 1928년 10월, 최남선은 조선사편수회에 들어갔다. 조선사편수회 출범 때부터 단군을 말살하려 한다고 비판했던 그가 조선사편수회로 들어갔던 것이다. 그러나 완성된 그의 단군론, 즉 문화적 단군론은 조선사편수회의 단군 이해와 크게 다르지 않았다. 조선사편수회 방침은 단군은 역사적 존재가 아니라 신화적·신앙적·사상적 존재이므로 편년체의 『朝鮮史』에서 제외시킨다는 것이었다. 1934년 7월 30일 조선사편수회 제8회 위원회가 개최되었을 때, 黑板勝美는 다음과 같이 말했다.

---

82) 최남선은 역사 연구의 대상 시기를 先史期·原史期·有史期로 나누었다. 한국 민족의 有史期는 2000년 정도밖에는 소급하지 못하며, 그 전에 2000~3000년의 原史期가 있고, 또 그 전에 아득한 先史期가 있다고 했다(崔南善,「朝鮮歷史通俗講話開題」『全集』2, 412쪽). 이를 통해 추정할 때 '原史'에 해당하는 단군 시대는 2,000~5000년 전이다.

단군과 기자는 역사적 실재 인물이 아니고 神話的인 인물인 것으로, 사상적·신앙적으로 발전된 것이니, 이것은 사상적·신앙적 방면에서 따로 연구해야 할 사항이며 編年史로서는 취급하기 어려운 것입니다.[83]

이에 대해 최남선은 "단군과 기자는 역사적인 실재 인물인지 신화적인 것인가, 그것은 하나의 연구 과제입니다만, 적어도 조선인 사이에는 그것이 역사적인 사실로 인식되어 왔던 것입니다"라고 했다. 그는『조선사』의 별편으로라도 단군을 실어야 한다고 했지만, 역사적 실재로서의 단군을 강조하지는 않았다. 최남선의 단군론에서도 단군은 신화적·신앙적·사상적 존재였기 때문이다. 조선사편수회행으로 대변되는 그의 변절이 외압에 의한 것이 아니라 학문 내에서 이루어진 변화에 말미암았음을 보여 주는 대목이다.

Ⅲ. 단군론의 특징

1. 단군론의 변화

조선사편수회에 들어간 이후 해방 전까지 발표된 그의 단군 논설로는 「壇君小考」(1930)가 있을 뿐이다. 일본어로 발표된 「단군소고」에서는 단군 신화의 동북 아시아적 공통성을 강조하면서 단군 신화가 부여·고구려를 중심으로 한 북방 계통의 신화이지 남방의 韓과는 관련이 없다는 설을 비판했다.

---

83) 朝鮮總督府 朝鮮史編修會, 1938,『朝鮮史編修會事業槪要』; 영인·번역본, 1986,『朝鮮史編修會事業槪要』, 시인사, 64쪽.

원래 壇君 古典의 내용을 구성하는 天子降世·神道治世의 觀念은 前에 論한 바와 같이 半島는 말할 것도 없고 全東方的인 普遍事實이어서 南方에 '天君'이 있다고 하여 tangul을 神格·神職으로 함에 地方的 隔差가 보이지 않으며, 더욱이 시방의 民俗的 事實에 徵하면 神에 奉仕하는 사람을 tangul이라 함은 오히려 北方보다 南方에 있어서 普遍 常用의임을 인정할 수 있으므로 이것 또한 根據 薄弱한 膚見임을 알 것이다.[84]

'당굴'이 남방에서 보다 보편적이라 하여 단군 신화를 일본에 근접시키고 있는 것이다. 또한 「단군소고」에서는 그의 단군론의 주요한 입론인 '壇'에 대한 입장이 후퇴했다.

『三國遺事』에 檀을 壇으로 한 것은 반드시 글자가 잘못된 것으로 볼 것이 아니라, 寫音字로서는 檀·壇 어느 것을 취하든지 無妨하기 때문에 任意의 글자를 취한 것으로 볼 만한 점 등을 坦率하게 考較하면 字意拘礙論子의 下向的 紛議가 根據 없는 것임을 알 것이다.[85]

檀과 壇의 논쟁이 이제는 불필요하다는 것이다. 일본 학자들의 단군 부정설을 반박하는 핵심적 논거였던 壇君이 檀君으로 되돌아가고 있다. 실제로 그는 1936년의 「朝鮮의 固有信仰」(日文)에서는 檀君으로 표기했다. 해방 후의 『國民朝鮮歷史』(1945년 탈고), 「檀君古記箋釋」(1952)에서도 檀君으로 표기했다.[86]

---

84) 崔南善, 「壇君小考」『全集』 2, 349쪽.
85) 崔南善, 「壇君小考」『全集』 2, 348쪽.
86) 최남선이 檀으로 되돌아간 데에는 다른 이유도 있었다. 먼저, 단군을 '당굴'의 音寫라고 보았기 때문에 그 借字가 檀이든 壇이든 관계 없었다는 점을 들 수 있다. 다음으로, 『帝王韻紀』가 1930년대 초엽 黃義敦에 의해 발견되었다는 것이다. 이 『제왕운기』는 고려조 간행본으로 추정되어 당시 유포된 조선조 간행본 『삼국유사』에 비해 사료가 가치가 높았다. 이 『제왕운기』에 '檀君'으로 기록되어 최남선의 '壇君'은 흔들리게 되었다(孫晉泰, 1939.4, 「檀君壇君」『文章』 3 ; 1981, 『孫晉泰先生

「朝鮮의 神話와 日本의 神話」(1930)에서는 한국 신화와 일본 신화의 공통성을, 특히 두 나라 건국 신화의 天降說話의 공통점을 강조했다. 이 논설에서 최남선은 두 문화의 특별한 친연성을 강조하면서 한일 문화 동원론을 제기했다.

> 朝鮮과 日本 그리고 朝鮮·日本을 中心으로 하는 東方地域에서 보는 바와 같이 전부가 다 딱 들어맞게 符合一致하는 것은, 단순히 說話學上에서 말하는 이른바 世界史的 傾向으로 간과할 수 없음은 물론이요, 이 사실에 분명한 系統的 傳統的 관계를 認定치 않을 수 없으리라고 생각하는 바입니다.[87]

일제는 1931년 만주 침략 이후 사상 통제를 강화하면서 천황 이데올로기를 한국인들에게 주입하고자 했다. 이를 위해 천황 이데올로기의 골격인 신도의 보급을 강화하여 신사 참배를 강요하고 있었다.[88]

신사 참배 강요만으로는 신도 보급이 어렵다고 판단한 일제 당국은 1935년 '心田開發' 정책을 입안했다. '심전 개발'이란 '정신 교화'의 의미로, 한국인의 정신을 일본인의 정신, 즉 신도 정신으로 탈바꿈시키겠다는 것이다. 머지 않아 닥쳐 올 전쟁 수행을 위해 전면적 재편성 작업에 착수하기 위한 예비 단계로 한국인의 정신을 천황 이데올로기로 무장시키겠다는 정책이었다. 이를 위해 신도를 수용할 수 있는 한국내에서의 종교 신앙이 무엇인지를 타진했다.[89]

全集』6, 太學社, 25〜27쪽).

87) 崔南善, 「朝鮮의 神話와 日本의 神話」『全集』5, 37쪽.

88) 金承台, 1987, 「日本 神道의 침투와 1910·1920년대의 神社問題」『韓國史論』16.

89) 韓㦴熙, 1986, 「1935〜37년 日帝의 '心田開發' 정책과 그 성격」『韓國史論』35.

최남선은 무속을 신도와 가장 가까운 종교로 제시했다. 무속이 신도와 유사하기 때문에 신도의 보급은 무속을 통해 이루어져야 한다는 논리였다. 「朝鮮의 固有信仰」(1936)에서 한국의 고유 신앙은 고대의 '밝'에서, 신라의 '風流'(부루)로, 고려의 '八關'으로, 조선의 '府君'(불그내)로 이어지고 있다고 했다. 이 중에서 신라의 풍류를 신도라고 명명할 수 있다고 하고,90) 풍류와 신도와의 유사성을 제시했다. 풍류의 '집에서는 가장에 효도하고 나아가서는 나라에 충성'하는 특징이 신도와 유사하다고 했다. 또 무속에서 최영·남이 등 軍國의 공로자를 '六將君臣'으로서 널리 섬기고 있는 것도 신도와 같은 구조임을 보여 주는 예라고 했다.91)

이후에도 같은 입장의 「日本の信仰文化と朝鮮」(1935), 「朝鮮より觀たる古神道」(1935)를 계속 발표했다. 당시 친일파의 대부라는 윤치호조차도 최남선의 주장을 비판했다. 윤치호는 최남선이 일선동조론에 대한 저작과 연설을 발표해 일제 당국의 환심을 샀을 뿐만 아니라 단군을 일본의 태양신, 즉 아마테라스 오오미카미와 같은 존재라고 주장하고 있다고 비판했다.92) 윤치호는 최남선의 주장이 일제의 심전 개발 정책의 의도에 부합하고 있음을 직시했던 것이다.

일본 신도를 보급할 수 있는 한국의 종교 신앙을 타진하기 위해 중추원은 위원 17명으로 구성된 信仰審査委員會를 설치하고, 그 결과를 1936년 2월 『心田開發に關する講演』으로 발간했다. 위원에는 최남선을 비롯하여 李能和·村山智順·秋葉隆·赤松智城 등이 포함되어 있었다(최석영, 1999, 「1930년대 심전개발과 식민지지배」『일제하 무속론과 식민지권력』, 서경문화사, 140쪽).

90) 崔南善, 「朝鮮의 固有信仰」『全集』 9, 250쪽.
91) 최석영, 1999, 「1930년대 심전개발과 식민지지배」『일제하 무속론과 식민지 권력』, 서경문화사, 141~142쪽.
92) 김상태 역, 2001, 『윤치호일기』, 역사비평사, 355~356쪽.

만주국 건국대학 교수로 부임한 후에는 「滿蒙文化」(1941)를 발
표하여 만주와 몽고 지역의 샤머니즘을 일본 신도와 관련지었다.
한국 무속을 '조선 신도'로 명명했던 최남선은 「만몽문화」에서는
만주와 몽고의 샤머니즘을 '대륙 신도'라고 명명했다. 대륙 신도와
일본 신도는 '信條나 행사, 또는 표현의 어형'에서 일치하고 있
고,93) 대륙 신도가 일본 신도처럼 '敬神崇祖' '報本反始'의 고등
윤리적인 성격을 띠고 있기 때문에 일본 신도를 보급할 수 있는 종
교적 토대라고 했다.

대륙 신도, 일본 신도, 조선 신도의 동질성을 추구한 그의 단군
론은 더 나아가 대동아 공영론을 지지하는 학술적 근거가 되었다.
그는 만주·몽고·일본·조선 등 동북 아시아 건국 설화의 공통
성, 즉 단군 설화의 환웅 설화적 공통성은 "모두 神國의 人民으로
서 이른바 天業의 恢弘에 이바지할 사명"을 국가 이념으로 제시하
고 있고, 이러한 사명을 다하기 위해서는 신화에 나타난 정신과 이
상을 확장해야 한다고 했다.

> 이 精神을 醇化하고 이 理想을 擴張해 간다면, 日本의 建國精神인
> 光宅天下라든가 八紘一宇의 大理想에 到達할 수 있음은 당연한 이치
> 이며, 따라서 우리 滿洲의 建國精神도 本然의 모습을 쉽사리 體得할
> 수 있을 것이다. 우리들은 감히 이렇게 부르짖고 싶다. 새 理想에 살
> 기 위해서는 옛 전통을 잡으라. 그 第一 捷徑으로서 神話로 돌아가라
> 고. 지극히 소중한 20세기의 神話는 그 聰明과 眞摯性을 過去의 그것
> 에서 배워 마땅하리라고 痛切히 느끼는 바이다.94)

여기서 '光宅天下라든가 八紘一宇의 大理想'은 대동아 공영론
자들이 부르짖던 '대동아 정신'이다. 결국, 최남선은 단군 설화의

---

93) 崔南善,「滿蒙文化」『全集』 10, 354쪽.
94) 崔南善,「滿蒙文化」『全集』 10, 372쪽.

동북 아시아적 공통성이야말로 대동아 공영론을 실현시킬 수 있는
근거라고 주장하고 있는 것이다.

2. 문화적 단군론과 문화적 일선 동조론

최남선 단군론이 일선 동조론[95]을 수용했느냐 여부에 대해서는
평가가 상반되어 있다. 상반된 평가가 나오게 된 것은 최남선 단군
론의 특징을 규명하지 않은 채 일선 동조론과 대비시켰기 때문이
다. 또 일제측의 단군론과 일선 동조론에 대한 이해가 분명하지 않
은 채 최남선의 단군론을 대비시킨 것도 그 요인이다.

최남선의 단군 연구는 3단계에 걸쳐 진행되었다고 할 수 있다.
정치적 군장으로서의 단군 인식의 단계, '밝'과 '당굴'에 착안한 이
래 일본 학자들의 단군 부정론을 논파하던 단계, 다각적인 연구 방
법을 적용하면서 단군론을 완성한 단계로 진행되었다. 이 과정에
서 그의 단군론은 문화적 단군론으로 귀결되었고, 이후 단군의 문
화적 보편성은 보다 강화되었다.

이처럼 그의 단군론이 문화적 단군론으로 귀결된 요인으로는 먼
저 그의 단군론 자체가 내포한 이원적 구도를 지적할 수 있다. 그
의 단군론은 처음부터 이원적 구도였다. 정치적 수장이면서 종교
적 사제였고, 역사적 존재이면서 문화적 존재였고, 개인이면서 보
편적 존재였다. 시간이 흐를수록 후자에 무게가 실리면서 어떤 지

---

95) 日鮮同祖論은 강조점에 따라 여러 용어로 지칭된다. 민족적으로 同
根·同祖라는 입장을 강조하여 日鮮同祖論, 문화적으로 同源이라는
의미를 강조하여 日鮮同源論, 역사적으로 同域이라는 의미를 강조하
여 日鮮同域論으로 쓰인다. 여기서 쓰는 일선 동조론은 혈연적·문화
적·지역적 동질성을 모두 포함하는 개념이다.

역에서도 보편적 존재로서의 문화적 단군론에 이르렀다. 후자에
무게가 실려 갔던 데에는 그의 문화 우위론이 작용하고 있었다.
"민족은 작고 문화는 크다. 역사는 짧고 문화는 길다"[96]라고 단언
할 만큼, 그에게 문화는 역사와 민족을 압도하는 우위의 가치였다.
이러한 문화 우위론적 입장이 단군의 문화적 의미를 강화시켜 갔
던 것이다.

그의 단군 연구 방법도 또 다른 요인으로 지적할 수 있다. 그는
신화학·민속학·인류학·언어학·종교학 등을 동원하여 단군
연구를 진척시켜 나갔다. 최남선이 원용한 이들 학문은 공통적으
로 역사 이전의 원형을 추구하는 문화 보편주의에 토대하고 있다.
문화 보편주의적 연구 방법을 다각도로 적용할수록 그의 단군론도
문화적 의미가 강화되면서 문화적 단군론으로 귀결되었던 것이다.

그의 문화적 단군론을 일선 동조론과 단순하게 대응시킬 수는
없다. 그의 단군론은 일제측의 단군론 전체에 대응한 것은 아니었
다. 최남선의 단군론과 일선 동조론과의 관계를 접근하기 위해서
는 일제측의 단군론과 일선 동조론의 관계부터 파악해야 한다.

일본측의 단군론은 학문 계열에 따라 일선 동조론을 긍정하는
근거가 되기도 했고 부정하는 근거가 되기도 했다. 일선 동조론을
긍정하는 입장에서는 단군 긍정론을, 일선 동조론을 부정하는 입
장에서는 단군 부정론을 주장했다. 일본의 단군 긍정론자들이 단
군을 일선 동조론의 근거로 삼았다는 점에서 보면, 단군은 한국측
에서는 민족주의의 표상이었지만 일본측에서는 일선 동조론의 표
상이었다.

일제측의 단군론은 부정론이든 긍정론이든, 식민 통치를 합리화
하기 위한 韓國史像을 도출하는데 이용되었다. 단군 부정론은 한

---

96) 崔南善, 「朝鮮文化의 本質」『全集』9, 32쪽.

국 고대사를 중국에 종속된 것으로 파악하는 근거로, 단군 긍정론
은 한국 고대사를 일본에 종속된 것으로 파악하는 근거로 원용되
었기 때문이다. 이로 인해 식민 통치 정책의 방향 설정과 관련하여
일선 동조론과 단군론은 일본내에서도 갈등이 많았다.[97]

단군 부정론은 일본에서의 근대 역사학의 성립과 함께 시작된
동양사학의 한국사 연구에서 제기되었다. 최남선은 白鳥庫吉로 대
표되는 이 계열의 단군 부정론을 반박하면서 단군의 실재를 논증
하여 단군을 복원시키고자 했다. 이 계열의 단군론에 대응시키면,
그의 단군론은 민족주의적 노력의 산물이라 평가할 수 있다.[98]

단군 긍정론으로는 먼저 江戶시대 국학을 잇는 계열을 들 수 있
다. 이 계열의 단군 긍정론자들은『古事記』와『日本書紀』에 보이
는 素盞嗚尊이 단군과 동일 인물이라 하여 일선 동조론의 근거로
삼았다. 일본 시조 天照大神의 동생인 素盞嗚尊이 단군이기 때문
에 고대부터 한국이 일본에 종속되어 있었다는 것이다. 최남선은
이 계열의 단군론에는 동조하지 않았다. 그는 素盞嗚尊 조선 시조
설을 받아 들이지 않았고, 한일 민족의 동질성도 끝내 부정했다.
혈연적 의미에서의 일선 동조론에는 동조하지 않았던 것이다. 이
점에서 그의 단군론은 한국 민족의 정체성을 지키려고 노력한 일
면이 있었다고 평가할 수 있다.[99]

---

97) 崔錫榮, 1997,『일제의 동화이데올로기의 창출』, 書景文化社.
98) 최남선 단군론의 민족주의적 의미를 강조하는 논문은 다음과 같다.
    김성례, 1990,「무속전통의 담론분석-해체와 전망-」『한국문화인류
    학』 22, 한국문화인류학회
    임돈희·로저 L.자넬리, 1995,「최남선의 1920년대의 민속연구」『민속
    학연구』 2, 국립민속박물관
    정영훈, 2000,「단군의 민족주의적 의미」『단군과 고조선사』, 사계절.
99) 일본 국학 계열의 단군론을 부정한 최남선 단군론의 의의를 규명한 논
    문으로는 保坂祐二, 2000,「崔南善의 不咸文化論과 日鮮同祖論」『韓

단군 긍정론의 또 하나의 계열로는 村山智順·鳥居龍藏 등의
민속학자·인류학자들을 들 수 있다. 이들은 광범위한 민속지 조
사, 고고학 발굴, 인류학적 현지 조사에 입각하여 日鮮同源論을 주
장했다. 한국과 일본의 문화적 동원성을 주장하는 논거로 단군 신
화와 일본 신화와의 공통성, 한국 무속과 일본 신도의 샤머니즘적
유사성을 제시했다. 이들의 단군 긍정론은『고사기』와『일본서기』
의 문헌 사료에 치중했던 국학 계열의 단군 긍정론과는 성격을 달
리 한다. 원시 문화의 보편성을 통해 단군을 긍정했기 때문이다.

최남선은 이 계열의 연구 방법과 입점을 자신의 단군 연구에 활
용했다. 이들은 일제가 식민 통치와 대륙 침략에 필요한 정보를 확
보하기 위해 추진한 한국·만주·몽고 지역의 民族誌 조사 사업
에 적극적으로 참여했다. 민속학·인류학·신화학·언어학·고
고학적 조사를 망라했던 이들의 조사 보고서와 연구 성과를 수용
하여 최남선은 자신의 단군 연구를 진척시켜 나갔다. 이 과정에서
최남선은 그들의 시각을 수용했고, 결국 그들과 같은 문화적 일선
동조론을 긍정했던 것이다.

일제측 단군론과 대비시키면, 최남선은 白鳥庫吉로 대변되는 동
양사학자 계열의 문헌 고증적 단군 부정론에 대항하기 위해 鳥居
龍藏 계열의 문화 보편주의적 연구 방법과 입점을 원용했다고 할
수 있다.

그의 단군론은 시대 상황의 변전에 따라 변화 무쌍하게 대응했
다. 문화 정치기라고 불리던 1920년대 식민지 공간에서는 단군
민족주의의 상징이었고, 동화 정책이 강화되고 있던 1930년대 식
민지 공간에서는 문화적 일선 동조론에 부응하는 근거였고, 1940
년대 일제의 대륙 침략이 가속화되고 있을 때는 대동아 공영론을

日關係史硏究』 12가 있다.

지지하는 근거였다. 시대별로 변화해 온 이러한 측면이 간과되었기 때문에 그의 단군론에 대한 평가가 다양하게 나타났다고 여겨진다.

그의 단군론은 현대적 의미와 근대적 의미가 착종되어 있다. 지금까지도 절대적인 영향을 미치는 그의 단군론의 현대적 의미는 문화 보편주의적 접근에서 도달한 문화적 단군론에 있다. 그러나 동시에 문화적 단군론이야말로 그의 단군론의 근대적 의미, 즉 민족주의적 의미를 탈각시켰다. 그의 단군론은 근대화되기는 했으나, 제국주의를 용인함으로써 당대의 역사적 의의는 상실했던 것이다.

제4장

통 사 론

최남선 사학을 대변하는 두 축은 단군 연구와 통사 서술이라 할 수 있다. 그의 단군 연구는 현학적이란 평가를 들을 정도로 난해했지만, 일반인을 대상으로 쓰여진 그의 통사는 널리 읽혔다. 이 때문에 그는 1945년 전후에 한국인의 한국사 인식에 가장 많은 영향을 많은 끼친 역사가로 평가되기도 한다.[1] 한국인의 한국사 인식에 가장 영향을 미쳤다는 그의 한국사 인식 체계를 알아 볼 필요가 있다.

통사는 역사가의 사관을 체계적으로 집대성하고 있다는 점에서 역사가의 역사 인식에 접근할 수 있는 주효한 자료이다. 최남선의 대표적인 통사로는 『朝鮮歷史講話』(1930), 『故事通』(1943), 『國民朝鮮歷史』(1945)가 있다. 이 통사들은 각기 저술된 시기의 그의 역사 인식을 보여 준다. 또한 각 통사가 쓰여진 시대 상황이 현격히 달랐고 그 자신이 이러한 변화를 의식하면서 통사를 수정했기 때문에 역사 인식의 변화를 추적할 수 있는 자료이기도 하다.

『조선역사강화』에서 『국민조선역사』에 이르기까지는 16년의 세월이 경과했다. 1922년에 집필을 시작하여 1928년에 탈고한 『조선역사강화』에는 1920년대 문화 정치기의 역사 인식이 반영되어 있다. 태평양 전쟁의 패색이 짙어지면서 일제의 탄압이 가중되고 있던 1943년에 발표한 『고사통』에는 일제 말기의 역사 인식이 반영되어 있다. 해방을 맞아 새로 발표한 『국민조선역사』에는 해방이 가져다 준 역사 인식의 변화가 담겨 있다.

이 장에서는 최남선의 세 통사를 분석하여 그의 한국사 인식 체

---

1) 洪以燮, 1968, 『韓國史의 方法』, 探求堂, 24~25쪽.

계와 역사 인식의 변화를 살펴 보았다. 한국사 인식 체계는 각 통사
에 대한 개별 분석을 통해, 역사 인식의 변화는 세 통사의 비교 분
석을 통해 접근했다. 주 자료인 세 통사 외에 집필 시기로 보아 그
의 구상에서 연결되어 있는 책들을 함께 분석했다.『조선역사강화』
에서 간략화시킨 고대사 부분은『아시조선』을,『국민조선역사』에
서 간략화시킨 독립 운동사 부분은『조선독립운동사』를 병행하여
분석했다.

I.『朝鮮歷史講話』

1. 출간 경위

최남선의 통사 서술은 1920년대 고대사 연구를 마치고 나서 시
작된 것으로 파악되었다. 그러나 그의 통사 작업은 1922년 이래 계
속되었던 것으로 보인다. 1928년에 쓴『조선역사강화』의 小序에서
'兩三年間 鑽鑽又鑽'했다고 밝히고 있는 것으로 보아,『조선역사
강화』는 6여 년의 세월 끝에 완성되었음을 알 수 있다.『조선역사
강화』의 앞 부분은 1928년 1월『한빛』에 먼저 게재되었고, 1928년
10월에 원고 전체가 완성되었다.

완성된 원고는『동아일보』에 1930년 1월 12일부터 3월 15일까지
51회에 걸쳐 '조선역사강화'로 연재했다가 1931년에 단행본『朝鮮
歷史』로 출판했다.『조선역사』는 출판한 지 얼마 지나지 않아 반
포 금지당했다가 해방 후 1946년에『新版朝鮮歷史』로 재출간했다.
『신판조선역사』에서는『조선역사』의 부록「歷史를 통하여서 본

朝鮮人」을「獨立運動의 經過」로 대체했다.[2]

1920년대는 安廓의『朝鮮文明史』(1923), 黃義敦의『新編朝鮮歷史』(1923), 張道斌의『朝鮮歷史要領』(1923), 南宮檍의『東史略』(1924), 權悳奎의『朝鮮留記』(1924) 등 통사가 나오고 있었지만, 널리 이용되지는 않았다. 오히려 일본 학자들의 통사가 이용되고 있었다. 일제 관학자들이 조직한 朝鮮史學會의『朝鮮史講座』(1925)와『朝鮮史大系』(1927)가 이용되고 있었다. 특히『조선사대계』는 2년내에 3판을 냈을 만큼 애용되고 있었다.[3] 일반인들이 읽을 만한 우리 말로 쉽게 쓰여진 역사서가 없던 실정이었다.

일찍부터 잡지·신문의 창간과 편집을 통해 일반 독자들과 호흡을 맞추어 온 최남선은 읽히기 쉬운 통사를 구상했다. 읽히기 쉬운 통사를 쓴다는 것은 그에게도 쉽지 않은 일이었던지『조선역사강화』를 발표하면서 쓴「조선역사통속강화는 어떻게 쓴 것인가」에서 그 고충을 토로하고 있다. 모든 고충에도 불구하고 당시 역사학이 침체되어 있고 또 신인 역사학자들의 역사에 대한 태도나 방법이 우려되는 바가 있어서 쓰고 고치고 줄이는 작업을 몇 년 몇 차례를 거듭하여 탈고하기에 이르렀다고 했다.[4]

그가『조선역사강화』에서 실현하고자 했던 것은 한국사의 계통화였다. 한국사가 성장하고 발전한 과정을 인과적으로 계통화시키겠다는, 즉 한국사 체계화 작업이었다.

---

2) 현재 학계에서는 '朝鮮歷史通俗講話' '朝鮮歷史講話' '朝鮮歷史' 등으로 혼동되어 쓰이고 있다. 이 혼란은 1928년 10월에 탈고한『朝鮮歷史講話』가 단행본『朝鮮歷史』(1931)로 출간되기까지의 복잡한 과정이 반영되어 있기 때문으로 보인다. 본서에서는 1930년『동아일보』발표를 중심으로『朝鮮歷史講話』로 통일했다.
3) 趙東杰, 1998,『現代韓國史學史』, 나남출판, 51쪽.
4) 崔南善,『朝鮮歷史講話』『全集』1, 15쪽.

　　歷史는 事實의 쓰레기통이 아니며, 年代의 실꾸리가 아니며, 무론
煩碎한 考證과 碎雜한 言行錄이 아니다. 一國의 歷史는 그 民族・社
會・文化의 發展 成立한 來歷을 가장 端的하게 要領있게 因果的으
로 表現한 者라야 할 것이다. 各個의 事實에 正當한 地位를 줘서 그
것의 整齊한 連鎖가 곧 그 國家・民族・生活・文化의 合理的 展開
相이라야 할 것이다.[5]

　이러한 입장에서의 체계화 작업은 내용에 있어서는 한국인의 한
국 역사가 되게 하고, 분량에 있어서는 가장 압축적으로 하고, 태
도에 있어서는 엄정한 사실에 기초하는 것으로 하겠다고 했다. 또
전문가가 아닌 일반 독자들을 상대로 저술했기 때문에 가능한 한
쉽게 썼음을 강조했다.[6]

　『조선역사강화』에 대한 평가는 상반되어 있다. 출간 당시에는 한
국 민족과 한국 문화의 발전 과정을 과학적 방법으로 일목 요연하
게 정리한 한국어로 쓰여진 대표적 통사로 평가되었다.[7] 해방 후에
는 玄采의 『東國史略』(1906)이 나온 이후 小成을 이룬 통사로 평가
되었고,[8] 같은 맥락에서 『동국사략』의 구태를 일신했을 뿐 아니라
일반인에게 한국사를 보급・이해시키는 데 지대한 영향을 끼친 획
기적인 개설서로 평가되었다.[9] 또한 단선적이기 쉬운 역사 이해를
다양하게 종합적으로 끌어 올린 통사로 평가되기도 했다.[10] 그러나
林泰輔의 『朝鮮通史』(1912)를 요약, 정리한 것에 지나지 않는다고
평가되기도 했고,[11] '뼈없는 역사'라고 평가되기도 했다.[12]

5) 崔南善, 『朝鮮歷史講話』『全集』 1, 19쪽.
6) 崔南善, 『朝鮮歷史講話』『全集』 1, 16쪽.
7) 申奭鎬, 1931, 「朝鮮歷史 書評」『靑丘學叢』 5 ; 朴杰淳, 1998, 『韓國近
　　代史學史硏究』, 國學資料院, 279쪽에서 재인용.
8) 李基白, 1978, 『韓國史學의 方向』, 一潮閣, 81쪽.
9) 李基東, 1994, 「韓國史 時代區分의 여러 類型과 問題點」『韓國史時代
　　區分論』, 소화, 83쪽.
10) 李萬烈, 1981, 『韓國近代歷史學의 理解』, 文學과知性社, 158쪽.

2. 구성 체재

1) 시대 구분

『조선역사강화』는 上古·中古·近世·最近로 시대 구분했다. 이후 그의 통사에 일관된 시대 구분이다. 이 시대 구분의 특징은 '朝鮮나라의 始初'로 시작하여 후삼국까지를 한 시대로 다루었다는 데 있다. 당시 통사들은 대체로 삼국 이전과 삼국 시기를 태고와 상고, 상고와 중고, 태고와 중고 등으로 나누었다. 이에 반해 『조선역사강화』는 이분되었던 이 시기를 하나로 묶음으로써 시대 구분이 간결해졌다. 또 현재 한국사 시대 구분에서 활용되고 있는 고대·중세·근세·근대와 용어는 달라도 시기 구획에서 근접하고 있다.

『조선역사강화』의 시대 구분은 『조선역사강화』가 林泰輔의 영향을 받았는지 여부와 관련되어 있기 때문에 살펴 볼 필요가 있다. 또 이 시대 구분에는 한국 근대 사학에서의 시대 구분의 모색, 그리고 일본 식민 사학에서의 시대 구분의 영향이 반영되어 있다는 점에서도 주목할 필요가 있다.

한국사에 왕조별 시대 구분이 아닌 근대 역사학적 시대 구분을 처음으로 적용한 사람은 일본인 林泰輔였다. 그는 『朝鮮史』(1892), 『朝鮮近世史』(1901)에서 태고사(삼국 이전의 상고사)·상고사(삼국 시기)·중고사(고려사)·근세사 상(조선 건국에서 철종)·근세사 하(대원군부터 합방)로 시대 구분했다.[13] 이 시대 구분은 시간

---

11) 원유한 엮음, 1995, 『홍이섭의 삶과 역사학』, 혜안, 220쪽.
12) 金容燮, 1976, 「우리나라 近代 歷史學의 發達」 『韓國의 歷史認識』 下, 創作과批評社, 486쪽.

의 원근으로 왕조를 기준으로 한 편의적인 구분에 지나지 않지만,
용어와 시기 구획에서 한국사 연구자들에 많은 영향을 미쳤다.

林泰輔의 시대 구분을 처음으로 한국사에 적용한 한국인은 현채
였다. 한말 학부에서 역사 교과서를 편찬하던 현채는 기존의 편년
체 서술을 극복하고 근대 역사학으로 한국사를 정리하기 위해 임
태보의『조선사』를 역술하여『東國史略』(1906)으로 출간했다. 부
분적인 수정·보완·삭제가 있었으나『조선사』를 거의 그대로 번
역했다. 당시는 신체재의 역사서로 대단한 호평을 받았지만, 임태
보의 식민 사학적 서술도 흡수함으로써 식민 사학의 침투 경로로
평가되기도 한다.14)

태고·상고·중고·근세의 시대 구분은 20년대에 쏟아져 나온
통사에 반영되었다. 20년대에 통사들이 쏟아져 나올 수 있었던 것
은 당시 유행하던 문화 사학이 다원주의적 역사 접근을 통해 우리
역사를 통사로 정리할 수 있는 새로운 방법론을 제시했기 때문이
다.15) 이 통사들의 시대 구분은 대체로 태고·상고·중고·근
고·근세 또는 상고·중고·근고·근세·최근으로 되어 있다.16)

---

13)『朝鮮史』와『朝鮮近世史』는 1912년『朝鮮通史』로 합본, 간행되었다.
   앞서의 두 책과는 달리『조선통사』는 <前紀 古朝鮮三國高麗時代>
   <正紀 李朝時代>로 두 시기로 시대 구분했다.
14) 趙東杰, 1998,『現代韓國史學史』, 나남출판, 124～125쪽.
15) 趙東杰, 1998,『現代韓國史學史』, 나남출판, 180쪽.
16) 安廓, 1923,『朝鮮文明史』: 太古部落時代·太古小分立政治時代·中
    古大分立政治時代·近古貴族政治時代·近世君主獨裁政治時代
    黃義敦, 1923,『新編朝鮮歷史』: 上古史·中古史·近古史·近世史·
    最近世史
    張道斌, 1924,『朝鮮歷史要領』: 上古·中古·近古·近世·最近
    權悳奎, 1924,『朝鮮留記』: 上古史·中古史·近世史
    이들 통사는 권덕규의『조선유기』를 제외하면, 모두 삼국 이전과 삼국
    시기를 이원적으로 파악했다.『조선유기』는 조선조와 근대를 '근세사'

이들 시대 구분의 공통점은 삼국 이전과 삼국 시기로 이원적으로 파악했다는 데 있다. 林泰輔의 고대의 이원적 시대 구분이 한국 역사가들에게도 그대로 반영되었던 것이다.

이원화된 고대를 한 시대로 일원화시킨 통사는 朝鮮史學會에서 발간한 『朝鮮史講座』(1925)와 『朝鮮史大系』(1927)이다. 1923년에 설치된 조선사학회는 조선사편찬위원회 직원, 총독부 촉탁이나 편수관 등 당시 국내에서 활용 가능한 대부분의 인물들을 동원하여 『조선사강좌』를 일반사·분류사·특별 강의로 나누어 한국사 전반에 관한 정리 작업을 했다.[17] 『조선사강좌』의 일반사를 증보한 책이 『조선사대계』 5권이다. 조선사편수회에서 발간한 『조선사』가 자료집이라면, 조선사학회의 『조선사대계』는 식민 사학을 대변하는 통사라 할 수 있다.

『조선사대계』는 삼국 이전과 삼국 시기를 통합해서 상세사, 고려를 중세사로, 조선을 근세사로, 고종 즉위 이래 합병까지를 최근세사로 시대 구분했다.[18] 이 시대 구분은 『조선역사강화』와 명칭만 다를 뿐 시기 구획에서 일치한다.

『朝鮮史大系』(1927)	『朝鮮歷史講話』(1930)
上世史: 원시 상태 - 후삼국	上古: 단군 조선 - 후삼국
中世史: 고려 건국 - 멸망	中古: 고려 건국 - 멸망
近世史: 조선 건국 - 철종	近世: 조선 건국 - 철종
最近世史: 고종 즉위 - 한일 합병	最近: 대원군 집권 - 한일 합병

『조선역사강화』의 시대 구분은 기본틀에 있어서 『조선사대계』

___

로 묶었다는 점에서도 시대 구분이 달랐다.
17) 趙東杰, 1998, 『現代韓國史學史』, 나남출판, 269쪽.
18) <부록-3> 『朝鮮史大系』 목차 참조.

를 따르고, 명칭은 종래 한국 역사학자들 사이에 통용되어 오던 용어를 택했다고 할 수 있다. 당시 일제 당국이 한국에 있던 일본 관학자들을 모두 동원해서 저술하여 유포시킨 통사가 『조선사대계』였다는 점을 감안하면, 최남선이 참조했을 것임은 쉽게 짐작할 수 있다. 『조선역사강화』의 시대 구분은 임태보의 『조선사』를 답습한 것이 아니라 1920년대의 일본 관학자의 영향을 받았던 것이다. 최남선의 시대 구분은 李丙燾·金庠基의 『國史敎本』(1946)에 그대로 이어져 『국사교본』에서는 상고·중고·근세·최근으로 시대 구분했다.[19]

상고·중고·근세·최근의 시대 구분은 고대·중세·근세·근대의 시대 구분과 그 시기 구획에 근접하고 있다는 점에서 주목할 만하다. 그러나 원시 사회와 중세를 설정하지 못했다. 원시 사회와 중세는 사회 경제 사학에 대한 이해가 있어야 가능한 시대 구분이다. 이 점에서 최남선의 시대 구분은 사회 경제 사학에 대한 이해를 결여하고 있었다.

시대 구분으로 발전시키지는 못했지만, 최남선은 문화사적 의미에서의 원시 사회에 대한 이해는 있었다. 그는 역사를 先史期·原史期·有史期로 나누었다. 한국사의 유사기는 2,000년 정도 소급할 수 있으며, 그 전에 2,000~3,000년의 원사기가 있고, 그 전에 아득한 선사기는 석기 시대라고 했다.[20] 그의 원사기와 선사기는 오늘날의 원시 사회에 해당하지만, 이 시기를 문화사적 차원에서만 파악했을 뿐이다.

---

19) 1948년에 간행된 李丙燾의 『朝鮮史大觀』은 上代史·中世史·近世史·最近으로 시대 구분했다. 『國史敎本』의 上古·中古·近世·最近의 구분에서 벗어나 시간 단위 구분 방식에서 탈피한 것으로 평가되지만, 그 용어에서 朝鮮史學會의 『조선사대계』 시대 구분의 영향이 느껴진다.
20) 崔南善, 「朝鮮歷史通俗講話開題」 『全集』 2, 412쪽.

2) 근대사 중심

『조선역사강화』의 각 시대별 서술 분량을 백분율로 환산하면, 상고가 11%, 중고가 12%, 근세가 27%, 최근이 50%으로 근대사에 서술의 절반을 할애했다. 이 시기 통사들이 대체로 근대사보다는 전근대사, 특히 고대사에 많은 분량을 할애했던 경향과는 차이가 난다. 1920년대 내내 단군 연구와 고대사 연구에 주력했던 최남선이지만, 통사에서는 근대사를 대폭 강화했다. 이에 대해 그는 다음과 같이 설명했다.

> 또 어떠한 이는 古代의 敍述이 너무 疏略하고 거기 비하면 近代의 事實은 많은 편이라 하여 權衡의 適中하지 못함을 허물하시겠지마는, 이 편의 目的 또한 대체로 今日 朝鮮을 설명하는 산 記錄이려 함에 있으므로, 材料의 取捨와 敍述의 詳略을 오로지 우리 現在 옥물리고 交涉되는 淺深 如何에 따랐기 때문이니, 陳舊한 往事와 漫然히 多聞 博識의 材料를 찾으시는 이는, 다만 現朝鮮 構成의 龍骨만을 표현한 이 小編에 당연히 실망하실 것이요, 그러한 希求는 모름지기 汗牛充棟이라 할 다른 古記錄 常文字에 만족하시라 할밖에 없다.[21]

서술 목적이 현재의 한국을 설명하는 데 있기 때문에 자료 선택과 서술의 상세함을 현재와 관계되는 여부에 따라 결정했다는 것이다. 현재적 입장에서 한국사를 체계화하려 했던 최남선의 의지가 엿보이는 구성이다.

고대사 부분이 취약한 것에 대해서는 고대사만을 다룬 자신의 저서『兒時朝鮮』(1927)을 읽을 것을 권했다.[22] 한민족의 유래에서부터 삼국 이전까지를 다룬『아시조선』은『조선역사강화』가 탈고

---

21) 崔南善,『朝鮮歷史講話』『全集』1, 17쪽.
22) 崔南善,『朝鮮歷史講話』『全集』1, 20쪽.

되기 바로 전 해인 1927년에 발간되었다. 집필 시기로 미루어 볼
때, 최남선은『아시조선』을 감안하여『조선역사강화』에서 고대사
를 축소시키고 근대사 중심으로 구성했던 것으로 보인다.

3) 정치사 중심

『조선역사강화』는 정치사를 중심으로 문화사를 보완한 구성을
취하고 있다. 정치·제도·외교 등에 관한 장을 배치한 후에 마지
막 장에 문화 부분을 배치시킨 형태이다.

그러한 예로 상고에서 <上古의 文化>, 중고에서 <高麗의 社會
와 文化>, 최근에서 <李氏朝鮮의 學藝> 등을 들 수 있다. 물론
이외에도 문화사적인 서술은 중간 중간에 있다. 상고에서 <新羅
의 盛時>, 중고에서 <蒙古의 禍>에서 '高麗文化의 頂點', 근세에
서 <世宗의 制作> <世祖와 成宗의 繼述> <敎學의 隆盛> <文
化의 振興> 등은 그러한 예로 들 수 있다.

정치사 중심의 구성은 경제 분야 서술을 취약하게 했다.『조선
역사강화』는 근세 부분에서 <經濟의 新策>이라는 장에서 '農事
改良과 大同法 施行' '鐵錢' '白衣禁亂'을 다룬 외에는 경제에 관
한 서술이 없다. 경제 분야에 대한 서술이 취약한 것은 1920년대
문화 사학자들의 통사에 나타나는 공통적인 특성이다.

문화 사학은 사회 상층 구조의 변화인 정치사·제도사·문화
사·예술사·종교사·풍속사 등을 총체적으로 혹은 부분적으로
추구하여 역사 발전의 구조와 현상과 의미를 파악하려고 한다. 이
러한 문화 사학에서는 사회 경제를 문화에 종속된 부분적인 현상
으로 보거나, 제도적 측면에서 파악하려는 경향이 강하다.[23]

---

23) 趙東杰, 1998,『現代韓國史學史』, 나남출판, 178쪽.

대표적인 초기 문화 사학자로 분류되는 최남선의 경우 이러한 경향이 다른 학자들보다 강하게 나타난다. 같은 문화 사학자로 분류되는 權悳奎의『朝鮮史』와 비교하면 사회 경제면이 취약한 경향이 두드러진다. 권덕규의『조선사』는 문화의 <제도> 부분에서 사회 경제면을 문화 현상의 일부분으로 서술했다.[24] 그러나『조선역사강화』의 문화 부분은 법제·문학·학술·사상으로 구성되었을 뿐 사회 경제면에 대한 서술은 없다.

『조선역사강화』의 구성은『아시조선』과도 비교된다. 한국 고대사와 고대 문화를 정리한『아시조선』은 마치 Wells의『세계문화사』를 방불케 하고, 진화론을 받아 들여 우주와 인류의 기원에서부터 시작하여 그 한 갈래로서 역사와 문화를 서술했다.[25]『아시조선』의 구성은『조선역사강화』와 크게 차이가 난다.『조선역사강화』에서는 후삼국까지의 문화를 <上古의 社會와 文化> 1장으로 처리했지만,『아시조선』에서는 한사군까지의 문화에 도합 12장을 할애하여 문화사 중심의 구성을 취했다.[26]

3. 서술 특징

1) 고대사

(1) 檀君·箕子·衛滿·漢四郡

일제 시기 한국 고대사는 매우 미묘한 사안이었다. 단군·기자·위만·한사군 문제, 그리고 신공왕후 신라 정벌설·임나 일본부설

---

24) 趙東杰, 1998,『現代韓國史學史』, 나남출판, 194쪽.
25) 李基白, 1991,『韓國史像의 再構成』, 一潮閣, 153~154쪽.
26) <부록-2>『兒時朝鮮』목차 참조.

과 관련하여 일본 식민 사학과 한국 민족주의 사학이 가장 첨예하
게 대립되어 있는 부분이었다. 『조선역사강화』는 고대사 서술이
간략하기 때문에 『아시조선』을 함께 살피면서 고대사 서술의 특징
을 파악하고자 한다.

고조선과 관련하여 고대사 인식은 三朝鮮說・馬韓正統說・夫餘
正統說으로 구분할 수 있다. 삼조선설은 전통 사서에서 보이던 고
대사 인식 체계로 단군 조선→기자 조선→위만 조선으로 고대사를
계열화했다. 중국계 정복 왕조인 위만과 사군 이부가 한국 전체를
지배했다고 생각한 중화 문화 부용적인 한국사 인식 체계였다.

조선 후기에 실학자들은 한국사를 자국사로 분리・독립시키고
자 했다. 삼조선설을 비판하고 기자 조선의 마지막 임금인 기준이
南奔하여 마한을 건설했다는 마한(삼한) 정통론을 제기했다. 마한
정통론은 단군→기자→마한(삼한)→삼국으로 계열화하고, 위만과
사군 이부를 정통에서 제외했다. 그러나 기자는 주나라 사람이었
기 때문에 중화 문화 부용적인 성격을 탈피하지는 못했다.

마한 정통설에 반대하여 제기된 부여 정통설은 단군→부여→고
구려→발해로 계열화하면서 발해와 신라의 남북국설의 길을 열어
놓았다.27) 한말에는 마한 정통설이 우세했다. 그러다가 계몽주의
사학을 종합 비판하고 근대 역사학으로 발돋움한 신채호의 「독사
신론」에 이르러 부여 정통설이 제기되었다. 신채호의 부여 정통설
은 1920년대에 남북조 시대 인식으로 일반화했다.

삼조선설이든 마한 정통설이든 부여 정통설이든, 고조선은 단군
대국에서 출발하고 있는 점에서 공통적이다. 원시 사회에 대한 이
해가 진척되어 부족 국가설이 대두한 이후에야 단군 대국의 인식
은 사라지고 고조선을 부족 국가의 하나로 파악할 수 있었다. 이

---

27) 趙東杰, 1998, 『現代韓國史學史』, 나남출판, 64~68쪽.

경우 정통론 인식은 퇴색하고 삼조선설을 취하게 된다.[28]

최남선은 단군 조선을 대국으로 인식하지 않았다. 여러 '얼검'의 나라들 중에서 宗主되는 '당굴 얼검'이 다스리는 나라인 단군 조선은 '얼검'의 여러 나라와 혈족적·신앙적으로 大小家의 관계를 가지고 있다고 했다.[29] 단군 조선이 이들 나라에 강력한 통제력을 행사한 것으로는 보지 않았다. 단군은 태백산 아래 天坪에서 개국했지만, 대동강 유역·구월산 일대로 옮겼고 이 지역에서 1,200년 정도 존속했던 작은 국가였다.

단군 조선은 기자 조선으로 이양되었다고 했다. 이 때의 기자 조선은 은나라의 기자가 동래하여 세운 나라가 아니라 우리 나라에 원래 있던 解氏가 세운 나라라고 했다. 기자 동래설을 부정한 최남선은 개아지 조선설을 주장했는데, 해의 자손이라는 뜻의 개아지에 중국의 箕子가 후일 府會되었다고 하면서 한자로는 奇子로 써야 한다고 했다.[30] 기자 조선에 이르러 농업이 발달하고 중국과의 무역으로 문화가 높아졌다고 하여 단군 조선보다 기자 조선에서 국가적 발전을 이룬 것으로 보았다.

기자 조선의 영역은 압록강과 대동강을 중심으로 남북으로 천여리 정도인 것으로 보았다. 단군 조선의 영역을 단언하지는 않았지만, 단군 조선의 경우도 기자 조선의 영역보다 적거나 크게 벗어나지는 않은 것으로 여겼던 듯하다. 『조선역사강화』는 단군 조선을 대국으로 보지 않고 여러 나라들 가운데 하나로 보았다는 점에서

---

28) 趙東杰, 1998, 『現代韓國史學史』, 나남출판, 365~367쪽.

29) 崔南善, 『兒時朝鮮』 『全集』 2, 157쪽.

30) 崔南善, 『朝鮮歷史講話』 『全集』 1, 26쪽. 최남선은 「朝鮮史의 箕子는 支那의 箕子가 아니다」(1929)에서 기자 동래설 부정에 상세한 논증을 가했다. 기자가 東來했던 형적이 없고 殷 멸망 후에도 기자는 중국에 있었고 조선에 있는 기자 유적은 모두 近世의 가탁이라고 했다. 기자 東徙地는 鮮虞일 것으로 추정했다.

후일의 부족 국가 개념에 근접해 있다.

900여 년간 지속한 기자 조선은 중국인 위만에게 멸망했다고 했다. 위만에 대해 『조선역사강화』에서는 '衛滿의 도둑질'이라는 절에서 간략하게 서술했으나, 『아시조선』에서는 <衛滿 新王朝의 影響>이란 장에서 상세하게 서술했다. 위만 조선을 본토인과 중국인의 연립국으로 파악했다.

위만 조선이 한국사에 미친 영향을 세 가지로 파악했다. 이민족과 투쟁하면서 최초로 씨족·부족 외에 민족이 있음을 깨달았다는 것, 민족적 자각으로 느슨하게 흩어져 있던 부족들의 결속력이 강화되었다는 것, 개아지 조선의 남천으로 남방 韓地의 개발이 촉진되었다는 것을 들었다.[31] 이민족과의 투쟁이 민족적 자각을 촉진한다는 역사 인식이 반영되어 있다. 이러한 인식은 낙랑에 대한 서술에서도 나타난다.

『조선역사강화』는 낙랑 축출의 과정을 민족적 자각을 이룬 계기로 파악했다.[32] 이러한 입장은 신채호와 정인보의 경우와는 현격하게 다르다. 신채호나 정인보는 낙랑을 반도외로 비정하여 한국사에서의 위치를 인정하지 않았기 때문이다.

韓百謙의 『東國地理志』 이후 한사군은 반도내 존재설이 유력하다가 安鼎福의 『東史綱目』에서는 반도내로 명기했다. 일제 관학자들도 낙랑군이 평양 일대에 존재한 것으로 주장했다. 이에 반해 신채호는 전통적인 유가 사학자들의 반도내 존재설이나 평양 중심설을 모두 거부했다. 한사군 위치에 대한 신채호의 주장이 일관된 것은 아니지만, 시간의 경과에 따라 그는 한사군의 한반도내 불치설, 즉 요동반도 설치설을 분명히 했다.[33] 또 정인보도 한사군 반

---

31) 崔南善, 『兒時朝鮮』 『全集』 2, 161~162쪽.
32) 崔南善, 『朝鮮歷史講話』 『全集』 1, 27~28쪽.

도외 존재설을 주장하면서 그 위치는 우리 민족의 끊임없는 투쟁으로 고정 불변한 것이 아니라 변화한 것으로 파악했다.[34]

이에 반해 최남선은 낙랑군은 평안도·황해도·경기도 일부에, 진번군은 함경남도에, 현토군은 동가강 유역에, 임둔군은 강원도에 설치되었다고 했다.[35] 그가 한사군의 반도내 존재설을 받아 들였던 것은 평양 일대의 낙랑 유물의 발굴을 중시했기 때문이다. 그는 낙랑 이전에도 한국의 중심지는 대동강이었고 낙랑 이후에도 마찬가지라고 하여[36] 고대사의 중심지를 대동강 유역으로 파악했다. 이 점에서 그의 고대사 인식은 만주 지역을 고대사의 중심지로 파악한 민족주의 역사가와 일정한 거리가 있었다.

『조선역사강화』의 단군·기자·위만·한사군 인식은 당시 민족주의 역사가들의 고대사 인식과 비교할 때, 오늘날의 고대사 체계에 근접해 있다. 삼조선설을 취해 단군 조선·기자 조선·위만 조선을 한국사내로 수용한 것도 그러하고, 단군 조선을 대강역의 국가로 보지 않은 것도 그러하다. 한사군을 반도내로 비정한 것도 오늘날 남한의 한사군 인식과 같다.

고대 한국의 중국에 대한 자주성을 부각시키려는 역사 인식이 뚜렷한 것도 특징으로 들 수 있다. 개아지 조선설을 주장하여 기자 조선을 단군 조선의 후예로 자리매김한 것, 위만 조선과 한사군과의 투쟁을 통해 민족적 자각을 이루었다고 파악한 것 등은 중국에 대한 자주성을 강조하는 역사 인식으로 평가할 수 있다.

---

33) 李萬烈, 1990, 『丹齋 申采浩의 歷史學硏究』, 文學과知性社, 287쪽.
34) 이지연, 1998, 「鄭寅普의 古代史 認識」, 숙명여대 석사 학위 논문.
35) 崔南善, 『兒時朝鮮』 『全集』 2, 163쪽.
36) 崔南善, 『兒時朝鮮』 『全集』 2, 163쪽.

(2) 임나 일본부설 배제

신공왕후 출병설과 임나 일본부설은 밀접하게 연관되어 있다. 任那라는 명칭은 한국측 자료보다 일본측 자료에 많이 나온다.[37] 『日本書紀』에는 서기전 1세기에 임나 기록이 나오다가 신공왕후 임나 출병(369)를 전후하여 백제·임나·신라 등의 기사가 집중적으로 나타난다. 『일본서기』에 의하면, 신공왕후는 369년에 임나를 치고 이어 신라를 공격했으며 382년에 또 신라를 격파했다는 것이 된다. 이후 임나에 일본부가 설치되어 식민지 형태의 지배가 이루어졌다는 것이다.[38]

최남선은 신공왕후 출병설을 신랄하게 비판한 바 있다.

> 그네의 이른바 神功皇后의 三韓征伐이란 것은, 이미 그네 자신의 진보한 歷史家의 손에 僞造反說임을 辨析 論破된 것이건마는, 이것이 그네들의 國民性 培育의 資料가 됨은 尙可忍이라 하고, 그네만의 손에 宣傳된 이 資料가 아직 無識한 外國人의 沒批判한 承認을 얻어 가져서, 마치 朝鮮이 옛날에도 日本에게 屈辱을 받은 일이 있는 것처럼 通說됨은 어허, 어떻게 기막히는 冤痛이냐. 또 이것이 최근 朝鮮의 國家的 歸無에 대한 抱冤莫伸할 一大宿業처럼 宣傳됨은, 과연 어떠한 悲恨이냐. 이것이 그대로 우리 子弟의 課書에 들어서 없는 종文書를 억지로 있는 것처럼 믿으려드는 노력을 내어야 할 밖에 없는 笑喜劇이야 말은 하여 무엇하랴.[39]

날조된 신공왕후 삼한 정벌설을 선전하고 교과서에까지 싣는 것은 없는 종문서를 억지로 만드려는 것이라는 것이다. 최남선은 신

---

37) 한국측 자료에 임나에 관한 기록은 세 곳에 있을 뿐이다.
　　廣開土王碑(414): '任那加羅'
　　『三國史記』권 46 强首傳: '臣은 본래 任那加良人입니다'
　　眞鏡大師塔碑(924): '그 先祖는 任那王族'
38) 李萬烈, 1981, 『韓國近代 歷史學의 理解』, 文學과知性社, 298쪽.
39) 崔南善, 「我史人修의 哀」(1925) 『全集』 10, 483쪽.

공왕후 삼한 정벌설이 식민 통치를 합리화하는 설임을 직시하고 있었다. 당시의 정치적 현실이 고대 한국이 일본보다 우월했던 역사적 사실을 부정하고 있음을 개탄했다.

그는 고대 한국의 일본에 대한 우월을 『아시조선』에서 강조했다. 일본 종족은 古'白'人이 한반도를 거쳐 들어가 형성되었다고 했다. 한반도 남부에서 일본의 서남부로 들어간 사람들이 현재 일본인의 주축이 되고 일본국의 핵심이 되었다고 했다. 이들은 神山신앙과 신도 중심의 사회, 제사 중심의 생활을 하는 불함 계통의 문화를 지니고 있었고, 선주지인 한반도를 母國·天國·民族原國·根本國으로 불렀다고 했다. 한반도에서 건너간 한국인의 취락이 筑紫(九州)·中國·畿內 일대에 촘촘히 분포되어 있었는데, 이들 도래인 중에서 天日矛와 그 후손의 세력이 강성했다 했다. 천일모의 도일이야말로 일본 고대의 대사건으로 일본의 국가적 맹아는 여기서 激發되었다고 했다.[40]

『아시조선』에서 천일모의 활약을 강조한 것은 신공왕후 출병설을 반박하기 위한 것으로 보인다. 신공왕후 삼한 출병설[41]에 반론을 제기하기 위해 역으로 한에서 건너간 이주민인 천일모가 일본의 고대 국가 건설에 중요한 역할을 한 것으로 서술했던 것이다. 또한 천일모에 관한 별도의 논설에서는 신공왕후를 천일모의 후손

---

40) 崔南善,『兒時朝鮮』『全集』2, 169~170쪽.
41) 신공왕후가 출병했다는 49년이나 62년의 편년은 干支 二運을 앞당겼다고 보기 때문에 369년, 382년으로 잡고 있다. 4세기 후반인 이 시기는 한반도에서 삼한은 이미 소멸했다. 그런데 최남선이 '신공황후 삼한 정벌설'로 표현한 것은 원래의 편년으로 계산했기 때문이다.『조선역사강화』에 부록으로 실린 「朝鮮歷代表」에서 신공왕후 섭정기를 신라 奈解王(196~230)에 배치한 것에서도 알 수 있다. 또 味鄒王(262~284)에서는 '從此 以前 日本史 年紀 尤無憑'이라고 하여『일본서기』편년 자체를 신빙하지 않았다.

이라고도 했다.[42]

『아시조선』과는 달리 『조선역사강화』에서는 신공왕후 출병설과 관련된 삼한에 대한 서술을 배제했다. 그러나 <광개토왕>에서 "그 위엄이 南海 건너 倭(後의 日本)에까지 미쳤다"[43]라고 한 것은 당시 광개토왕 비문을 둘러싼 일본의 한반도 출병설을 부정하기 위한 것으로 보인다. 또 백제 멸망시 일본 구원군을 서술할 때 일본의 세력이 한국보다 약했음을 명시하여 고대 일본의 한반도 지배설을 간접적으로 부인했다.[44]

이처럼 최남선은 임나 일본부설을 배제하여 고대 일본의 한반도 지배설을 부정하고, 오히려 천일모를 통해 고대 한국의 우월을 입증하려 했다. 그러나 『조선역사강화』에서의 임나 일본부설에 대한 반론은 간접적으로만 나타날 뿐이다. 직접 거론하여 반론을 제기할 수 없던 시대 상황을 의식해서였던 것으로 보인다.

(3) 통일 신라 중심

『조선역사강화』는 삼국 시대를 고구려 중심으로 서술했고 발해를 고구려의 계승자로 서술했다. 그러나 이 시기를 통일 신라 중심으로 인식함으로써 1920년대 민족주의 사학자들의 남북조 시대 인식과는 차이가 난다.

남북조 시대의 인식 체계는 조선조에 許穆의 『東事』, 李種徽의

---

42) 崔南善, 「神代의 大植民國家 新羅王子 天日槍－九州로부터 大坂・敦賀의 一帶에 子姓이 繁衍하여 廟食綿綿 數千年」(1929) 『全集』 9, 42~45쪽. 최남선은 신라 혁거세왕(BC 57~AD 4) 때 천일창이 일본에 식민지를 건설한 것으로 보았다(「朝鮮歷代表」 『朝鮮歷史講話』 附錄, 『全集』 1, 692~693쪽).
43) 崔南善, 『朝鮮歷史講話』 『全集』 1, 28쪽.
44) 崔南善, 『朝鮮歷史講話』 『全集』 1, 30쪽.

『東史』, 柳得恭의 『渤海考』 등에서 제기되었다. 근대 사학에서는 1908년 신채호의 『독사신론』에서 '二國'으로 정리되어 1917년 장도빈의 『국사연표』에서 '南北朝時代'라는 용어가 사용된 이래, 1920년대 이르러 안확·장도빈·황의돈·권덕규·박해묵의 저서에 예외없이 수용되었다.[45]

남북조 시대 인식의 핵심은 신라 통일의 의미를 인정하느냐 여부에 있다. 신라 통일의 의미를 부정하는 것은 반도내로 고대사를 국한시키려 했던 식민 사학에 대항하려는 한국 사학에서의 대응이기도 했다. 근대 사학의 통사에서 '新羅의 統一'이라는 표제어가 처음으로 등장하기는 林泰補의 『朝鮮史』(1892)에서였다. 임태보는 신라와 발해를 <제8장 신라의 통일>과 <제11장 발해>로 나누어 서술했다. 현채는 『동국사략』에서 이 체재를 그대로 따랐다.[46]

이 체재는 조선사편수회의 『조선사』에 반영되어 제2편에서 '통일신라시대'로 명했다. 발해를 만주사로 편입시키려 했던 滿鮮史觀의 학자들로 구성된 조선사편수회는 발해를 附說로 처리하겠다는 입장이었다.[47] 이러한 입장은 그들이 조선사학회 명의로 발간

---

45) 趙東杰, 1998, 『現代韓國史學史』, 나남출판, 192쪽.
46) 金瑛河, 1993, 「韓末·日帝時期의 新羅·渤海認識」 『泰東古典研究』 10.
47) 이는 1930년 제4회 위원회 회의에서의 최남선과 今西龍의 대화에서도 나타난다.
"崔南善 委員: 구체적으로 말씀드리면 숙신족 같은 경우는 아직 밝혀지지 않은 채로 남아 있는 민족입니다만, 저는 조선사의 기원과 밀접한 관계가 있는 것이라고 생각합니다. 그리고 더 내려와서는 渤海 같은 나라도 조선사에서 중요한 역할을 하는 것입니다만 이들은 어떻게 취급할 방침입니까.
今西龍 委員: 숙신은 연대 문제상 역사학에서 취급하기보다도 人類學·民族學의 연구 범위에 들어가야 할 것이라고 생각합니다. 그리고 발해도 조선사에 관계없는 한에서는 생략합니다."(朝鮮總督府朝鮮史編修會, 『朝鮮史編修會事業概要』, 昭和 13年 6月 ; 영인 번역본, 1986,

한『조선사강좌』일반사에 <제10장 新羅의 統一>로 구성하고 발
해를 부설로 처리하는 것으로 나타났다.

『조선역사강화』는 발해를 부설로 처리한 식민 사학의 입장도 아
니고, 그렇다고 이 시기를 남북조 시대로 인식한 민족주의 사학의
입장도 아니었다. <제6장 신라의 통일> <제7장 발해의 따로남>
으로 장을 설정했다. 신라 통일을 중심에 두면서 발해사를 한국사
에 편입시켰지만, 통일 신라와 발해를 남북조 시대로 보지는 않았
던 것이다. 또한 발해가 일본과는 무역에 힘썼고 신라가 발해를 두
려워했다는 서술에서는, 식민 사학에서의 발해가 신라와는 적대 관
계였으나 일본과는 우호 관계였다는 입장이 그대로 반영되어 있다.

최남선은 신라 통일의 역사적 의의를 매우 크게 평가했다.

> 조선사람이 민족으로 하나가 되어서 동일한 국토를 지니고 동일한
> 언어와 習俗을 물려 나오기는 統一新羅에 비롯한 것이니, 그러므로
> 오늘날 우리 사회의 기초와 문화의 핵심을 찾으면 그 끝이 대개 新羅
> 에 가서 줄이 닿음을 본다.48)

신라의 삼국 통일로 하나의 민족이 되고 동일한 국토·언어·
습속을 가지게 되어 오늘날 사회와 문화의 기초가 형성되었다는
것이다. 신라 통일의 의의를 문화사적 차원에서 파악하고 있다. 이
설은 신라 문화의 한국사에서의 의의를 최초로 간략하게 규명했다
하여 탁견으로 평가되었다.49) 이 설은 지금까지도 통일 신라 인식
에 큰 영향을 미치고 있다.

『朝鮮史編修會事業槪要』, 시인사, 47~48쪽)
48) 崔南善,『朝鮮歷史講話』『全集』1, 33쪽.
49) 洪以燮, 1968,『韓國史의 方法』, 探求堂, 22쪽.

2) 고려사

고려 시대는『조선역사강화』에서 가장 폄하된 시대이다. 거란·
여진·몽고·홍건적·왜구 등 외세 침입과 전란에 총 9장 중 5장
을 할애한 데서 나타나듯이, 고려 시대를 외세 침입과 전란의 수난
시대로 인식했다. 고려가 외세에 적극적으로 대처하지 못한 것은
중국화의 길을 걸으면서 文弱을 초래했기 때문인 것으로 보았다.

최남선은 국권 상실의 원인으로 유학과 양반 정신을 지목한 바
있었다. 유학이 제도화된 시대는 고려조인 것으로 보고, 특히 광종
때 실시된 과거제를 비판했다. 과거제 실시로 말미암아 태조대의
강건한 기풍이 노동을 기피하고 안일을 쫓는 폐풍을 낳아 국민 정
신의 퇴폐를 초래했다고 했다.50) 이 때 실시된 과거 제도가 조선조
에서 양반을 양산했고, 이들 양반이 국권을 상실한 장본인이라는
것이다.

이러한 원인 소급적인 비판은 성종대의 제도 정비에 대해서도
가해졌다. 성종대의 제도 정비가 국가의 면목을 일신하기는 했으
나, 국내 사정을 감안하지 않고 중국의 제도를 그대로 도입하여 폐
단이 많았다고 비판했다.51) 이 때의 제도 정비가 조선으로 이어져
서 조선은 고려의 연장일 따름이었고,52) "우리의 백가지 病源은 그
밑을 캐어보면 苟且로 돌아가는데 이 몹쓸 것도 실상 高麗로부터
물려 내려 오는 것이다"53)라고 하여 중국 제도 수용으로 인한 문
약을 신랄하게 비판했다.

문약을 비판한 대신 尙武的인 사실은 크게 평가했다. 태조가 고

---

50) 崔南善,『朝鮮歷史講話』『全集』1, 35쪽.
51) 崔南善,『朝鮮歷史講話』『全集』1, 33쪽.
52) 崔南善,『朝鮮歷史講話』『全集』1, 40쪽.
53) 崔南善,『朝鮮歷史講話』『全集』1, 39쪽.

구려 옛 땅의 회복을 국책으로 삼았던 것을 높게 평가했고,[54] 최씨 정권을 긍정적으로 평가했다. 모처럼 선 武强한 최씨 정권이 문약의 병폐를 고칠 수 있었지만, 몽고와의 전쟁에 휩쓸려 기회를 잃었다고 애석해 했다.[55]

당시 통사들은 무인 정권에 대체로 비판적이었다. 권덕규와 문일평은 庚癸士禍·庚癸慘禍라고 명명하고 초기 무인 집권자들을 鄭黨·李黨·鄭李兩黨·鄭李反黨·鄭李賊黨 등으로 표현했다. 최씨 정권에 대해서도 마찬가지였다. 특히 비판의 초점이 된 것은 무인 집권자가 자의대로 왕을 폐립한 사실이었다.[56] 이에 반해 『조선역사강화』의 최씨 정권에 대한 호평은 매우 독특하다. 최남선의 문화 사관과 문화주의가 반드시 문치주의를 겨냥했던 것은 아님을 알 수 있다.

최남선에게 외세의 틈바구니에서 곤경에 처한 고려조의 상황은 열강들의 틈새에서 국권을 상실해 갔던 조선조의 운명을 연상시켰던 듯하다. 거란·송·금이 각축을 벌일 때 실력과 지도자만 있었으면 고려의 국운이 비약했을 것이지만, 겨우 압록강 유역의 영토를 조금 늘렸을 뿐이라고 했다.[57] 여기에는 한말 열강의 각축 속에서 실력과 지도자가 없었기 때문에 조선이 망했다는 인식이 투영되어 있다.

몽고 침입으로 전란에 휩싸여 있을 때 永雪 중에서 매화가 피는 것처럼 고려 문화가 가장 난만하게 피었다고 데서도 자신의 시대가 투영되어 있다.[58] 한국 문화의 가치를 고양시켜 민족 의식을 일

---

54) 崔南善, 『朝鮮歷史講話』『全集』1, 33쪽.
55) 崔南善, 『朝鮮歷史講話』『全集』1, 36쪽.
56) 朴杰淳, 1998, 『韓國近代史學史硏究』, 國學資料院, 318쪽.
57) 崔南善, 『朝鮮歷史講話』『全集』1, 34~35쪽.
58) 崔南善, 『朝鮮歷史講話』『全集』1, 36쪽.

깨우고자 했던 그의 문화 사관이 고려가 정치적 암흑기에 성취한 문화적 업적에 주목하게 했던 것이다.

고려가 한국사에서 이룩한 성과는 영토의 확장과 종족의 단합인 것으로 평가했다.

> 신라의 民族統一이란 것이 南方에 치우쳐서 지역으로 봐도 元山·平壤을 넘지 못하였는데, 고려는 北方을 근거로 興起한 만큼, 一代 近 500년 동안에 비록 고구려의 舊有를 다찾지 못하였으나, 그 甚한 受難의 중에 오히려 豆滿·鴨綠 兩江의 가에까지 국토를 넓히고, 또 신라에는 떨어져나갔던 고구려와 및 그 계승자인 渤海의 北方 同族을 거두어서 種族의 團合을 완성한 것은 다 注意할 만한 일이다.[59]

고려가 북방으로 영토를 확장하고 고구려와 발해의 동족을 흡수하여 미완의 신라 통일을 완성했다는 것이다. 그러나 신라의 경우는 '민족 통일'로, 고려의 경우는 '종족의 단합'이라 표현한 데서 나타나듯이, 최남선은 고려보다는 신라 통일에 민족사적 의의를 두었다.[60]

3) 조선사

조선 시대는 문화적 가치는 높게 평가하고 정치는 폄하함으로써 문화와 정치를 구분한 이원적 역사 인식이 두드러진다. 다른 어떤 시대보다 문화사적인 내용을 많이 할애하여 그 문화적 성취를 부

---

59) 崔南善,『朝鮮歷史講話』『全集』1, 39쪽.
60) 이 부분의 고려 통일의 의의에 대해 최남선이 종족과 민족의 개념을 혼동하고 있고, 신라의 삼국 통일은 그 문화적 의의를 강조하고 고려의 후삼국 통일에 영토와 민족 통일의 의미를 부여했다고 본 견해가 있다 (朴杰淳, 1998,『韓國近代史學史研究』, 國學資料院, 299쪽). 그러나 최남선은 신라의 통일을 '민족 통일'이라 명기했고, 그가 사용한 '동족' '종족'은 민족 이전의 광의의 개념일 것으로 본다.

각시켰지만, 정치는 당쟁 망국론을 적용하여 대단히 비판적이었다.

　조선 초기의 문화에서는 세종의 업적을 크게 평가했다. 세종의 측우기 제작, 아악 정리, 훈민정음 창제가 세계사적 의의가 있는 업적임을 강조했다.[61] 세종에 대한 이러한 평가는 당시 통사에 일관된 경향이었다. 장도빈은『조선역사요령』에서 <世宗의 功德>이란 장을 설정하여 세종의 업적을 16조목에 걸쳐 서술하고, 세종을 '李氏朝鮮의 第一賢主'라고 했다.[62] 세종의 업적을 세조가 계승하여 세종·세조 양대에 국민 문화가 완성된 것으로 보았고, 세조의 불경 언해 사업을 불경을 '국어화하고 민중화'한 의의가 있는 것으로 평가했다.[63]

　조선 중기의 문화에서는 중종·명종대를 주목했다. 이 시기는 사화로 점철되어 정치상으로는 암흑기였으나 문화상으로는 두드러진 발전을 이루었다고 했다.[64] 여기서도 정치와 문화를 분리한 그의 역사 인식이 나타난다. 이 때의 문화적 성취로는 유학의 번성을 들었다. 이황을 주자학을 대성한 조선 제일의 儒宗으로 꼽고, 그의 학문이 일본에 미친 영향을 강조했다.[65]

　조선 후기의 문화에서는 실학의 발흥에 주목했다. 오늘날 실학자로 분류되는 학자들의 업적을 '실학의 풍'으로 명명했다. 영조·정조대에 성행한 실학의 풍은 조선적 자아를 실제적으로 연구하는 학풍이라 했다.

　　文學이 支那로 인하여 생긴 뒤로 學問이라 하면 支那의 文學·經術을 의미하여, 李朝에 들어와서도 오래도록 이 流弊를 벗지 못하더

---

61) 崔南善,『朝鮮歷史講話』『全集』1, 42쪽.

62) 張道斌, 1923,『朝鮮歷史要領』, 高麗館藏版, 94～97쪽.

63) 崔南善,『朝鮮歷史講話』『全集』1, 42쪽.

64) 崔南善,『朝鮮歷史講話』『全集』1, 44쪽.

65) 崔南善,『朝鮮歷史講話』『全集』1, 44쪽.

니, 兩難 이후에 自我라는 思想이 鮮明해지면서 朝鮮의 本質을 알고 實際를 밝히려는 경향이 날로 깊어서, 英正 兩朝에 이르러서는 드디어 學風이 一變했다.[66]

신학풍, 즉 실학의 선두 주자를 柳馨遠을 보고, 李瀷에 이르러 실증·실용의 학문이 널리 보급되어 실용적·내성적인 한국 연구가 이루어지게 되었고, 이후 安鼎福·申景濬·李萬運·柳得恭·韓致奫·李重煥·李肯翊·鄭恒齡 등이 나왔고, 丁若鏞에 이르러 최고조에 달했다고 했다. 이러한 실학의 계보는 오늘날의 인식과 다르지 않다.

한말 이래 조선 후기 실학자에 대한 관심은 계속되고 있었지만, 실학에 대한 본격적인 논의는 1934년의 조선학 운동에서 비롯된다. 茶山逝世99年祭를 계기로 정약용에 대한 연구가 활발히 진행되면서 실학자들에 대한 연구가 활성화되었다. 이 때에 '실학파'라는 용어가 생겼다.[67] 이에 앞서 최남선은 이미 실학자의 계보를 체계화했던 것이다. 이 점에서 그는 실학의 의의와 계보를 가장 먼저 체계화한 역사가라고 할 수 있다.

문화적 성취에 대한 높은 평가와는 달리 조선조의 정치에 대해서는 험악하리 만큼 비판적이다. 숭유 정책으로 사림의 세력이 커졌고 사화 이래로 대립이 악화되다가 선조대에 이르러 당쟁이 시작되었다고 했다. 선조대의 동서 분당은 조선을 정치적으로 결단냈고, 남북 분당 이후로는 지배층은 국가 대계와 민생보다는 당의 이익만을 추구했고,[68] 이로 인해 임진왜란과 병자호란이라는 양란을 치루었으면서도 여전히 당쟁에 몰두했다고 했다.[69] 서학이 들

---

66) 崔南善, 『朝鮮歷史講話』 『全集』 1, 52쪽.
67) 趙東杰, 1998, 『現代韓國史學史』, 나남출판, 352쪽.
68) 崔南善, 『朝鮮歷史講話』 『全集』 1, 45쪽.
69) 崔南善, 『朝鮮歷史講話』 『全集』 1, 50쪽.

어오고 서구 열강이 동아시아에 침범하는 국제 정세 변화에도 불구하고, 조선의 지배층은 세도 정치에 여념없었다 하여 시종 신랄한 논조를 유지했다.[70]

반면, 조선 후기 민중의 동향에 주목했다. 한글 소설의 유행,『鄭鑑錄』의 남조선 사상의 성행, 동학의 성립을 민중의 각성을 보여주는 현상으로 파악했다. 특히 동학을 특권 계급에 대한 반항 정신, 남조선에 대한 전통적 신념, 외래 사상에 대한 민족적 반발력이 합쳐진 일대 국민 운동이라 하여 그 의의를 크게 평가했다.[71]

4) 근대사

근대사는 대원군의 집권으로부터 시작한다. 대원군의 치적, 두 양요와 척화비가 세워진 과정을 서술했다. 대원군 실각 후는 한일 관계사라고 할 만큼 일본과의 관계를 집중적으로 서술했다. 근대 한일 관계의 단초가 된 강화도 조약에 대해서는 체결 과정, 조약 내용, 신사 유람단 파견, 개항, 관제 개혁 등을 상술하여 그 중요성을 강조했지만, 강화도 조약이 불평등 조약임을 인식하지는 못했다.

개화당의 연원으로 崔漢綺・李圭景・金正浩를 꼽은 사실이 주목된다. 최한기의 『明南樓全集』, 이규경의 『五洲衍文長箋散稿』, 김정호의 『大東輿地圖』와 『大東地志』를 신지식의 작품으로 평가했다. 이들에 연원한 개화당이 오경석과 유대치로 이어진 것으로 계열화했다.

근대 역사가로 최한기・이규경・김정호・오경석・유대치를 개화 운동의 선봉으로 평가한 사람은 최남선이 최초이다. 이들은 모두 한미한 가문 출신이라는 데 공통점이 있다. 최남선 자신이 중인

---

70) 崔南善,『朝鮮歷史講話』『全集』1, 54쪽.
71) 崔南善,『朝鮮歷史講話』『全集』1, 56쪽.

출신이기 때문에 한미한 가문 출신에 주목할 수 있었고, 또한 양반이 아닌 계층이 개화를 이끌었다는 인식이 반영되어 있는 것으로 보인다. 유대치 문하에서 배출된 개화당은 일본으로 청을 몰아내고 러시아로 만주를 수복하여 청년 중심의 새 나라를 건설하려고 했지만, 갑신정변의 실패로 보수파가 재집권했다고 하여 아쉬움을 나타냈다.

을사조약 이후의 항일 투쟁에 관한 서술이 상세하고, 특히 의병 운동을 강조했다. 의병 운동은 척사가 척양이 되고 척양이 척왜가 되는 가운데 을미사변으로 움직임이 있다가 을사조약 이후 본격화되었다고 했다.

특히 주목할 만한 것은 一進會에 대한 비판이다. 을사조약 이후 국권 상실에 이르기까지 일진회가 일제의 주구 역할을 했음을 곳곳에서 비판했다. 일진회는 을사조약 전후해서 일본 정책의 앞잡이 노릇을 했고,[72] 정미 7조약에 의한 군대 해산 이후 급속히 진행된 병합 과정에서도 항상 앞장 섰다고 했다. '한일 합방'에도 일진회가 선봉에 나섰다고 비판했다.

> 이 뒤부터의 國勢는 日本의 抑勒을 向하여 날로 急轉하고, 暗殺의 連出이 이를 促進하여, 마침내 倂合이라는 舊朝鮮史의 一大 段落을 보는데, 一進會는 항상 그 先聲을 질렀다.[73]

여기서 최남선은 연이어진 암살을 일제의 한국 병합을 앞당긴 원인으로 보고 있다. 이러한 입장은 일본 관학자의 『조선사대계』의 인식과 흡사하다. 1908년 3월 23일 田明雲·張仁煥의 미국인 스티븐슨 처단, 1909년 10월 26일 安重根의 伊藤博文 처단, 李在明

---

72) 崔南善, 『朝鮮歷史講話』『全集』1, 73쪽.
73) 崔南善, 『朝鮮歷史講話』『全集』2, 78쪽.

의 李完用 처단 등의 거사가 있었다.『조선사대계』는 이러한 거사
들로 인해 동양 평화를 확보하려는 일본의 정책을 실현하기 어려
워 한국 병합이 불가피했던 것으로 서술했다.[74]

이처럼 일제의 한국 병합에 앞장섰던 인사들에 대한 암살을 합
방을 불가피하게 한 원인으로 인식한 것은, 그가 국권 상실의 원인
을 침략자에 대한 비판이 아닌 내부에서 찾았음을 보여 준다. 일진
회에 대한 비판에도 그러한 인식이 반영되어 있다. 국권 침탈 과정
에서 일진회 비판이 일본 비판보다 앞섰던 것은, 직접적인 비판을
할 수 없었던 시대 상황때문이기도 하지만 망국의 원인을 내부에
서 찾은 인식이 반영되어 있다. 망국의 원인을 내부에서 찾는 것은
멸망의 변론일 수 있다는 데 위험한 진단이었다. 당시 조선의 상황
은 일본이 아니더라도 누구에게라도 멸망했을 것이라는 전제가 깔
려 있기 때문이다.

4. 民族改造論的 역사 인식

『조선역사강화』는 한국인의 한국 역사를 목적으로 서술되었고,
그러한 역사 인식이 도처에 나타나고 있다. 낙랑과의 항쟁을 통해
민족적 자각을 이루었다고 한 것, 고대 일본의 한반도 지배설을 배
제한 것, 한국사의 문화적 가치가 세계적이었다고 한 것, 조선 후
기의 실학을 조선적 자아가 각성된 학문으로 평가한 것, 조선 후기
민중의 각성을 주목한 것, 항일 투쟁을 서술한 것 등을 그러한 예
를 들 수 있다.

---

74) 杉本正介·小田省吾 共著, 1927,『朝鮮史大系 最近世史』, 朝鮮史學會,
   253~254쪽.

그러나 『조선역사강화』는 전체적으로 한국사를 외세 침략의 수 난사로 인식하고 있다. 고구려를 제외하고는 한국사가 외세에 능 동적으로 대처했던 것으로 보지 않았다. 이러한 이유로는 전근대 사에서는 문약과 당쟁의 폐단이, 근대사에서는 개화에의 부적응과 일진회와 같은 내부 분열을 지목했다. 특히 조선 멸망의 원인을 일 본의 침략에서 찾기보다는 내부 분열에서 찾았다. 이러한 역사 인 식에는 1920년대 유행했던 민족 개조론이 반영되어 있었다.

1920년대 초반, 문화적 민족주의자로 분류될 수 있는 지식인들 사이에는 민족성의 장단점을 논하는 사조가 풍미했다. 한국인의 민족성을 부정적·비판적으로 인식한 그들은 정신 개조·인격 개 조를 통해 민족성을 개조해야 한다고 했다.[75] 당시의 민족성 개조 론 자체를 매도할 수는 없다. 민족성에 대한 부정적 인식을 패배적 비관론으로만 몰아 부칠 수는 없는 것이다. 당시 상황에서는 국권 상실의 내적 원인을 찾기 위한 자기 비판적, 자기 성찰적 인식일 수 있기 때문이다.[76]

민족 개조론의 대표자는 이광수였다. 이광수는 『민족개조론』 (1922)에서 르봉의 민족 심리학 이론을 원용하여 한국인의 민족성 을 분석했다. 민족성을 근본적 성격과 부속적 성격으로 나누고, 부 속적 성격은 가변적이나 근본적 성격은 거의 불가변한 것으로 보 았다. 한국 민족의 근본적 민족성으로는 仁·義·禮·勇을 들고, 부속적 민족성으로는 허위·게으름·비사회성·경제적 쇠약·과 학의 부진을 들었다. 민족성 개조란 이 부속적 민족성을 고치자는 것이다.[77]

---

75) 박찬승, 1991, 『한국근대정치사상사연구』, 역사비평사, 215~216쪽.
76) 박정신, 1999, 「실력양성론 – 이념적 학대를 넘어서」 『한국사시민강좌』 25.
77) 박찬승, 1991, 『한국근대정치사상사연구』, 역사비평사, 215~216쪽.

이러한 주장에는 한계가 있었다. 이광수의 민족성에 대한 인식 자체에 문제가 있었기 때문이다. 그는 민족성을 고대 중국인들의 한국인 관찰을 통해 규정했다. 그러나 중국인들의 관찰은 한국이 아직 원시적인 씨족 사회의 모습을 지니고 있을 때의 묘사에 지나지 않았다. 이광수가 한국인의 민족성으로 논한 것은 인류가 일정한 사회 단계에 이르면, 어느 민족이나 공통으로 가지는 특성일 뿐이었다. 인류 공통의 현상을 민족성이라 할 수 없을 뿐 아니라, 일시적인 현상 혹은 부분적인 현상에 지나지 않는 특성을 가지고 한국인 전체 또는 영구적인 민족성이라 규정할 수는 없다. 민족성이란 역사적 변천에 따라서 변하고, 더욱이 선악의 도덕적 판단으로는 가늠할 수 없는 것이다.[78]

민족성 논의는 제국주의 침략이 노골화되면서 활발해졌고 민족성의 우열을 논하는 방향으로 전개되었다. 우열론은 침략 민족에게는 유리하고 피침략 민족에게는 불리할 수밖에 없었다. 침략 민족은 민족성 우열론으로 그들의 정책을 정당화하려 했다. 이광수의 민족 개조론은 이러한 제국주의 침략 이론에 영향을 받고 있었다. 따라서 침략을 받는 입장에 있었던 한국인은 민족적으로 어떤 기대도 가질 수가 없었다. 이 점에서 민족 개조론은 패배적 민족주의라 할 수 있다.[79]

민족 개조론이 성행하던 이 시기에 최남선도 「조선역사통속강화개제」(1922)에서 한국 민족의 단점으로 비사회성을 꼽았다. 그리고 비사회성을 부속적인 단점으로 파악했다.[80] 즉, 개조할 수 있는 대상으로 보았다. 그러나 이 시기의 최남선은 민족 개조론에 별다

78) 李基白, 1994, 『民族과 歷史』, 一潮閣, 119～126쪽.
79) 李基白, 1994, 『民族과 歷史』, 一潮閣, 129쪽.
80) 崔南善, 「朝鮮歷史通俗講話開題」 『全集』 2, 418쪽.

른 관심을 보이지 않았다. 3·1운동으로 감옥에서 출옥한 지 얼마
지나지 않았던 이 시기에 그는 민족 완성 운동과 조선학 운동을 주
창하고 실천하는 데 주력하고 있었다.

그의 민족 개조론에 대한 본격적인 논의는『조선역사강화』의
부록으로 실린「역사를 통하여서 본 조선인」에서 이루어진다. 이
논설은 이광수의『민족개조론』과 함께 민족 개조론을 대표하는 글
로 꼽힌다. 이 논설에 대한 평가는 분분하다. 민족성의 단점을 논
했다는 이유로 그의 패배적 역사 인식 또는 친일적 역사 인식의 전
형을 보여 주는 것으로 평가되기도 하고, 민족성의 단점을 용기있
게 지적한 글로 평가되기도 한다. 발표할 당시에도 이 논설에 대한
비판이 드높아서 단행본『조선역사』(1931) 재판에서는 이 논설을
삭제해야 했다. 그 자신도 민족성의 단점에 대한 논의가 가혹하기
때문에 비판이 일어날 것을 예감했다.[81]

그의 입장은 민족성의 단점을 인식해야 자각할 수 있고, 자각해
야만 신운명을 개척할 수 있다는 데에 있었다. 신운명을 개척하기
위해서는 자각, 반성이 먼저 이루어져야 했다. 자각하고 반성하고
난 후에야 실력을 키울 수 있고, 실력만이 한국을 구할 수 있다는
것이다.[82]

실력을 양성하기 위해서는 단점을 자각하는 것이 중요했기 때문
에 이 논설은 주로 단점을 상세하게 논의했다. 한국사의 장점으로
연면성·문화 가치·도덕성을 꼽았다. 단점은 본질적 단점과 부수
적 단점으로 구분했다. 본질적 단점으로는 사회적 응집력·조직
력·질서성의 부족, 천박한 낙천성, 사상의 위축, 형식병, 실사 구
시 정신의 부족을 들었다. 부수적 단점으로는 대외 의뢰심, 당파병,

---

81) 崔南善,『朝鮮歷史講話』『全集』1, 17쪽.
82) 崔南善,『朝鮮歷史講話』『全集』1, 91쪽.

단합 부족을 들었다. 이러한 결점을 고치지 않으면 독립은 요원했다. "민족적 內容과 實力과 主心과 集團精神은 오래도록 성립을 보지 못하였기 때문에 그 發揮와 顯揚은 아직 문제가 되지 않는다"는 것이다.[83]

「역사를 통하여서 본 조선인」은 「조선역사통속강화개제」와 비교할 때, 민족성 단점의 세목이 훨씬 많아졌고 「조선역사통속강화개제」에서 부차적 단점으로 들었던 비사회성을 본질적 단점으로 분류했다는 차이가 있다. 이는 1920년대 초반과 비교하여 그의 역사 인식이 비관적이고 패배적으로 변화한 것을 알려 준다. 또 그는 이 논설을 통해 민족성의 단점을 한국사에서 구체적인 예를 찾아 논증하려 했다. 한국인이 '民格 有欠의 者'라는 사실을 한국사의 전개가 실제로 보여 준다고도 했다. 이광수와는 달리 역사가였던 그가 자신의 역사 연구를 통해 민족성의 단점을 입증하려 한 이 논설은 이광수의『민족개조론』과 성격을 달리 한다.

이 논설은 1928년 10월 3일『조선역사강화』를 탈고하고 동년 10월 8일 조선사편수회에 들어간 후, 1930년『조선역사강화』를『동아일보』에 발표할 때 쓰여진 것으로 추정된다.『조선역사강화』의 1928년 서문에는 이 논설에 대한 언급이 없다가『동아일보』에 발표하면서 쓴 서문에서 이 논설을 언급했기 때문에 조선사편수회행 이후에 쓰여졌을 것이다. 따라서 이 논설은 조선사편수회행 이후의 그의 친일 논리를 설명하는 단서가 된다. 실제로 그는 1930년 이후 비단 행보에서뿐만 아니라 사상에서도 친일로의 전향이 표면화되었다.

---

83) 崔南善,『朝鮮歷史講話』『全集』1, 86～91쪽.

Ⅱ. 『故事通』

1. 출간 경위

1928년 조선사편수회에 들어간 이래 최남선은 그 행보를 계속했다.『조선사』37권이 출판되어 한국사 편찬 사업이 완료된 1938년에는 중추원 참의가 되었다. 1939년에는 만주국 건국대학 교수로 부임했다. 1943년 11월에는 이광수와 함께 동경으로 가서 학도병 지원 연설을 했다. 학도병 지원 권유차 동경으로 가기 한 달 전인 1943년 10월에 『고사통』은 출간되었다.

이 시기는 대다수의 한국 역사학자들이 집필을 단념하고 은둔해 있었을 만큼 황민화 정책이 극에 달해 있었다. 황의돈은 1942년 오대산 사찰에 은거했고, 장도빈은 1937년부터 고향인 평안도 중화로 은거했고, 권덕규는 1940년 중풍으로 자리에 누워 열중하던 조선어학회 활동도 중단한 상태였다. 안확은 1940년 『조선일보』에 연재한 『朝鮮美術史要』를 마지막으로 행방을 감추었다.[84] 이러한 상황에서 최남선만이 한국 역사서를 출간했던 것이다.

최남선은 일제 통치가 무단화한 30년대 중반 이후에도 한국 역사에 관한 글을 계속 발표하고 있었다. 정상적인 체재의 역사서는 출판할 수 없던 시기였기 때문에 궁리 끝에 다른 체재로 발표했다.[85] 일지 형식을 빌어 1934년부터 1938년까지『中央日報』『每日申報』『每日新報』에 「日史」「每日申譜」「昔年今日」을 연재했다.

---

84) 趙東杰, 1998,『現代韓國史學史』, 나남출판, 221쪽.
85) 해방 후에 최남선은 이 시기 자신의 발표 체재에 대해 언급한 바 있다 (崔南善,『歷史日鑑』『全集』11, 13쪽).

天·地·玄·黃의 순서에 따른「故事千字」의 체재도 이러한 방도
의 일환이었다.『고사통』도 정상적인 체재의 역사서는 아니었다.

1943년 봄, 최남선은 "일본이 태평양 전쟁으로 망하는 것은 분명
하므로 우리 나라는 전쟁이 끝나는 것을 틈타서 독립을 해야겠는
데, 독립 운동을 일으키려면 먼저 우리 나라 젊은 사람들에게 독립
사상을 고취하는 길은 위선 조선 역사를 가르치는 것 밖에 없다"[86]
고 했다. '독립 운동을 하는 셈 치고' 출판한 이 책은 '조선 역사'란
말조차 쓸 수 없었기 때문에 '故事通'이란 제목을 달아야 했다.

『고사통』이 검열을 통과할 수 있었던 데에는 1928년 이래 최남
선의 친일 경력이 작용했다. 그는 조선사편수회 위원, 중추원 참의,
만주국 건국대 교수 등을 역임하면서 일제 당국과 밀접한 관계를
유지하고 있었다.『고사통』은 발간되자마자 석 달만에 3만 부가
매진될 정도로 인기를 누렸다. 또 당시 한국어로 출간된 유일한 한
국 역사서이기도 했다. 그러나『고사통』은『조선역사강화』와는 다
른 변개가 많이 가해졌다.

제목을 일본 막부 시기 국학자 新井白石의『古史通』을 차용했다
고 하는 설이 있다.[87] 그러나 1930년대 후반「故事千字」를『매일신
보』에 연재했기 때문에 자신의 논설에서 제목을 취했을 것으로 본
다.『조선역사강화』와는 달리『고사통』에 대한 평가는 폄하 일변
도이다. '사관 여부는 재고할 바도 못되는'[88] 역사서로, 또 '그의
민족주의 의식이 약화되어 가고 있는'[89] 역사서로 평가되었다.

86) 趙容萬, 1964,『六堂崔南善』, 三中堂, 414~415쪽.
87) 洪以燮, 1968,『韓國史의 方法』, 探求堂, 351쪽.
88) 洪以燮, 1968,『韓國史의 方法』, 探求堂, 351쪽.
89) 李萬烈, 1981,『韓國近代 歷史學의 理解』, 文學과知性社, 158쪽.

2. 구성 체재

『고사통』은『조선역사강화』를 토대로 구성되었지만,『조선역사
강화』의 증보판 또는 재판으로 보기는 힘들다.『고사통』은 분량이
나 내용에 있어『조선역사강화』의 단순 개정판은 아니다. 구성 체
재와 역사 인식에서『고사통』은『조선역사강화』와 궤를 달리 하
는 통사이다.

『고사통』의 서문은 다른 통사에 비해 대단히 짧다.『조선역사강
화』에서는 자부심 넘치는 어조로 긴 서문을 썼던 반면,『고사통』
의 서문은 매우 간략하다. 1943년 2월 15일에 싱가포르가 일제에
의해 함락된 것을 기념하여 출판한다고 밝힌 서문의 전문은 다음
과 같다.

> 社會가 있으면 文化가 있고, 文化는 統序를 좇아서 비로소 理解되
> 나니, 이것이 文化에 관한 史的 知識의 언제 누구에게든지 필요한 所
> 以이다. 不佞이 年來로 이에 關한 약간 論著를 내어 왔으나, 大東亞
> 戰의 今日에 이르러서는 立綱과 取材에 一大變通이 없을 수 없이 되
> 었다. 이에 筆硯을 고쳐 다듬고 恩遽히 이 一篇을 草하니, 荒陋疎錯
> 하여 감히 藝苑의 一隅를 차지한다 하리오마는, 時代의 進運에 뒤떨
> 어지지 아니하려는 苦衷이 혹시 大方의 海容을 얻는다 하면, 그런 다
> 행이 또 있다 하랴.
>
> 星島陷落 紀念日 識90)

　문화를 이해하기 위한 統序로 역사가 필요하다고 하여 문화가
역사를 압도하고 있다. 대동아전의 시대이므로 골격과 사료에 일
대 변통을 하겠다고 했다. 실제『고사통』은 정치사 중심의『조선

---

90) 崔南善,『故事通』『全集』1, 98쪽.

역사강화』를 문화사 중심으로 대폭 변화시켰다.

『고사통』은 『조선역사강화』의 두 배의 분량으로 구성되었다. 『조선역사강화』가 50장 150절인데 비해,『고사통』은 100장 300절이다. 다음은『고사통』에 새로 추가된 50장이다.

第1編　上　古
第1章　上古의 文化　　　　　第3章　白民의 南方 分布
第6章　東海와의 交通　　　　第7章　高句麗와 北族 諸國
第9章　西域 文物의 傳來　　　第11章　東北文化의 弘通
第12章　古代의 南方 交涉　　第13章　新羅의 武士精神
第16章　三國時代의 文化　　　第17章　域外의 震人
第19章　新羅의 名日

第2編　中　古
第24章　海上 諸島　　　　　第25章　蕃人의 歸化
第26章　協同生活團體　　　　第27章　社會施設
第28章　佛教文化의 錯綜　　　第29章　海外의 商船
第30章　麗宋 文化의 交流　　第31章　震域의 巧藝品
第35章　高麗文化의 자랑　　　第36章　高麗의 名日
第38章　麗蒙文化의 交流　　　第39章　麗蒙間의 人物出入
第40章　元宮庭에 있는 高麗人　第41章　回回와의 交涉
第42章　儒學의 興起　　　　　第45章　南海의 交通
第46章　高麗末의 外來 新物

第3編　近　世
第50章　都市建設　　　　　　第53章　測驗의 學術
第54章　編纂事業　　　　　　第55章　厚生政策의 勵行
第56章　厚生機關　　　　　　第57章　南蠻의 來航
第62章　新武器　　　　　　　第63章　藝業의 弘通
第64章　活字의 傳播　　　　　第65章　人口의 流出
第66章　南蠻 物種　　　　　　第69章　羅禪 擊壤
第70章　清朝에 있는 朝鮮人　　第73章　外國貿易
第79章　舊社會의 階級　　　　第80章　婦女生活
第81章　감자와 鴉片　　　　　第82章　李氏朝鮮의 名日

第4編　最　近
第87章　新風潮　　　　　　　第88章　新施設
第96章　光武年間의　新文物　　第97章　裁判制度

추가된 장은 시대로는 고려와 조선에 집중되어 있고 내용으로는
대부분 문화와 문화 교류의 사항들임이 확연히 드러난다.

『고사통』은 전 시대에 걸쳐 새로운 장을 추가했지만, 특히 고려
와 조선에 추가한 장이 많고 근대에 추가한 장이 가장 적다. 고려
와 조선을 확대했기 때문에 『고사통』의 시대별 구성 비율은 『조선
역사강화』와는 달라졌다. 이를 백분율로 환산해서 『조선역사강화』
와 비교하면 다음과 같다.

	上古	中古	近世	最近
『朝鮮歷史講話』	11%	12%	27%	50%
『故事通』	17%	24%	34%	25%

『조선역사강화』는 최근의 비율이 가장 높았지만, 『고사통』은 근
세 비율이 가장 높아졌다. 『조선역사강화』가 근대사 중심으로 구
성된 반면, 『고사통』은 고려사와 조선사, 특히 조선사 중심으로 구
성된 것이다.

또 새로 추가된 장은 대부분 문화사이다. 고대는 말할 것도 없지
만, 고려와 조선에 추가된 장도 거의 모두가 문화사적 내용들이다.
그리고 이들 문화사는 대체로 문화 교류에 관한 내용들이다. 한반
도를 중심으로 동서남북 지역의 인적 교류, 문물 교류에 관한 장들
을 집중적으로 추가했다. 중국과 북방 지역은 말할 것도 없고 일
본·유구·서역·포르투칼·스페인·아라비아·태국 등과의 인
적·문화적 교류 사항들을 추가했다.

3. 서술 특징

실제 서술에서도 『고사통』은 한국사를 문화 교류사에서 접근했다. 전 시대를 통한 한국 문화와 세계 문화의 교류를 중심으로 서술했다. 한국 문화가 세계 문화에 미친 영향, 그리고 세계 문화가 한국 문화에 미친 영향을 강조했다.

상고에서는 동이족이 중국 문화에 준 영향에 대해 서술했다. 중국의 요 임금을 동이족이라 했고, 商(殷)도 동이족의 세운 나라라고 했다. 특히 상의 문화에는 동이족의 영향이 많았다고 했다.[91] 산동반도의 嵎·萊·淮·徐 등의 국가도 모두 동이족이 세운 나라였다. 한국 문물이 중국 문물에 영향을 미친 증거로 중국의 묵을 들기도 했다.[92] 『조선역사강화』에서는 중국 문물의 수용으로 한국사가 문약으로 점철되었다고 비판했지만, 『고사통』에서는 한국 문화가 중국 문화에 미친 영향을 강조했던 것이다.

중고에서는 고려조에 이루어진 세계적 문물 교류를 서술했다. 고려는 『조선역사강화』에서는 가장 폄하되었지만, 『고사통』에서는 문화 교류사적 입장에서 가장 크게 평가되었다. "친구 따라 강남 간다"는 말이 생겼을 만큼 남송과 고려의 교류가 활발했다고 했다. 고려인들의 강렬한 문화적 욕구가 서적 구입으로 나타나 고려의 秘閣에는 외국의 珍籍과 善本이 쌓였다고 했다.[93]

원 지배기의 문화 교류를 크게 평가한 점이 눈에 띈다. 몽고의 언어·풍속이 우리의 민속이 되었고, 몽고에도 高麗樣이라는 고려

---

91) 崔南善, 『故事通』 『全集』 1, 110쪽.
92) 崔南善, 『故事通』 『全集』 1, 120쪽.
93) 崔南善, 『故事通』 『全集』 1, 141쪽.

풍속이 유행했다고 했다. 특히 원을 통해 들어 온 아라비아 문물의
영향을 중시했다.

> 元의 版圖는 歐羅巴와 亞細亞에 걸치고, 그 朝廷에는 世界 各國人
> 이 와서 벼슬살고 있었으므로, 당시 元의 大都는 文化的으로 마치 小
> 世界의 觀이 있었다. … 回回人의 元에 가져온 문물 중에서 가장 두
> 드러진 것은 天文·數學·醫術·砲術·建築術 등으로서 이것들은
> 支那의 學術 發達上에 一新紀元을 그었다. 이 餘流는 대개 고려에까
> 지 미쳐와서, 크건 작건 고려의 문화에 영향을 주고 그 계통의 天文·
> 數學·曆法·觀測儀器 등은 李朝로 계승되어서 대단한 貢獻을 하였
> 다.[94]

원을 통해 들어온 아라비아 문물이 조선 초기의 세종조 문화를
일군 바탕이었다는 것이다. 뿐만 아니라 <高麗 文化의 자랑>이라
는 장을 설정하여 고려 문화가 이룬 세계적 성취로 금속 활자·대
장경·고려 자기를 꼽았다.

근세에도 문화 교류사적인 서술이 많아졌다. 조선이 폐쇄된 나
라가 아니라 세계와의 문물 교류가 지속되었음을 <南蠻의 來航>
<藝業의 弘通> <南蠻物種> <外國貿易>에서 서술했다. 임진왜
란도 한일 문화 교류와 동서 문화 교류의 통로로 평가했다. 임진왜
란을 통해 서양과 남양의 문물이 조선에 들어 왔는데, 이 때 들어
온 서양 문물로 조총·담배·호박·토마토를 들었다.[95]

『고사통』의 문화 교류사적 한국사 인식은 한국사를 세계 문화와
의 관련성 속에 파악했다는 점에서 의의가 있다. 한국 문화가 주변
에 끼친 영향을 상술하여 한국 문화의 세계적 가치를 강조했고, 동
시에 외부로부터의 문화 유입으로 한국 문화가 발전한 것으로 보
았다. 이 점에서 『고사통』은 한국 문화사를 한 단계 올렸다고 평가

---

94) 崔南善, 『故事通』 『全集』 1, 153쪽.
95) 崔南善, 『故事通』 『全集』 1, 183쪽.

할 수 있다.

『고사통』은 문화 교류의 범위를 매우 확장시켰다. 직접적으로는 중국·북방 지역·일본·유구·서역·포르투칼·스페인·아라비아·태국 등을 포함했지만, 이 지역을 매개로 세계의 모든 문화가 한국에 일찍부터 수용되었다고 했다. 문화권 설정은 이미 「불함문화론」(1925)에서 나타나지만, 『고사통』은 불함 문화권의 시간과 공간을 더욱 확장시켰다. 동북 아시아 문화권이라 할 수 있는 불함 문화권은 『고사통』에 이르러 시간적으로는 고대에서 전 시대로, 공간적으로는 동북 아시아에서 전 세계로 확장되었다. 인류학·언어학·민속학·신화학·종교학을 넘나들면서 진행되었던 그의 문화 사관적 연구가 통사로 결실을 맺었다고 할 수 있다.

4. 韓日文化同源論的 역사 인식

최남선은 1930년에 한일 문화 동원론을 제기한 이래 1930년대 중반에 일본 문화 우월론을, 1940년대에는 동북 아시아 문화 동원론을 주장했다. 한일 문화 동원론을 제기하면서 그의 사상은 친일로의 전향이 공식적으로 표면화되었고, 이후 일본 문화 우월론과 동북 아시아 문화 동원론은 친일 논리가 보다 발전했음을 의미한다. 이처럼 자신의 학문내에서 친일 논리가 발전되어 간 것은 문화 보편주의가 극도로 강화되었던 데에 기인한다.[96]

제기할 당시의 그의 한일 문화 동원론은 고대에 국한되어 있었다. 고대에 국한된 한일 문화 동원론을 통사에 반영할 경우, 한일 문화 동원론은 통사 체재를 통해 전 시대로 확장된다. 실제 『고사

---

96) 본서 제1장 Ⅱ 참조.

통』은 한일 문화 동원론을 전 시대로 확장시켰다. 전 시대로 확장
된 한일 문화 동원론은 결국 한일 문화의 혼융을 추구하는 결과를
낳았다. 이 점에서『고사통』은 1930년 이래의 역사 인식의 변화가
반영된 통사였다. 이러한 변화가『고사통』에 어떻게 나타나고 있
는지를 찾아 본다.

먼저,『고사통』은『조선역사강화』의 용어를 변개했다.『조선역
사강화』에서의 <民族의 自覺>을『고사통』에서는 <三國의 鼎立>
으로 바꾸었다.『조선역사강화』에서 <民衆의 自覺>으로 명명했
던 조선 후기의 민중 운동을『고사통』에서는 <民衆의 起動>으로
바꾸었다. 또 '국민 운동'으로 명명했던 동학 운동을 '민중 운동'으
로 바꾸었다. 민족주의적 색채가 강한 민족·자각·국민 등의 용
어를 변개한 것이다.

특히 변개가 많이 이루어진 부분은 한일 관계사이다. '倭寇'가
'海寇'로 바뀌었다.『조선역사강화』에서 광개토왕에 대해 "그 위엄
이 南海 건너 倭(後의 日本)에까지 미쳤다"라고 했던 것을,『고사
통』에서는 "그 餘威가 海上에까지 떨쳤다"라고 바꾸어 일본을 희석
시켰다. 임진왜란에 대한 서술도 바꾸었다.『조선역사강화』에서는
<壬辰의 亂> <丁酉再亂> 두 장에서 두 난이 일어나기까지의 경
과와 이순신의 활약을 상세하게 서술했지만,『고사통』에서는 「壬
辰·丁酉의 戰亂」 한 장으로 줄였고 이순신의 활약도 간략하게
서술했다.[97]

근대의 항일 투쟁에 관한 서술은 모두 삭제했다. 일진회는『조선
역사강화』에서는 한 절을 설정해 비판했지만,『고사통』에서는 절
자체를 삭제했다.『조선역사강화』에서는 <民間의 新運動>에서
서술한 계몽 운동의 반일 투쟁을『고사통』에서는 <文化運動>으

---

97) 崔南善,『故事通』『全集』1, 177쪽.

로 바꾸면서 삭제했다. 이 과정에서 '國債報償運動'을 '문학과 종교'로 대체했다. <隆熙의 代>에서도 한국 병합에 이르기까지의 과정을『조선역사강화』와는 달리 반일 투쟁을 제외하고 서술했다. 『고사통』은『조선역사강화』에서의 한일 관계사를 확대하여 새로운 장들을 추가했다. 이 장들은 공통적으로 한일간의 문화 교류를 다루었다.『고사통』에 추가된 한일 관계사 관련 장을 추리면 다음과 같다.

『조선역사강화』에는 없던 素戔嗚尊과 天日矛가 등장한다. 일본 국학 계열의 일선 동조론자들은 素戔嗚尊 조선 시조설, 즉 素盞嗚尊이 단군이라는 설을 통해 한국과 일본의 혈연적 동질성을 주장했다.[98] 최남선은 素戔嗚尊과 단군이 동일 인물인 것은 인정하지 않았다. 素戔嗚尊을 신라와 연결시킴으로써 素戔嗚尊이 단군이라는 사실을 부정했다. 그러나 素戔嗚尊을 통한 한일간의 물적 교류를 서술함으로써 고대 한일 관계에서의 素戔嗚尊의 의의를 인정했

---

98) 保坂祐二, 2000,「崔南善의 不咸文化論과 日鮮同祖論」『韓日關係史硏究』12.

다.99)

일본으로 건너간 신라 왕자 天日矛를 귀화인으로 서술했다.『아
시조선』에서는 天日矛의 도일이야말로 일본 고대의 대사건으로
일본의 국가적 맹아는 여기서 격발되었다고 했다.100) 또한 신공왕
후를 천일모의 후손이라 하기도 했다.101) 그러나『고사통』에서는
천일모를 귀화인으로 변형시키고 그 후손들을 고대 한일간의 인적
교류의 증거로 삼았다. 脫解, 瓠公, 延烏郎과 細烏女도 고대 한일
교류의 증거였다.

고대 한일간 교류에 대한 강조는『日本書紀』를 인용하여 天日
矛의 玄孫인 田島間守가 제주도로 귤을 구하러 간 사실을 서술한
데서도 나타난다.102) 고구려·백제·신라에서 간 도래인이 상당하
여 일본의 고유 성씨 735개 중에 한국에서 건너간 성씨가 326개를
차지한다는 사실을『新撰姓氏錄』을 인용하여 서술했다.103)

한일의 교류는 고대에 그치지 않고 고려·조선으로도 확대되었
다. 고려에서 대마도는 해상 교통상의 교량적 위치에 있었다고 했
다.104) 남방 해상의 교통 중심지인 琉球와 博多를 통해 西洋布가
조선에 들어 왔다고 했다.105) 조선조에서 한일 교류의 장은 임진왜
란인 것으로 보고, 임진왜란을 통한 한일간의 인적·물적 교류를
상세하게 서술했다.

결국,『고사통』은 새로 추가된 장을 통해 한일 문화 교류를 강조

---

99) 崔南善,『故事通』『全集』1, 113쪽.
100) 崔南善,『兒時朝鮮』『全集』2, 169∼170쪽.
101) 崔南善,「神代의 大植民國家 新羅王子 天日槍－九州로부터 大坂·敦
    賀의 一帶에 子姓이 繁衍하여 廟食綿綿 數千年」『全集』9, 42∼45쪽.
102) 崔南善,『故事通』『全集』1, 120쪽.
103) 崔南善,『故事通』『全集』1, 125∼126쪽.
104) 崔南善,『故事通』『全集』1, 134쪽.
105) 崔南善,『故事通』『全集』1, 173쪽.

하고 전 시대로 확대시킴으로써 한일 문화의 혼융을 추구한 결과
를 낳았다. 문화 교류를 통한 한일 문화의 혼융을 추구하는 가운데
민족주의는 퇴색했다. 또한 교류 범위에 대동아 공영권이 포함되
어 있는 것도『고사통』의 특징이다. 만주국 건국대학 교수로 있을
때 대동아 공영론을 공식적으로 지지한 바 있던 그의 입장이 반영
되었던 것이다.

『고사통』의 역사 인식은 일면 이율 배반적이다. 한국 문화의 가
치를 높여 세계 문화에의 기여를 누누이 강조했으면서도, 동시에
한국과 일본 문화의 혼융을 추구했다. 이러한 이율 배반성은 문화
를 민족보다 앞세웠던 최남선 사학이 식민지 시기에 이른 마지막
지점이었다. 그의 문화 사관은 민족적으로 가장 암담했던 시절에
역으로 한국 문화의 가치를 극도로 높이면서도 지배 국가인 일본
문화와의 혼융을 추구한 통사를 쓰게 했던 것이다.

Ⅲ.『國民朝鮮歷史』

1. 출간 경위

해방과 더불어 억압되었던 한국사 연구의 열기가 터져 나왔다.
식민지에서의 해방은 한국사의 해방을 의미하기도 했다. 해방 다
음날로 震檀學會가 재건되고, 朝鮮史研究會, 歷史學會, 京城大學
朝鮮史研究會가 새로 결성되었다.

한국사 책들도 쏟아져 나왔다. 일제 시기의 저서를 복간하거나

일제 시기의 원고를 단행본으로 출판한 책들이 많았다. 또 일제 시기에는 출판할 수 없었던 독립 운동사 책들이 있었고, 새로운 국사 교재가 필요했기 때문에 교과서용 개설서들이 나오고 있었다.[106]

최남선은 1945년 10월 1일 동명사를 재건하여 다수의 저서를 출판했다. 해방 후 그의 출판물도 일제 시기의 책을 복간한 것, 일제 시기 원고를 단행본으로 묶은 것, 독립 운동사에 관한 저술, 교재용으로 쓴 한국사 개설서 등이었다.[107]

그는 일제 시기 자신의 통사 『조선역사』의 복간을 망설였다. 새로운 통사를 집필하고 있었지만, 당시 인쇄 사정으로는 출판에 시일이 소요되었기 때문에 紙型이 남아 있는 『조선역사』를 『신판조선역사』로 일단 출판했다. 그가 『조선역사』의 복간을 망설인 것은 『조선역사』가 해방된 국가의 통사로는 적합하지 않다고 여겼기 때문이다.

최남선은 잔학한 이민족의 國性 파괴가 한국사에 가장 많이 작용했고, 이렇게 왜곡된 한국사를 바로잡게 된 것에 8·15해방의 의의가 있었다고 했다.[108] 해방된 한국사의 조건을 다음과 같이 제시했다.

> 한국 역사의 解放은 진실로 크고 또 힘드는 일이다. 雜然한 故事의 堆積에 조리를 주고 연락을 붙여서, 거기 국가 사회의 생성한 범주를 찾기도 쉽지 않다. 한국의 세계에 있는 지위와 함께, 세계의 한국에 대한 交涉을 아울러 밝혀서 역사적 민족으로서의 한국인의 품질 능력을 비판하기도 쉬운 일 아니다. 한국인이 구역사에 남겨 놓은 구체적 사실로서 그 장처와 결점을 뚜렷이 표현하여, 그 신역사 창조에 정당한 시사를 줌은 결코 용이치 아니하다.[109]

---

106) 趙東杰, 1998, 『現代韓國史學史』, 나남출판, 321~345쪽.
107) 최남선의 해방 후 출판물에 대해서는 본서 제1장 <해방 후 저술 활동> 참조.
108) 崔南善, 『國民朝鮮歷史』 『全集』 1, 242쪽.

해방된 한국 역사는 신역사의 창조에 도움이 될 수 있는 역사라
야 한다는 것이다. 이를 위해 한국사의 전개를 보다 발전적으로 접
근한 통사가 필요했다.『조선역사강화』의 자기 비판적인 서술,『고
사통』의 한일 문화 혼용론적인 서술을 배제한 새로운 통사가 필요
했던 것이다. 그는 3개월 동안 두문 불출하여『국민조선역사』를
완성했다. 탈고하기는 1945년 11월 20일이었으나 출판은 1947년에
이르러서였다.

그는『국민조선역사』를 토대로 독자 층위에 따라『쉽고 빠른 朝
鮮歷史』(1946),『성인교육 국사독본』(1947),『교과서용 중등국사』
(1948) 등으로 간행했다.『쉽고 빠른 조선역사』는 한글을 깨친 사
람이면 읽을 수 있는 정도로,『성인교육 국사독본』은 일반인 교양
용으로,『교과서용 중등국사』는 학생 교재용으로 출판했다. 이 개
설서들은 1960년대 초반까지 애용되던 교과서였다.

최남선의 개설서들이 교과서로 애용되자, 당시 문교부 편수국장
으로 있던 孫晉泰는 그의 개설서를 교과서로 쓰는 것을 금지시켰
다. 일제 시기부터 손진태는 최남선에 대해 매우 비판적이었다. 최
남선의 변절도 교과서 금지 조치의 원인이겠지만, 손진태가 그의
관념적 사관에 동조하지 않았던 것도 한 원인이었다. 손진태는 근
대 역사가로 白南雲을 가장 크게 평가했을 만큼 사회 경제 사학을
중시했다.[110] 또 그의 신민족주의는 후기 문화 사학과 사회 경제
사학의 접목에서 가능한 사론이었다. 손진태로서는 사회 경제 사
학적 관점이 결여된 최남선의 개설서가 교과서로 유용하지 못하다
고 판단했던 듯하다.

109) 崔南善,『國民朝鮮歷史』『全集』1, 242쪽.
110) 李基白, 1978,『韓國史學의 方向』, 一潮閣, 96쪽.

2. 구성 체재

『국민조선역사』는 『조선역사강화』와 『고사통』의 1장 3절의 형식을 버리고 장만으로 구성했다. 절이 없어짐으로써 서술의 흐름이 강화되었다. 총 128장으로 구성했다. 구성 체재에서 『국민조선역사』는 앞서의 두 통사보다 짜임새가 있다.

먼저, 『국민조선역사』는 정치사와 문화사의 구성 비율이 대등하다는 점을 들 수 있다. 『조선역사강화』보다는 문화사가 늘었고 『고사통』보다는 문화사가 줄었기 때문에 정치사와 문화사가 거의 대등한 비율이다.

다음으로, 시대별 구성 비율이 가장 안배되었다는 점을 들 수 있다. 『조선역사강화』는 근대사 비율이 높고 『고사통』는 조선사 비율이 높았다. 또 두 통사는 공통적으로 고대사 비율이 적었다. 반면, 『국민조선역사』는 고대사를 많이 보완하여 고대·고려·조선·근대의 구성 비율이 두 통사에 비해 대등해졌다. 세 통사의 시대별 구성 비율을 비교하면 다음과 같다.

	上古	中古	近世	最近
『朝鮮歷史講話』	11%	12%	27%	50%
『故事通』	17%	24%	34%	25%
『國民朝鮮歷史』	22%	22%	34%	22%

해방 후여서 일제 시기를 상술해야 함에도 불구하고, 『국민조선역사』에서 근대사를 간략화시킨 것은 『조선독립운동사』를 함께 집필하고 있었기 때문이다. 『국민조선역사』는 1945년 11월 20일, 『조선독립운동사』는 1945년 11월 28일에 탈고했다. 따라서 두 책

은 최남선의 구상에서는 연결되어 있었다. 출판 시기는 『조선독립운동사』가 앞선다. 1946년에 『조선독립운동사』를 먼저 출판했고, 이듬해 『국민조선역사』를 출판했다. 『조선독립운동사』는 강화도조약 이래 일본 침략부터 일제 말기까지의 독립 운동을 다루었다. 『조선독립운동사』를 감안하고 『국민조선역사』에서 근대사 서술을 줄였던 것이다.

『국민조선역사』에는 두 통사에는 없던 새로운 장들이 추가되었다. 새로 추가된 장은 다음과 같다.

고대에 추가한 장이 가장 많음을 알 수 있다. 일제 시기의 두 통사에서는 고대 한일 관계사의 미묘한 부분을 언급하지 않거나 간략

하게 처리했지만,『국민조선역사』에서는 그 부분을 보완했다. 첫
장 <神市>에 단군 신화를 서술하여 자신이 가장 심혈을 기울여
연구한 단군 신화를 처음으로 통사 체계에 넣었다. 부여·삼한·
옥저·예를 각각 한 장으로 설정한 것도 달라진 구성이다. 두 통사
에서는 이 국가들의 위치만 서술했을 뿐인데,『국민조선역사』에서
는 장을 배당했다.

고려와 조선에 추가된 장은 항전에서의 승리, 북경 개척, 영토
분쟁에 관한 내용들이 주류를 이룬다. 몽고 항전에서의 승리, 세종
의 사군 육진 개척, 세조의 두만강·압록강 유역 정비, 울릉도 搜
討 등이다. 근대에 추가한 장도 청과의 국경 분쟁, 울릉도를 둘러
싼 일본과의 분쟁 등이다.

한일 관계사에 관한 장이 달리 추가된 것도 특징이다. 두 통사에
없던 내용을 새로 넣었고, 같은 항목이라도 서술하는 입장이 바뀌
었다. 새로 설정된 장에서는 고대·고려·조선 동안 일본이 한국
문물을 배워간 사실을 강조했다. 특히 왜구에 관한 장이 늘어났는
데, <對倭貿易> <對馬島 征討> <三浦倭變>를 들 수 있다. <獨
立의 싸움>에서 일제 시기 독립 운동과 해방에 이르는 과정을 서
술하여 두 통사의 하한선이 1910년이었던 데 비해『국민조선역사』
는 1945년까지 내려 왔다.

3. 서술 특징

1) 한일 관계사 서술의 변화

두 통사와 비교할 때,『국민조선역사』는 한일 관계사 서술에서
가장 크게 변화했다. 두 통사보다 素盞鳴尊 조선 시조설, 임나 일

본부설, 신공왕후 출병설 등에 대한 입장이 보다 분명해졌다.『고
사통』에서 부분적으로 인정한 素盞鳴尊 신화를 후대의 날조라고
한 것은 이러한 예이다.111)

백제 유이민의 자손이 일본 천황이 되었다고 하여 일본 황실이
고대 한국에 종속된 것으로 보았다.112) 이러한 입장은 임나 일본부
설에도 반영되었다. 고대에 일본이 한국에 식민지를 두었던 것이
아니라 한국이 일본에 식민지를 두었다고 했다.

> 일변 倭의 백성들은 저희 종족이 朝鮮으로부터 건너왔다고 생각하
> 여 우리를 또 姬國이라고 부르는 일이 있었다. 또 太古로부터 우리나
> 라 사람이 많이 流入하여 살고, 특히 東海 건너편의 이른바 山陰 지
> 방에는 新羅의 植民地가 많이 생겨서 그때의 遺跡과 古物을 여기저
> 기 찾을 수 있다.113)

산음 지방에 신라의 식민지가 있었고 그 유적과 유물이 남아 있
다는 이 주장은 후일 고대 한국이 일본 열도내에 分國을 설치했다
는 설로 다시 나타났다.114)

세 통사 어디에서도 임나라는 표현을 쓰지 않고 간접적으로 임
나 일본부설을 배제했지만, 임나 일본부에 대한 그의 직접적인 표
명은 「韓日關係의 歷史的 考察」(1953)에 나타난다. 고대 일본은
한반도에서 식량을 구하기 위해 낙동강 하구 일대에 이른바 임나

---

111) 崔南善,『國民朝鮮歷史』『全集』1, 262쪽.
112) 崔南善,『國民朝鮮歷史』『全集』1, 270쪽.
113) 崔南善,『國民朝鮮歷史』『全集』1, 262쪽.
114) B.C 2~3세기 경 고대 국가가 성립된 후 한군현의 식민지적 고통 속
    에서도 국가 조직을 유지한 남조선 제국민은 일본에 도래하여 본국과
    의 밀접한 관계를 맺으며 일본 열도내에 분국을 설치했다는 설이다
    (金錫亨,「三韓三國의 日本列島內 分國에 대하여」『력사과학』, 1963년
    1호 ; 李萬烈, 1981,『韓國近代 歷史學의 理解』, 文學과知性社, 296~
    297쪽에서 재인용).

의 '屯倉'을 경영한 것으로 보았다. 식량 획득만이라면 임나만으로 족했겠지만, 철을 획득해야 했기 때문에 일본은 신라를 침공하기도 하고 백제와 연합하기도 했다고 했다. 임나 지역에 일본 세력의 근거지가 있었다는 사실은 인정했지만, 한반도와의 물자 교류를 위한 기관일 뿐이지 식민 통치 기관은 아니라는 것이다.[115]

朴堤上 일화가 실린 것도 주목된다. 박제상이 왜국의 신하가 되느니 차라리 신라의 개돼지가 되겠다면서 죽어간 것은 신라의 국민 정신이 발현된 것으로, 이러한 국민 정신이야말로 신라의 삼국 통일의 원동력이라고 했다.[116] 박제상 일화가 있던 시기를 1530년 전이라고 했는데, 이 시기는 5세기 초반으로 일본 학자들이 임나 일본부가 존속했다고 하는 시기이다. 이 시기의 박제상 일화를 통해 신라인의 일본에 대한 적개심과 기개를 표현한 것은 임나 일본부설에 대한 대응으로 보인다.

왜구 정벌을 상세하게 기록한 것도 변화이다. 고려가 현종 10년에 병선을 파견하여 구주 북부를 공격, 500여 명을 죽이고 1,300명을 포로로 사로잡았다는 기록이 처음 등장한다.[117] 우리 나라 자료에는 없는 이 기사를 추가한 것은 한국이 무력에서도 일본에 공세적이었음을 강조하기 위한 의도인 것으로 보인다.

임진왜란에 대한 서술도 변했다. 임진왜란이 일본 근대 문화에 준 영향을 '일본이 武力으로 조선에 留學한 것'이라고 평가하고,[118] 임진왜란이 한국인에게 남긴 일본인에 대한 적개심을 강조했다.

---

115) 崔南善, 「韓日關係의 歷史的 考察」『全集』2, 709쪽.
116) 崔南善, 『國民朝鮮歷史』『全集』1, 263쪽.
117) 崔南善, 『國民朝鮮歷史』『全集』1, 283쪽.
118) 崔南善, 『國民朝鮮歷史』『全集』1, 330쪽.

더욱 倭人의 殘惡性이 隋時 隋處에 發露하여, 짐짓 人物의 殘害, 都邑의 破壞를 행하여 顧忌함이 없는 幾多의 사실은, 길이 '壬辰年의 원수'의 觀念을 朝鮮人의 머리에 깊이 박았다.119)

『국민조선역사』의 한일 관계사 서술은 전체적으로 한국이 일본에 준 영향을 강조하고 있다. 해방 후 그의 한일 관계사 인식은 한국과 일본은 지정학적 관계로 인해 '日本은 언제고 韓國에 보채고 韓國은 이에 대하여 필요한 防衛態勢를 취해야 할 약속'120)에 있었다는 것으로 변화했다.

2) 독립 운동사 서술

『국민조선역사』는 앞서의 두 통사에서는 다룰 수 없었던 일제 시기 독립 운동사를 서술했다. 그러나 이 부분을 <독립의 싸움>이란 장에서 간략하게 처리하고 『조선독립운동사』에서 상술했다. <독립의 싸움>은 『조선독립운동사』를 압축한 내용이다.

그는 독립 운동사를 국제 정세와의 관계에서 접근했다. 『조선독립운동사』의 서문에서 민족 운동은 별개로 벌어지는 것이 아니라 세계의 정세 변화에 달려 있음을 증험하려 했다고 했는데,121) 실제 『조선독립운동사』는 국제 정세의 추이와 연결하여 독립 운동을 서술했다.

일본의 침략도 국제 정세의 추이 속에서 파악했다. 명치유신으로 근대 국가를 정비한 일본은 서구 열강의 침략에 대항하기 위해 자위적 차원에서 한국·중국과 함께 연대하려고 했지만, 청일전쟁에서 승리하여 제국주의 대열에 끼고 더욱이 러일전쟁에서 승리하

---

119) 崔南善, 『國民朝鮮歷史』 『全集』 1, 329쪽.
120) 崔南善, 「韓日關係의 歷史的 考察」 『全集』 2, 705쪽.
121) 崔南善, 『朝鮮獨立運動史』 『全集』 2, 630쪽.

면서 한국에 대한 침략 의도가 분명해졌다고 했다.[122] 러일전쟁에서 일본의 승리로 일본·러시아·영국의 세력 균형에 균열이 생겼고, 영일동맹으로 일본을 견제할 세력이 없어지면서 조선을 침략했다고 했다.[123] 일본이 처음부터 한국을 침략할 의도가 있었다고는 생각지 않았던 것이다.

최남선의 이러한 인식에는 한말 이래의 아시아 연대론 또는 동양 평화론이 해방 후에도 여전히 작용하고 있음을 보여 준다. 일본의 자유 민권파에 의해 제기된 아시아 연대론은 일본·청국·조선이 연대하여 서양 세력의 침략을 막아내야 한다는 것이다. 아시아 연대론은 동양의 선각자인 일본이 조선과 청의 문명 개화를 지도한다는 일본 맹주론을 수반하고 있어[124] 침략적 속성이 내포되어 있었다.

일제의 한국 병탄 과정에 대한 그의 인식은 해방 후까지도 일제 침략을 본질적으로 파악하지 못하고 있음을 보여 준다. 아시아 연대론의 침략적 속성을 해방 후에도 인식하지 못했고, 세력 균형이 무너질 수밖에 없는 제국주의의 본질적인 팽창도 이해하지 못했다. 이 때문에 국제 관계의 세력 균열에만 치중해서 일제의 한국 침탈 과정을 설명했다고 본다.

최남선에게 독립 운동사의 주축은 3·1운동이었다. 이는『조선독립운동사』의 본문 총 30면 중에서 3·1운동에 12면을 할애한 구성에서도 나타난다.[125] 3·1운동이 독립 운동사에서 차지하는 의미가

---

122) 崔南善,『朝鮮獨立運動史』『全集』2, 631쪽.
123) 崔南善,『朝鮮獨立運動史』『全集』2, 634쪽.
124) 박찬승, 1991,『한국근대정치사상사연구』, 역사비평사, 57쪽.
125) 본문은 <上. 倂合過程> <中. 三一運動> <下. 臨時政府>로 구성하고, 부록으로 <統監 及 總督 在任表> <朝鮮獨立運動 略年表> <主要 參考文獻>이 실려 있다. 참고 문헌은 한국측 자료로는『韓國痛史』,『韓國獨立運動之血史』, 韓國獨立運動文類,『東亞日報』, 기타

크다는 데에도 이유가 있지만, 자신이 3·1운동의 거사 단계에 참여하고 「독립선언서」의 작성자인 데에도 이유가 있었다.

제1차 세계대전 종결 후 월슨 미국 대통령의 민족 자결주의에 의한 국제 사조의 변화에 기대를 걸고 일어난 3·1운동은 기본적으로 만세 운동이며 비무장 운동이며 선전 본위의 운동인 것으로 파악했다. 이로 인해 3·1운동은 세계의 동정을 구하는 이상은 될 수 없는 한계를 지니고 있다고 했다.[126] 또한 3·1운동이 월슨의 민족 자결주의에서 촉발되어 베르사이유 강화 조약에서 끝을 맺었다고 하여 3·1운동의 경과를 국제 정세와의 연관에서 파악했다.

그에게 이처럼 3·1운동이 국제 정세와 연관된 독립 운동이었다는 사실은 민족사적으로 매우 중대한 의미가 있었다. 그는 「三一運動의 史的 考察」(1953)에서 3·1 운동의 의의를 두 가지로 정의했다. 하나는 한국 민족이 내부의 차이를 극복하고 일체가 됨으로써 민족 완성을 실현했다는 것이다. 다른 하나는 세계 조류와 손잡았다는 점에서 한국이 세계에 적극적으로 대응한 최초의 사건이라는 것이다.

강화도 조약 이후 갑오경장으로 근대적 체제를 채용하고 일제 시기에 세계색·근대색이 많이 침투했지만, 이러한 과정은 모두 부분적·피동적·자연 추세적이었을 뿐이라고 했다. 한국인 자신이 세계와 손잡고 호흡하려는 적극적 태도는 없었는데, 3·1운동에

등을 제시했고, 일본측 자료로는 『騷擾事件ノ槪況』, 『朝鮮の獨立思想及運動』, 『朝鮮思想運動調査資料』, 『上海在住不逞鮮人狀態』 『朝鮮總督府施政年報』 『倂合二十五年史』 『施政三十年史』 『主要事件豫審決定書及裁判判決書』 등을 제시했고, 일반 사항 자료로는 『社會科學大辭典』 『支那問題辭典』 『朝鮮年鑑』 『東北年鑑』 『時事年鑑』 『滿洲帝國年鑑』 등을 제시했다.

126) 崔南善, 『朝鮮獨立運動史』 『全集』 2, 647쪽.

이르러 처음으로 세계적 추세와 발맞추게 되었다고 했다.[127] 국제 정세의 변화에 대처하지 못해 국권을 상실했다고 인식한 그로서는 무엇보다 국제 정세에 밝아야하는 것이 중요했다. 이러한 인식에서 3·1운동을 한국인이 처음으로 국제 정세를 활용하여 민족 문제를 해결하려 한 사건으로 평가한 것으로 보인다.[128]

3·1운동 후의 독립 운동은 1922년에 사회주의로 분열이 시작되면서 무력 투쟁 중심의 이동휘 계열, 실력 양성 중심의 안창호 계열, 정치 운동 중심의 여운형·이승만 계열로 각기 전개되었다고 했다.[129] 그는 사회주의 계열의 독립 운동은 '사회 운동'으로 표현하여 '민족 운동'과 구분했다. 사회 운동과 민족 운동이 1927년에 단일한 전선을 형성하여 신간회를 결성했지만 별다른 효과를 보지 못한 것으로 평가했다.[130]

---

127) 崔南善,「三一運動의 史的 考察」『全集』2, 754쪽.
128) 「독립선언서」 작성자였던 최남선의 3·1운동 인식을 살펴 보는 것은 중요하다. 그는 말년에 「三一運動의 現代史的 考察」(1956)에서 자신이 「독립선언서」를 작성할 때의 원칙을 네 가지로 정리했다. 특히 주목되는 것은 「독립선언서」의 첫 구절 "吾等은 玆에 我朝鮮의 獨立國임과 朝鮮人의 自由民임을 宣言하노라"가 일본을 향한 선언이 아니라 중국의 종주권을 부인하기 위한 선언이었다는 것이다. 또한 배일심과 애국심을 구별한 것, 동양 평화와 세계 평화의 필요성 위주로 독립을 강조한 것은 그의 원칙이 관념적이고 도덕적인 이상에 치우쳐 있음을 보여 준다. 최남선의 「독립선언서」는 그의 준비론적 사상과 연계지어 다시 분석할 필요가 있다.
129) 崔南善,『朝鮮獨立運動史』『全集』2, 650쪽.
130) 최남선은 신간회 운동에 참여한 것은 아니지만, 움직임은 소상하게 알고 있었다. 신간회 결성 움직임이 있던 1926년 겨울 무렵, 최남선은 홍명희를 비롯한 비타협적 민족주의자와 최린 등의 자치론자들의 의중을 연결하는 역할을 하고 있었다. 1927년 신간회 결성 이후 최린의 자치 운동 움직임으로 분열의 조짐이 보이자, 최남선은 홍명희에게 자치 운동이 구체화된다면 신간회 회원의 반수는 이에 참여할 것이고, 나머지 반수도 민족주의자와 사회주의자로 양분될 것이라고 충고

사회 운동과 민족 운동을 구분하고 안창호 계열의 독립 운동을 가장 현실성 있는 운동으로 본 최남선이지만, 김일성은 만주 지역 독립 운동사에서 가장 영웅적인 인물로 평가했다.131) 김일성의 무장 투쟁을 다른 독립 운동에 비해 대단히 상술했고, 김일성의 1937년의 보전 전투를 일대 센세이션을 일으킨 사건이라 했다.132)

그는 만주국 건국대학 교수로 재임했을 때 김일성과 인연이 있었다. 만주국은 항일 무장 단체를 회유하기 위해「金日成 등 反國家者에게 勸告文」(1941)이라는 권고문을 뿌렸다. 이 권고문은 東南地區特別工作後援會本府가 작성했는데, 최남선이 고문으로 있었다. 이 때문에 그가 이 권고문을 썼다고도 주장하는 사람도 있다.133) 그를 회유하는 권고문에 서명한 전력이 있었는 데다가, 해방 후 친일 행적으로 비판받아 두문 불출하고 있던 그로서는 의식적으로 당시 북한 정권의 핵심 인물이었던 김일성을 추켜 세웠던 것으로 여겨진다.

이 밖에 주목되는 것은 1930년대 중반 자신의 일제 심전 개발 정책의 지지를 독립 운동의 방략으로 서술한 대목이다. 당시 그는 일본 신도를 보급할 수 있는 토대로 한국의 무속을 제시했고 일본 신도의 보급 운동에도 참여했다. 이 때의 자신의 행동을 '當局이 心田開發을 제기하면 이를 國魂 喚醒으로 轉向하는 등'134)이라고 하여 독립 운동의 일환으로 표현했다.

했다(박찬승, 1991,『한국근대정치사상사연구』, 역사비평사, 339~342쪽). 그의 충고에서 나타나는 것처럼, 그는 신간회 운동이 결실을 맺을 것으로는 생각지 않았다.
131) 崔南善,『朝鮮獨立運動史』『全集』2, 655쪽.
132) 崔南善,『朝鮮獨立運動史』『全集』2, 657쪽.
133) 宋建鎬, 1984,『韓國現代人物史論』, 한길사, 402쪽. 이 권고문은『三千里』1941년 1월호에 전문이 실려 있다.
134) 崔南善,『朝鮮獨立運動史』『全集』2, 652~653쪽.

4년 후, 1949년에 반민특위에 제출한 「자열서」에서 최남선은 이 문제에 대해 설명한 바 있다. 자신이 심전 개발 정책을 지지한 목적은 단군 신앙을 보급시키는데 있었다고 항변했다. 동시에 일본 신도의 논리로 일제 당국을 설득시켜 단군 신전을 건설하려 했던 자신의 의도는 '심히 危殆한 行程'이었다고 자인했다.135) 『국민조선역사』에서의 심전 개발 정책에 대한 서술에는 자신의 친일이 전략적이었음을 주장하려는 뜻이 담겨 있는 것으로 보인다.

4. 대외 팽창적 역사 인식

『국민조선역사』에는 한국사가 적극적인 대외 항쟁을 통해 발전해왔다는 역사 인식이 작용하고 있다. 그러나 이러한 대외 항쟁적 역사 인식은 대외 팽창적 역사 인식으로 선회하고 있다. 대외 팽창적 역사 인식으로의 선회야말로 식민지 해방이 가져다 준 역설적인 변화였다.

장 제목부터 변화했다. 앞서의 두 통사에서 <隋와 唐의 入寇>였던 것이『국민조선역사』에서는 <隋를 꺾다> <唐을 누르다>로 바뀌었다. 두 통사에서는 '徐熙와 姜邯贊'에서 간략하게 처리한 서희의 거란과의 외교 담판을 <鴨綠江 以東을 얻다>라고 표현했다. 두 통사에서 <女眞과의 關係>였던 것이 <女眞의 服屬>으로 바뀌었다. 『고사통』에서의 <南國의 來航>은 <南國의 來朝>로 바뀌었다.

외세 침략에 대한 인식이 현격하게 달라졌다. 일제 시기 두 통사에서는 한국사는 외세 침략으로 점철된 수난사였다. 반면, 『국민조

---

135) 崔南善, 「自列書」『全集』 10, 532쪽.

선역사』에서는 외세 침략은 한국 민족의 저항력을 시험하는 과정일 뿐이었다. 임진왜란도 한국 민족의 저력을 시험했을 뿐이고,[136] 일제 강점기도 한국인의 '强忍透徹的 反撥力을 증명하는'[137] 것 이상이 아니었다.

왕조의 멸망에 대한 인식도 달라졌다. 한국의 어떤 왕조도 외세의 강력함에 의해서 망한 적은 없고 모두 내분으로 멸망했다고 했다. 고구려 멸망은 신라나 당에 의해서가 아니라 내부로부터 붕괴한 것에 지나지 않았고,[138] 위만 조선의 멸망도 내분에 의해서였다.[139] 또한 원은 고려를 힘으로 굽힐 수 없었기 때문에 친척으로 만들어서 근심을 없애려고 했다고 했다.[140] 한국사에서 왕조 멸망은 내분에 기인할 뿐 국력이 약해서였던 적은 없었다는 것이다.

그의 대외 팽창적 역사 인식은 한국사의 전개 방향이 북방에 있다고 한 데서 여실히 드러난다. 북방에서 출발한 한민족이 통일을 이루기는 응집력이 강한 남방에서였지만, 신라 통일 이후에도 한국사의 축심은 북방으로의 진출에 있었다고 했다.[141] 고려와 조선 동안에도 쉼없이 北境 개척이 이루어졌고, 조선 말엽의 서북 간도와 연해주로의 한국인 이주 또한 북경 개척의 일환이었다.[142]

최남선은 간도에 관심이 많았다. 『조선역사강화』에서부터 간도를 별도의 장을 설정하여 다루었다. 숙종대의 백두산 정계비 문제, 1902년 간도의 조선인을 관리하기 위해 李範允을 北邊間島管理에 임명한 과정, 1909년 일본이 南滿洲鐵道의 安奉線 부설권을 획득

---

136) 崔南善, 『國民朝鮮歷史』 『全集』 1, 328쪽.
137) 崔南善, 『國民朝鮮歷史』 『全集』 1, 371쪽.
138) 崔南善, 『國民朝鮮歷史』 『全集』 1, 299쪽.
139) 崔南善, 『國民朝鮮歷史』 『全集』 1, 255쪽.
140) 崔南善, 『國民朝鮮歷史』 『全集』 1, 298쪽.
141) 崔南善, 『國民朝鮮歷史』 『全集』 1, 371쪽.
142) 崔南善, 『國民朝鮮歷史』 『全集』 1, 356쪽.

할 목적으로 간도를 청나라에게 내준 과정을 상세하게 서술했다. 일본이 두만강을 조선과 청의 국경으로 하고 간도를 청국 영토로 확인하는 조약을 체결한 데 대해 매우 통분해 했다.

> 한국이 弱小國으로도 27년 동안 抗爭하여 굽히지 않던 문제를 強國 自處하던 일본은 外交權을 代行한다고 한 지 未滿 4년에 一時 利害를 위하여 얼른 讓屈함이 이러했다. 그러나, 韓國人의 自然發展力은 外交關係의 구속을 받는 일 없이 北間島는 새로에 西間島-南北滿洲-西比利亞-蒙疆의 諸地를 向하여 韓國의 事實的 延長을 계속 實現시켜 나갔다.143)

일본이 간도를 청에 내준 후에도, 북간도·서간도·남북 만주·시베리아·몽고 지역에 대한 한국 영토의 '사실적 연장'은 계속 실현되었다는 것이다.

그가 간도와 연해주를 사실상의 한국 영토로 간주한 것은 이 지역이 挹婁·沃沮·高句麗·渤海가 흥기하고 활동한 지역이기 때문이다. 결국 신라의 삼국 통일 이래 상실한 구토를 되찾자는 것이다.

그의 구토 회복 의식은 이 시기에 출판된 그의 개설서들에 공통적으로 나타나고 있다. 『쉽고 빠른 조선역사』에서는 신라 이래 북경 개척으로 조선조에서는 두만강·압록강까지 진출했으니, 계속 북방으로 진출하여 고구려 땅을 회복하자고 주장했다.144) 『성인교육 국사독본』에서는 북방으로의 진출이 역사적 소임이라고 했다.

> 우리 조상의 끼치신 살림이 북방에 있으며, 또 우리 영원 무궁히 늘어 붙는 자손을 연해 연방 세간낼 자리가 북방에 있다. 형식은 어떻게 차리든지 북방으로 발전해야 할 사실상의 요구는 조선 민족이 있는 동안 언제고 변개될 리가 없는 것이다. 과거의 우리 조상들이 이 역사

---

143) 崔南善, 『國民朝鮮歷史』『全集』 1, 374쪽.
144) 崔南善, 『쉽고 빠른 조선역사』『全集』 1, 418쪽.

적 소임을 충실히 담당해 온 것처럼, 우리와 및 우리의 자손들도 만족
하게 이 절대적 의무를 다해야 할 것이다.[145]

일제 시기 그의 한국사 인식은 민족주의 역사가들의 만주 중심
과는 달리 한반도 중심이었다. 단군을 반도내로 비정했고, 남북국
설을 채택하지 않았고, 한사군을 반도내로 비정했다. 그의 한반도
중심의 한국사 인식 체계가 해방과 더불어 만주 중심으로 이동하
고 있는 것이다. 제국주의에서의 해방이 그를 역으로 한국의 제국
주의적 팽창을 주장하게 하고 있다.

---

145) 崔南善, 『성인교육 국사독본』『全集』 1, 444쪽.

결론

본서는 최남선 사학을 전체적 구도와 흐름에서 조망한다는 입장을 견지하면서, 최남선 사학의 배경, 역사 연구 방법론, 단군론, 통사론을 분석했다. 이를 통해 근대적 연구 방법론을 적용하면서 그의 사학은 근대성을 확보해 갔지만 동시에 친일 논리를 발전시켜 갔다는 점을 중점적으로 논의했다. 이러한 변화는 그의 사학이 문화 보편주의를 강화시켜 나간 데 기인한 것으로 논지를 전개했다. 이상의 논의를 요약하면 다음과 같다.

제1장에서는 최남선 사학의 배경으로 생애와 사상을 살펴 보았다. 그의 가문은 19세기에 기술관 중인으로 정착하여 할아버지대부터 운과의 지리학을 세전했다. 아버지 최헌규는 기술관 중인으로 칙임관까지 올랐던 인물로, 한약 건재 도매상으로 부를 축적하여 자식 여섯 가운데 셋을 일본으로 유학시킬 만큼 개화기에 민첩하게 대응한 인물이었다.

한국이 일본의 영향권에 들어가던 시기에 태어나고 성장한 최남선은 일본을 통해 신지식을 흡수했다. 그는 두 차례 일본 유학을 했지만 정식 학교 교육은 8개월 정도에 지나지 않았다. 두 차례의 일본 유학에서 최린·이광수·홍명희·안창호를 만난 것은 그의 생애에 지대한 영향을 미쳤다. 특히 안창호와의 만남은 그의 사상과 활동에 결정적인 영향을 미쳤다.

20대에 최남선은 신문화 운동에 주력했다. 19세에 신문관을 설립, 근대적 잡지를 발간하여 출판 계몽 운동을 일으켰다. 그가 출판한 잡지 중에서 『소년』과 『청춘』은 의미가 깊었다. 『소년』은 우리 나라 최초의 근대적 잡지이면서 청년학우회의 준기관지였고, 『청춘』은 무단 통치기였던 1910년대에 유일하게 발간된 잡지였다. 또한 조선광문회를 설립하여 국학 진흥의 터를 잡았다. 조선광문회를 통해 전적에 해박해지고 대종교 계열의 박은식·김교헌·유근과 교류한 것은 최남선의 역사 연구에 많은 영향을 미쳤다.

그의 생애의 분수령은 3·1운동이었다. 3·1운동에서 민족적 열망을 체험한 최남선은 20대의 '문명'에서 '민족'으로 사상의 중심축을 옮겼다. 또 3·1운동을 전후하여 자신의 필생의 업을 역사 연구로 결심했다. 민족 대표 47인 중 1인으로 2년 8개월 투옥되었다가 출옥 후에는 동명사를 설립하여 『동명』을 발간했다. 1924년 『시대일보』를 창간했지만 사회적 물의가 일어나면서 창간 1년도 안 되어 물러나야 했던 것은 역사 연구에 전념하게 된 계기였다.

1925년 「불함문화론」을 탈고한 이래 1928년까지 「단군론」 「아시조선」 「백두산근참기」 「심춘순례」 「금강예찬」 「살만교차기」 「삼국유사해제」 「백팔번뇌」 등 그의 대표작들이 쏟아져 나왔다. 1928년 9월에는 마운령비를 발견하여 논란이 되고 있던 신라의 북방 경계선을 확정했다. 이 시기에 그의 조선학 운동은 학문적 결실을 맺었고, 조선학 운동의 방편으로 진행된 역사 연구도 전성기를 맞이했다.

그러나 1928년 10월 조선사편수회에 들어가면서 친일 활동이 시작되었다. 이후 그는 중추원참의·박물관설비위원·고적보물천연기념물보존위원·역사교과서편정위원을 역임하면서 일제 당국과 긴밀한 관계를 유지했다. 일제의 심전 개발 정책이 시작되었을 때는 자신의 단군론을 일본 신도 보급의 근거로 제시했고, 만주국 건국대 교수로 부임한 후에는 동북 아시아 신화의 공통성을 대동아 공영론의 근거로 제시했다. 1943년에는 동경으로 가서 학병 지원 권유 연설을 했다.

친일 활동을 하면서도 한국 역사를 일반인에게 알리려는 노력을 계속했다. 일반인들에게 한국사를 쉽게 읽히기 위해 쓰여진 『조선역사강화』는 뛰어난 서술력과 짜임새 있는 체재의 통사였다. 일제의 검열이 강화되자, 신문에 日誌라는 형식으로 한국사 기사를 발표했고, 라디어 강연을 통해서는 국토 사랑과 고적 애호를 주창했다. 전시 체제가 정점에 이르렀던 1943년에는 한국어로 쓰여진 유일한 한국 역사서인 『고사통』을 발간했다.

해방 후 최남선은 반민족 행위자로 지목되어 반민특위 재판을 받는 등 비판받았지만, 동명사를 재건하여 일제 시기 원고를 단행본으로 출판하고 새로운 저서를 쓰는 일에 몰두했다. 해방 후의 대표작으로는 『국민조선역사』『조선독립운동사』『국난 극복의 역사』가 있다. 6·25전쟁이 터지면서 이시영·김교헌의 장서가 포함된 그의 국보급 장서 17만 권이 불타버리고, 자식 셋이 피살되고 행방불명되는 불행을 겪었다. 그러나 6·25전쟁은 그에게 활동 재개의 계기가 되어 해군전사편찬위원회 일을 했고, 휴전 후에는 국군 각 부대의 한국사 강연에 나가기도 했다. 1955년 뇌일혈로 쓰러졌고, 1957년 10월 68세를 일기로 영면했다.

그의 사상은 문명 진보론·민족 자각론·문화 우위론으로 나누어 분석했다. 우승 열패의 시대에서 살아남기 위해서는 근대 문명과 근대 도덕을 받아 들여야 문명화, 즉 근대화할 수 있다는 문명 진보론은 최남선 자신이 문명 진보라는 용어를 사용했기 때문에 명명했다. 문명 진보론은 양반 정신의 타파, 과학·기술의 진보, 산업의 진흥을 내용으로 하고 있었고, 그 덕목으로는 진보적 정신·노력·근면·용기를 들었다. 사회 진화론에 토대한 그의 문명 진보론은 국권 상실을 진보적 집단에 의한 비진보적 집단의 타파로 인식한 데서 나타나듯이 제국주의에 대한 비판 의식은 약했다.

3·1운동으로 전환점을 맞은 그의 사상은 민족 자각론이라 명명했다. 3·1운동 후 그는 문명 진보보다도 3·1운동에서 발견한 민족적 자각을 완성시키는 것을 중시하면서 민족 완성 운동을 제창했다. 문명 진보라는 것도 민족적 자각 이후에야 가능하다고 한 '문명' 아닌 '민족'으로의 사상적 전환은 1920년대 중반에 조선학 운동으로 꽃피웠다. 조선 정신·조선심·조선아·조선 생명을 내용으로 하는 조선학 운동은 모두 민족적 자의식의 각성을 촉구하는 민족 자각론에 바탕하고 있었다. 그의 민족 자각론은 당시 진보 사상으로 대두하고 있던 사회주의를 신랄하게 비판하는 데서 나타나듯이 부루조아 우파의 실력 양성론과 맥락을 같이 하여 준비론적 성격을 띠고 있었다. 그의 민족 자각론은 민족적 자각을 이루어서 언제고 올 독립을 준비해야 한다는 사상이어서 문화 운동으로만 나타날 수밖에 없는 한계가 있었다.

민족 자각론의 한계는 문화 우위론과의 관계에서 뚜렷하게 나타났다. 문화를 민족보다 상위에 놓은 그의 사상을 문화 우위론이라 명명했다. 민족은 상대적이고 한시적이지만 문화는 보편적이고 유구하다는 문화 우위론은 정치적 독립을 배제하고 문화적 가치만을 추구한 사상이었다. 이러한 문화 우위론은 그의 역사 연구가 문화 연구로 진행된 배경이었고, 1930년대에는 친일의 사상적 배경이었다. 민족적 개체성보다는 문화적 동질성을 추구하면서 한일 문화 동원론을 제기했고, 결국 일본 문화 우월론에 이르게 되었다. 그러나 그에게 문화론과 민족론은 별개여서 한일 문화의 동질성은 주장했어도 한일 민족의 동질성은 부정하여 민족적 정체성만은 고수했다.

제2장에서는 최남선 사학의 토대를 이루는 역사 연구 방법론을 분석했다. 그의 역사 연구 방법론은 다양한 근대 학문들을 수용하면서 수립되었고, 특히 민속학·인류학·신화학·고고학이 결정적인 역할을 했다.

인류학은 그의 사학에 가장 주효하게 작용했다. 그의 사학의 백미라고 할 수 있는 해석들은 대부분 인류학적 개념을 활용한 데서 도출되었다. 불함 문화권이라는 kulturkreis 설정, '밝' 사상과 태양 거석 문화론의 연결, 단군과 그 시기의 신앙 형태를 shaman·magic-religious·animism으로 설명한 것, 단군 신화의 곰과 호랑이를 totem·taboo로 해석한 것, 웅녀와 환웅의 결혼을 exogamy로 해석한 것, 단군 시기를 period of matrilineal로 해석한 것 등이 모두 그러했다.

신화학은 최남선 자신은 민속학에 포함시켰고 인류학으로도 분류할 수 있지만, 그의 사학에 끼친 영향이 컸기 때문에 별도로 논의했다. 비교 연구로 진행된 그의 신화학 연구는 단군 신화를 비롯한 한국 신화 이해에 크나큰 진척을 이룩했다. 일본 신화와의 비교 연구를 통해 단군 신화의 천부인 3개를 거울·검·구슬로 추정했다. 환웅전과 단군전을 이원적으로 파악하여 단군 신화 연구에 활로를 개척했던 것, 그리고 환웅 신화를 동북 아시아의 공통적인 천강 신화로 파악할 수 있었던 것은 모두 그의 신화학적 연구 방법이

거둔 성과였다.

일제 시기 고고학은 문화 전파론에 입각해 있었기 때문에 문화 전파론을 토대로 문화권론을 주장한 그의 사학에 적합한 학문이었다. 그는 일제의 고적조사사업에 대한 충격으로 조선학을 제창했을 만큼 고고학을 중시했고, 일제에 의한 고고학 발굴을 자신의 학설을 확증하는 데 활용했다. 그 중에서도 지석묘는 그의 학설에 결정적으로 작용했다. 남방계와 북방계가 공존한 한국의 지석묘 분포는 한국이 세계 문화의 집성지라는 그의 주장을 확증하는 근거였다. 또 대동강 지역의 지석묘 밀집은 단군 조선을 대동강 유역으로 비정한 그의 주장을 확증하는 근거였다.

그의 역사 연구 방법론이 전형적으로 적용된 양상을 그의 대표적인 논설을 통해 분석했다. 문화 사관과 그 연구 방법론을 논한 「조선역사통속강화개제」(1922)는 최남선 사학의 출발을 알리는 지표였다. 당시 근대 사학이 고증적 방법과 언어학적 방법 외에는 다른 연구 방법을 모색하고 있지 못할 때, 이 논설에서 논해진 연구 방법론은 근대 사학사에서 차지하는 의의가 컸다. 이 논설의 연구 방법론은 문화 연구에 필요한 학제적 연구 방법을 주축으로 하고 있었다. 또한 민족성을 역사 연구의 자료로 파악했던 것은 민족 개조론이 연구 방법론을 매개로 그의 역사 연구에 연결되었음을 보여 주었다.

「조선역사통속강화개제」에서 논해진 연구 방법론이 최초로 적용된 논설은 「불함문화론」(1925)이었다. 「불함문화론」에는 인류학적 방법과 언어학적 방법이 적용되었다. 「불함문화론」은 인류학의 다원적 문화 전파론과 일원적 문화 전파론을 모두 수용했다. 다원적 전파론에 입각해서 문화권을 설정했고, 일원적 전파론의 태양 숭배 이론으로 자신의 '밝' 사상을 해석했다. 문화권의 권역 추정은 언어 분석을 통해 이루어졌다. '밝'의 類言을 추적하여 불함 문화권의 권역을 설정했고, '당굴'의 類言을 분석하여 불함 문화권에서의 종교적 사제장이자 정치적 수장인 단군의 성격을 규정했다. 「불함문화론」은 동북 아시아 문화권에서 한국을 중심에 놓고 일본을 주변에 배치시켜 일본에 대한 한국의 문화적 위상을 높임으로써 일본 국학자의 일선 동조론에 대항한 논설이었다.

「삼국유사해제」(1927)는 민속학적 견지에서 문헌 고증을 가한 논설로 일본 학자들의 단군 부정론을 논파하기 위해 쓰여졌다. 민속학적 관점에서 『삼국유사』의 사료적 가치를 접근하여 『삼국유사』가 원시 신앙과 사상을 원형 그대로 보여 주는 사서임을 논증했다. 『삼국유사』의 기록이 후대에 날조·가필되었다는 일본 학자들의 주장을 논박하기 위해 『삼국유사』의 인용서를 치밀하게 분석하여 『삼국유사』가 전거에 충실한 사서임을 증명했다. 이를 통해 단군 기사가 인용된 '魏書'와 '古記'가 실재했던 사서임을 논증하여 일본 학자들의 '위서' '고기' 날조설을 논파했다. 또한 『삼국유사』 교감에도 전력하여 동경대학본·경도대학본·송석하본·조선광문회본를 대본으로 삼아 『신정 삼국유사』를 출판했다.

그의 연구 방법에서 일대 진척을 이룬 논설은 「살만교차기」(1927)였다. 이 논설에 이르러 그간에 불분명했던 제 학문에 대한 이해가 분명해졌다는 점에서 그의 연구 방법이 완성된 시점을 보여 주고 있었다. 만주·시베리아 지역의 샤머니즘을 다룬 이 논설은 「불함문화론」을 보완하기 위해 쓰여졌다. 「불함문화론」에서 단군 샤먼론을 제기하기는 했으나 '당굴'의 언어학적 유추만으로는 논거가 박약했기 때문에, 한국의 무속을 동북 아시아의 샤머니즘과 연결하면서 단군 신화에 샤머니즘적 해석을 가했다. 이를 통해 단군 신화를 샤머니즘의 신관과 세계관으로 해석하여 단군 신화 자체에는 결여되어 있던 신관과 세계관을 추론할 수 있었다.

그의 역사 연구 방법론에 영향을 미친 학문들은 모두 문화 보편주의에 입각해 있었다. 문화 보편주의에 토대한 역사 연구는 행적을 둘러싼 친일 시비에도 불구하고 후대에 지속적인 영향을 미치는 성과를 낼 수 있었다. 그러나 그의 문화 보편주의적 연구 방법은 진척될수록 보편주의로 경사되어 민족주의를 탈색시켰다. 문화 보편주의를 추구하면서 일본과 한국의 문화적 동질성에 대한 의식도 강해졌기 때문이다. 문화적 보편성의 확보와 친일로의 경사는 그가 적용한 연구 방법 모두에서 찾을 수 있었다.

인류학적 방법의 도입은 동북 아시아 문화권론으로 시작된 불함 문화론을 세계 문화론으로 변화시켰고, 불함 문화권의 중심도 일본으로 이동시켰다. 또 그의 단군론도 민족적 시조로서보다는 보편적·문화적·종교적 성격을 부각시킨 문화적 단군론으로 귀결되었다. 신화학적 방법으로 진행된 연구는 한일 문화 동원론을 도출했고, 환웅 신화의 동북 아시아적 공통성은 대동아 공영론을 지지하는 학술적 근거가 되었다. 일제의 고적조사사업에 의존했던 고고학적 방법도 마찬가지 결과를 낳았다. 낙랑 유적의 발굴을 통해 한국사의 타율적 시작을 증명하려 한 고적조사사업의 의도가 그의 한국사 인식에 고스란히 반영되어 낙랑 문화의 우수성이 한국 문화에 미친 영향을 중시했다.

제3장에서는 최남선 사학을 대표하는 단군론을 분석했다. 그의 단군론이 형성된 배경을 신채호의 단군론, 대종교의 단군 신앙, 일본 학자들의 단군 부정론으로 나누어 살펴 보았다. 한말 이래의 '단군 민족주의'를 근대 한국사 체계로 수용한 신채호의 「독사신론」(1908)은 최남선의 1910년대 단군 인식에 많은 영향을 주었다.

최남선의 단군론은 1920년대에 본궤도에 오르고, 신채호의 단군론
도 1920년대에 「독사신론」과는 달라졌다. 그러나 20년대 두 사람
의 단군론은 유사한 점이 많았다. 단군이 仙敎를 매개로 하고 있다
는 점, '당굴'과 '수두'가 소도의 天君에서 유추되었다는 점, 단군
시대의 신앙을 광명 숭배 신앙으로 파악하고 있다는 점에서 유사
했다. 그러나 신채호의 단군론은 정치적 권위가 중시된 대단군주
의였고, 최남선의 단군론은 단군 자체는 대단군주의로 확장하지
않았고 단군의 정치적 권위보다는 문화적·종교적 성격을 중시했
다는 점에서 차이가 있었다. 또 신채호가 만주 중심의 단군 조선을
주장한 반면 최남선은 반도내의 단군 조선을 주장했다는 점에서
두 사람의 단군론은 결정적으로 차이가 났다.

　두 사람의 단군론이 유사성을 띠게 된 것은 두 사람 모두 대종교
의 영향을 받았던 데에 기인한다. 최남선은 대종교도였던 것으로
추정될 만큼 대종교와의 관련이 깊었다. 조선광문회에서의 2대 교
주 김교헌과의 교류, 대종교의 단군 신앙 운동에의 적극적 참여,
만주에서의 3대 교주 윤세복과의 만남, 만주국 건국대 교수 시절
대종교의 포교권을 만주국 정부에 주선한 것 등을 미루어 볼 때,
그는 대종교와 밀접한 관련을 맺고 있었다. 대종교의 영향으로 그
의 단군론은 종교적 성격을 띠게 되었고, 단군을 신앙 대상으로 자
리매김하려 노력했다.

　그러나 그가 근대적 연구 방법으로 단군을 연구하게 된 직접적
인 계기는 일본 학자들의 단군 부정론에 있었다. 단군 부정론자
들은 조선사편수회에 대거 포진해 있었기 때문에 그들의 단군 부
정론은 한국사 편찬과 학교 교육에 실제 적용되고 있었다. 일본
학자들의 단군 부정론은 일본내에서의 일선 동조론을 차단하기
위한 반론으로 제기되고 있었고, 이 과정에서 보다 정치해지고

있었다. 那珂通世와 白鳥庫吉이 시작하고 今西龍이 더욱 세밀화
시킨 단군 부정론을 논파하기 위해 최남선은 한국 학자로는 처음
으로 본격적인 반론을 제기하면서 단군 연구를 시작했다.

1910년대 그의 단군론은 정치적 군장으로서의 단군 인식 단계
로, 민족주의 사학의 단군 인식을 계승하고 있었다. 단군 조선의
대강역, 이 대강역을 통치하는 군주로서의 단군을 인식했다. 이 단
계에서 단군 시대가 제정 일치 시대라는 사실에는 착안하고 있으
나 단군의 사제로서의 역할은 언급하지 않았다. 또 후일 그의 단군
론의 주요 근거가 되는 무속조차도 외래 풍속으로 파악했고, 단군
에 유교적 군주의 의미까지 부여했다.

그의 단군론이 전환을 맞게 되는 계기는 3·1운동 후 옥중에서
'밝'과 '당굴'을 착안한 데 있었다. 단군 연구의 기초 작업으로 쓰
여진 「불함문화론」(1925)에서 단군을 정치적 군장이면서 종교적
사제장으로 규정하여 단군 샤먼론을 제기했다. 「단군론」(1926)에서
는 일본 학자들의 단군 부정론을 조목조목 논파했다. 단군 부정론
의 핵심은 那珂通世·白鳥庫吉의 僧徒妄談說과 今西龍의 王險城
神說에 있는 것으로 보고 이들의 주장을 집중적으로 비판했다. 승
도 망담설을 논핵하면서 檀君이 아닌 壇君을 주장했다. 그에게 壇
君은 일본 학자들의 檀君과 대비되는, 이 단계 그의 단군론을 상징
하는 용어였다. 단군 부정론에 대한 반론을 펼친 후, 「삼국유사해
제」(1927)를 발표하여 『삼국유사』의 사료적 가치를 논증했다.

그의 단군론은 「살만교차기」(1927)에서 일대 진척을 이루었다.
이 논설에 이르러 인류학 계열의 연구 방법을 본격적으로 적용하
여 단군 신화의 역사성과 신화성을 종합적으로 조망할 수 있는 토
대를 마련했고, 단군의 샤먼으로서의 성격을 구체적으로 논증했다.
「단군신전의 고의」(1928)에서는 단군 신화의 기사 자체에 대한 逐

句的 분석을 가하면서 민속학적 · 신화학적 · 종교학적 · 인류학적 논의를 다양하게 전개했다. 「민속학상으로 보는 단군왕검」(1928)에서는 단군 기사의 熊과 虎를 토템으로 해석하여 환웅과 웅녀의 결합을 종족의 통합으로 파악했다. 「단군신전에 들어 있는 역사소」(1928)에서는 단군 기사를 환웅전과 단군전으로 이원화하여 문화적 단군과 역사적 단군을 구분하고 단군 조선을 구월산 일대에 비정했다. 이로써 그의 단군론은 신채호 이래 민족주의 계열의 단군론과 결별하고 문화적 단군론으로 귀결되었다.

그의 문화적 단군론은 1930년대에는 친일 논리로 전향했다. 자신의 단군론의 주요 입점인 '壇'에 대한 입장이 후퇴하여 壇과 檀의 논쟁은 불필요하다고 선언했다. 1930년 단군 신화와 일본 신화의 비교 연구를 통해 도출된 한일 문화 동원론을 제기한 이래, 1930년대 중반에 그의 단군론은 일본 신도를 보급하려는 심전 개발 정책을 지지하는 학술적 근거가 되었다. 1939년 만주국 건국대 교수로 부임한 후에는 만주 · 몽고 지역의 샤머니즘을 대륙 신도라 명명하고 일본 신도를 보급할 수 있는 종교적 토대로 제시했고, 환웅 신화의 동북 아시아적 보편성을 대동아 공영론의 근거로 제시했다.

일선 동조론과의 관계에서 보면, 그의 단군론은 일본 국학 계열의 일선 동조론에는 동조하지 않았지만 鳥居龍藏 등의 문화적 일선 동조론은 수용했다고 할 수 있다. 그는 白鳥庫吉로 대변되는 동양사학자 계열의 문헌 고증적 단군 부정론에 대항하기 위해 鳥居龍藏 계열의 문화 보편주의적 연구 방법과 입점을 자신의 단군 연구에 원용했고 이 과정에서 문화적 일선 동조론을 수용했던 것이다. 그러나 素盞嗚尊 조선 시조설을 끝내 부정함으로써 그의 단군론은 민족의 정체성을 지키려고 노력한 측면이 있었다.

제4장에서는 최남선 사학의 골격을 이루는 통사론을 살펴 보았다. 그의 3대 통사인 『조선역사강화』(1930) 『고사통』(1943) 『국민 조선역사』(1945)를 분석하여 그의 한국사 인식 체계와 역사 인식의 변화를 접근했다.

『조선역사강화』는 일반인들에게 쉽게 읽히려는 목적으로 집필되었고 뛰어난 서술력과 짜임새 있는 구성을 갖춘 통사였다. 기존의 통설과는 달리, 『조선역사강화』의 시대 구분은 林泰輔의 영향을 받은 것이 아니라 일제 관학자들의 조선사학회에서 간행한 『조선사대계』(1927)의 영향을 받았다. 『조선역사강화』의 상고·중고·근세·최근의 시대 구분은 종래 이분되었던 삼국 이전과 삼국 시기를 한 시대로 묶었고, 시기 구획에서 현재 통용되고 있는 고대·중세·근세·근대의 시대 구분에 근접하고 있었다. 이 시기 통사들이 고대사에 비중을 두었던 데 비해, 『조선역사강화』는 근대사 중심으로 구성되었다. 그러나 정치사 중심으로 문화사를 보완한 구성은 1920년대 문화 사학자들의 통사들과 경향을 같이 하고 있었다.

『조선역사강화』의 단군·기자·위만·한사군 인식은 당시 민족주의 역사가들의 고대사 인식과 비교할 때 오늘날의 고대사 인식에 근접해 있었다. 삼조선설을 취해 단군 조선·기자 조선·위만 조선을 한국사내로 수용했고, 단군 조선을 대강역의 국가로 보지 않았다. 한사군을 반도내로 비정한 것도 오늘날 남한의 한사군 인식과 같다. 개아지 조선설을 주장하고, 위만 조선과 한사군과의 투쟁을 통해 민족적 자각을 이루었다고 하여 중국에 대한 자주성을 부각시켰다. 임나 일본부설과 신공왕후 출병설을 배제하여 고대 일본의 한반도 지배를 부정했다. 통일 신라 중심으로 서술한 것은 이 시기의 민족주의 역사가들의 남북국 시대 인식과는 차이가 있었다.

고려사는 대외 관계 중심으로 서술하면서 외세 침입과 전란의 수난 시대로 가장 폄하한 시대였다. 고려의 과거제 실시로 한국이 중국화의 길을 걷게 되어 문약을 초래했다고 보았다. 대신 상무적인 사실은 크게 평가했고, 특히 최씨 정권을 긍정적으로 평가하여 이 시기 통사들과 경향을 달리 했다.

조선사는 문화적 가치는 높게 평가하고 정치는 폄하함으로써, 문화와 정치를 구분한 그의 이원적 역사 인식이 두드러지게 반영되고 있었다. 조선 후기 실학에 주목하여 실학의 의의와 계보를 가장 먼저 체계화했다. 조선의 문화적 성취에 대한 긍정적인 평가와는 달리, 조선의 정치에 대해서는 당쟁 망국론을 수용하여 대단히 비판적이었다.

근대사는 한일 관계사라고 할 만큼 일본과의 관계를 중심으로 서술했다. 최한기·이규경·김정호·오경석·유대치를 개화와 관련지어 최초로 평가했다. 그 자신이 중인 출신이었기 때문에 한미한 가문 출신인 이들을 주목할 수 있었다. 을사조약 이후의 항일 투쟁을 상세하게 서술하여 일본의 침략 과정에 비판적인 입장을 취했다. 그러나 일진회 비판에 한 절을 할애한 것과 '暗殺의 連出'이 일본의 한국 병합을 앞당겼다고 한 것에는 망국의 원인을 내부에서 찾으려는 멸망 변론적인 인식이 반영되어 있었다.

망국의 원인을 내부에서 찾았던 데에는 민족 개조론적 역사 인식이 작용하고 있었다. 『조선역사강화』의 부록 「역사를 통하여서 본 조선인」에서 민족 개조론적인 역사관을 심도깊게 논의했다. 이광수의 『민족개조론』의 영향을 받은 이 논설은 한국사에서 나타난 민족성의 단점을 본질적 단점과 부수적 단점으로 구분했다. 「조선역사통속강화개제」(1922)보다 민족성의 단점으로 거론한 항목이 세분화되었고 논조도 비관적으로 변화하여 그의 역사 인식이 1920년대 초반과는 달리 패배주의로 기울었음을 보여 주었다.

『고사통』은 한글 사용이 금지된 극단적인 전시 체제에서 한글로 쓰여진 유일한 한국사 책으로 출간되었다. 『고사통』은 『조선역사강화』의 단순한 증보판 또는 재판이 아니라 『조선역사강화』와는 다른 구성 체재와 역사 인식이 작용하고 있었다. 『조선역사강화』를 2배로 증보하면서 추가한 장들은 문화 또는 문화 교류에 관한 내용들이어서 정치사 중심의 『조선역사강화』와는 달리 『고사통』은 문화사 중심의 통사였다. 또 고려·조선에 추가한 장이 가장 많아서 근대사 중심의 『조선역사강화』와는 달리 『고사통』은 고려사·조선사 중심으로 구성되었다.

『고사통』은 한국 문화 교류의 백과 사전이라 할 만큼 문화 교류사적 통사였다. 『조선역사강화』는 중국 문물의 영향으로 한국사가 문약으로 점철했다는 입장이었던 데 반해, 『고사통』은 동이족 또는 한민족이 중국 문화에 준 영향을 강조했다. 『조선역사강화』에서 가장 폄하했던 고려를 『고사통』에서는 문화 교류의 입장에서 가장 크게 평가했다. 원을 통해 들어온 아라비아 문물이 조선 초기의 문화 발흥에 기여했다고 보았다. 이러한 입장은 임진왜란을 동서 문화 교류의 장으로 파악한 데서도 나타났다. 『고사통』의 문화 교류의 범위는 매우 넓어서 동북 아시아 문화권론이라 할 수 있는 불함 문화론이 『고사통』에 이르러 시간적으로는 고대에서 전 시대로, 공간적으로는 동북 아시아에서 전 세계로 확장되었다.

문화 교류의 시간적 범위를 확대했기 때문에 『고사통』은 고대에 국한되었던 그의 한일 문화 동원론을 전 시대로 확장시키는 결과를 낳았다. 용어부터 변개했다. 『조선역사강화』의 민족·자각·국민 등 민족주의 색채가 있는 용어를 변개했다. 한일 관계사에서 일본에 불리한 용어와 내용을 삭제했고, 특히 근대의 항일 투쟁에 관한 서술을 삭제했다. 또 한일간의 문화 교류에 관한 새로운 장들을 전 시대에 추가했다. 고대부터 근대에 이르기까지 한일간의 문화 교류를 통한 한일 문화의 혼용을 추구하고, 또 문화 교류의 범위에 대동아 공영권을 포함시킨 『고사통』은 일제 말기 최남선의 역사 인식을 대변하는 통사였다.

해방된 국가의 해방된 역사를 목적으로 쓰여진 『국민조선역사』는 『조선역사강화』의 멸망 변론적인 서술, 『고사통』의 한일 문화 혼용적인 서술을 배제하고, 한국사의 발전적 전개를 강조한 통사로 탈바꿈했다. 『국민조선역사』는 『조선역사강화』보다는 문화사가 늘어났고 『고사통』보다는 문화사가 줄어 정치사와 문화사가 대등한 비율이고, 시대별 구성도 전 시대가 가장 안배되어 균형 잡힌 체재의 통사였다. 두 통사가 1910년에서 끝을 맺었던 반면, 『국민조선역사』는 1945년까지 하한선이 내려 왔다.

한일 관계사 서술에서는 그동안 침묵하거나 회피했던 素盞嗚尊 조선 시조설, 임나 일본부설, 신공왕후 출병설에 대한 입장이 보다 분명해졌다. 해방 후에야 임나 일본부에 대한 그의 직접적인 표명이 나타났다. 그는 임나 지역에 일본 세력의 근거지가 있었다는 사실은 인정했지만 한반도와의 물자 교류를 위한 기관이었을 뿐 식민 통치 기관은 아니라고 했다. 왜구 정벌에 대한 서술이 상세해졌고, 한국이 문화뿐 아니라 무력에서도 일본에 공세적이었다는 사실을 강조했다.

『국민조선역사』에서는 앞서의 두 통사와는 달리 독립 운동사를 서술했다. 독립 운동사를 국제 정세의 추이와 연결하여 서술했다. 국제 관계의 세력 균형이 깨졌을 때 일본이 한국 침략 의도를 갖게 된 것으로 인식하고 있어 해방 후까지도 한말 이래의 아시아 연대론·동양 평화론을 극복하지 못하고 있었다. 3·1운동의 의의를 한국 최초로 세계 조류에 발맞추어 민족 문제를 해결한 사건이라는 데에 두었다. 김일성을 만주 지역 독립 운동사에서 가장 영웅적인 인물로 평가했고, 자신의 심전 개발 정책 지지를 독립 운동의 방략으로 서술했다.

『국민조선역사』에는 한국사가 적극적인 대외 항쟁을 통해 발전해 왔다는 역사 인식이 작용하고 있었다. 그러나 이러한 대외 항쟁적 역사 인식은 대외 팽창적 역사 인식으로 선회하고 있었다. 대외 팽창적 역사 인식으로의 선회는 식민지 해방이 가져 다 준 역설적인 변화였다. 한국사에서 외세의 강력함으로 멸망한 왕조는 없었고 모두 내분으로 멸망했다고 했다. 한국사의 전개 방향은 북방에 있다고 했고, 한말 이래의 서북간도와 연해주로의 한국인 이주를 국토의 '사실상의 연장'이라 보았다. 고구려 구토의 회복을 주장하면서 북방으로의 진출은 절대적 의무로 수행해야 할 역사적 소임이라고 했다. 일제 시기 그의 한국사 인식은 민족주의 역사가들의 만주 중심과는 달리 한반도 중심이었다. 해방과 더불어 한반도 중심의 한국사 인식 체계는 만주 중심으로 변화했다.

이상에서 최남선의 사학의 배경, 역사 연구 방법론, 단군론, 통사론 분석을 통해 밝혀진 내용을 정리했다. 그의 생애와 사상, 사학은 일본과 밀접한 관계를 맺고 있었다. 그의 생애는 식민지 지식인의 삶의 전형을 보여 주고 있었다. 시대 상황의 변전에 따라 그의 사상도 문명 진보론에서 민족 자각론으로, 민족 자각론에서 문화 우위론으로 무게 중심을 옮겨 갔다. 이러한 변화는 그의 역사 연구에서도 나타났다. 민족주의적 열정으로 시작한 그의 단군 연구가 문화적 단군론으로 귀결되면서 문화적 일선 동조론을 지지했다.

'조선인의 조선 역사'였던『조선역사강화』는 한일 문화의 혼융을 추구한『고사통』으로 변형되었다.

그의 사상, 단군론, 통사론에서 찾을 수 있었던 변화는 그의 친일 논리가 자신의 학문내에서 도출되었음을 보여 준다. 그가 1928년 5월에 단군론을 완성하고 동년 10월 3일에『조선역사강화』를 탈고한 후, 1928년 10월 8일에 조선사편수회로 들어갔다는 사실은 매우 시사적이다. 문화적 단군론으로 귀결된 그의 단군론은 조선사편수회의 사상적·신앙적 단군 이해와 본질적으로 차이가 없었다. 또『고사통』에 비해 훨씬 민족주의적 성격을 지닌『조선역사강화』에도 멸망 변론적인 인식이 나타나고 있었다. 국권 상실이 일본이 아니라도 누구에게라도 가능했을 만큼 한국 내부의 문제가 많았던 것으로 인식했다는 점에서『조선역사강화』에는 이미 패배적인 역사 인식이 드리우고 있었다. 결국, 조선사편수회행으로 대변되는 그의 변절은 단순히 외압에 의한 것만은 아니었던 것이다.

그러나, 그의 역사 인식에서 친일로의 경사가 표면화된 것은 1930년에 제기한 한일 문화 동원론이라고 본다. 단군론을 완성한 후에 한국 신화와 일본 신화의 비교 연구를 통해 도출된 그의 한일 문화 동원론은 문화적 일선 동조론을 공식적으로 지지하고 있었다. 이 점에서 1930년 한일 문화 동원론의 제기야말로 그의 사상적 전환이 표면화된 시점으로 잡을 수 있을 것이다. 이 한일 문화 동원론을 바탕으로 1930년대 중반에는 심전 개발 정책을 지지했고, 1930년대 후반에는 일본 문화 우월론을 주장했고, 1940년대에는 대동아 공영론을 지지했던 것이다.

그가 자신의 학문 발전과 함께 친일로 경사되어 갔던 것은 그의 사학이 문화 보편주의를 극도로 추구했기 때문이다. 사상에서의 문화 우위론, 사학 체계의 문화권론, 그리고 문화 보편주의적 연구 방법은 시간이 흐를수록 그를 민족적 개체성보다 문화적 보편성으로 기울어지게 했다. 또한 그의 역사 연구는 기본적으로 사회 경제 사학적 이해를 결여하고 있었다. 상층 구조의 문화를 규명하는데 치중했기 때문에 하층 구조의 사회 경제적 토대를 인식할 수 없었던 것도 문화 보편주의가 강화되어 간 배경이었다.

제국주의 시대에 문화적 보편성을 추구한다는 것은 결국 문화론으로 제국주의를 용인하는 결과는 낳게 된다. 지배 국가와 피지배 국가의 문화적 보편성, 즉 문화적 동질성을 승인함으로써 식민 지배를 합리화하게 되기 때문이다. 최남선의 경우도, 자신의 사학에서 문화적 보편성이 확보될수록 한국과 일본의 문화적 동질성에 대한 의식이 강해져 갔다. 문화적 보편성의 확보와 친일로의 경사야말로 그의 사학이 안은 딜레마였던 것이다.

그러나 문화 보편주의는 그의 사학이 근대성을 확보할 수 있었던 배경이기도 했다. 이 점에서 그의 문화 보편주의는 근대주의의 변형이라 할 수 있다. 한말 이래 문명 개화론자들의 근대주의는 일제 강점기에는 준비론으로, 자치론으로 변화해 갔다. 그들은 독립이 주어진다 해도 독립을 유지할 수 있는 실력, 즉 근대화가 부족하기 때문에 독립보다 근대화를 먼저 달성해야 한다고 주장했다.

최남선도 근대주의자였고 준비론자였다. 그의 근대주의는 누구보다 근대적 연구 방법론을 수립하는 것으로 나타났다. 또 그의 민족주의는 민족을 자각시켜 언제고 올 독립을 준비한다는 준비론적 성격을 띠고 있었다. 근대주의와 준비론이 토대하고 있는 사상은 정치적 독립을 배제한 문화주의였고, 최남선 사학도 바로 그 문화주의에서 형성되고 발전하고 변화했다. 이 때문에 그의 사학은 한말 문명 개화론자들이 일제 강점기 실력 양성론자로, 내선 일체론자로 걸어 갔던 길을 함께 걸어 갔던 것이다. 그의 사학의 변화 과

정은 친일이 한 개인의 변절 문제가 아니라 근대성의 문제로 근대
사상사의 한 흐름이었음을 시사한다.

최남선 사학의 특징은 일제 시기를 다른 시각에서 조명해야 할
필요성을 제기한다. 이는 비단 최남선뿐 아니라 제국주의 시대에
식민지를 살았던 한국 지식인 전체가 안고 있던 문제이기 때문이
다. 이 점에서 근대 사상사를 민족주의와 반민족주의의 대립 구도
에서만 파악할 것이 아니라, 문화주의 또는 근대주의를 매개로 제
국주의에 포섭되어 간 민족주의라는 시각에서도 조망해야 할 필
요가 있다. 행적에 있어 변절하지 않아 민족주의자로 평가받는 사
람들의 경우에도, 제국주의적 요소에 감염되어 있을 수 있기 때문
이다.

최남선 사학의 연구에서 보완되어야 할 점들을 제언하는 것으로
결론을 맺고자 한다. 먼저, 일본 식민 사학에 대한 보다 면밀한 검
토가 필요하다는 것이다. 일본 식민 사학과 대응하면서 또 영향받
았던 최남선 사학은 식민 사학과의 관계에서 파악할 수밖에 없는
데, 현재의 식민 사학에 대한 연구 성과로는 그의 사학을 연구하는
데 어려움을 준다. 비단 최남선 사학의 연구뿐만 아니라 근대 사학
사를 파악하는 데도 식민 사학에 대한 보다 면밀하고 구체적인 검
토가 필요하다.

다음으로, 최남선과 민족주의 사학자들과의 비교 연구가 필요하
다는 것이다. 그간 최남선을 배제하고 민족주의 사학자들을 연구
하는 경향이 강했다. 특히 민족 운동사 입장에서 운동론적인 시각
은 운동 계열을 달리하는 사람을 분리해서 파악하는 경향이 있다.
그러나 후대의 운동 계열에 의한 구분에 불구하고, 당대를 살았던
지식인들은 인적·학문적 교류를 통해 서로에게 영향을 미쳤다.
운동 계열을 달리한다고 해도, 실제 그들의 역사 서술과 역사 인식

에는 유사성이 나타나고 있다. 이 점에서 최남선 단군론과 신채호 단군론의 유사성, 최남선 사학과 문일평 사학의 유사성 등을 주목할 필요가 있다.

마지막으로, 최남선 사학이 후대에 미친 영향에 대한 검토가 필요하다는 것이다. 그의 사학이 준 영향에 대해서는 대체로 언급하지 않고 평가하지 않으려는 경향이 있다. 그러나 그가 이룬 연구 성과는 어떤 민족주의 역사가보다 현재까지 실제적인 영향을 미치고 있을 만큼 한국사의 실상에 접근하고 있다. 한국사 연구에서 이룬 그의 업적과 한계에 대한 구체적인 분석은 그의 친일 행적을 둘러싼 평가보다 선행해야 할 작업이다.

<부록-1> 『朝鮮歷史講話』 목차

<부록-2> 『兒時朝鮮』 목차

〈부록-3〉『朝鮮史大系』 목차

<부록-4> 『故事通』 목차

<부록-5> 『國民朝鮮歷史』 목차

참고 문헌

1. 자 료

六堂全集編纂委員會, 『六堂崔南善全集』 15권, 高麗大學校 亞細亞問題研究所, 玄岩社, 1973.

崔南善, 「朝鮮文化の當面課題」 『每日申報』 1937. 2. 9~2. 11.

_____, 「가라! 靑年學徒여」 『每日申報』 1943. 11. 20.

_____, 「亞細亞의 解放」 『每日申報』 1944. 1. 1.

_____, 「戰力增强 銃後守護의 길로」 『每日申報』 1945. 3. 7.

_____, 「보람있게 죽자」 『朝光』, 1943. 12.

_____, 「聖戰의 說文」 『新時代』, 1944. 2.

_____, 「朝鮮と神道」 中央朝鮮協會, 1934.

_____, 「神ながら古お憶ぶ」 『東亞民族文化協會パンフレット 第3編』, 1934.

_____, 「朝鮮より觀たる古神道」 『神道』 10, 1935.

_____, 「日本の信仰文化と朝鮮」 『文敎の朝鮮』 115, 1935.

_____, 「檀君古記箋釋」 『思想界』, 1954. 2.

『東州崔氏族譜』, 卷1~3, 21, 新文館, 1923~1924.

丹齋申采浩先生紀念事業會, 『改訂版 丹齋申采浩全集』, 螢雪出版社, 1977.

安在鴻選集刊行委員會, 『民世安在鴻選集』, 知識産業社, 1978.

『湖岩文一平全集』, 朝鮮日報出版部, 1975.

『孫晉泰先生全集』, 太學社, 1981.

『舊園鄭寅普全集』, 延世大學校出版部, 1983.

『汕耘張道斌全集』, 時事文化社, 1981.

權悳奎, 『朝鮮留記略』, 1929.

黃義敦, 『新編朝鮮歷史』, 以文堂・靑邱堂・文化書館, 1923.

黃義敦,『中等朝鮮歷史』, 三中堂, 1928.

玄采,『東國史略』, 日韓印刷株式會社, 1906.

安廓,『朝鮮文明史』, 滙東書館, 1922.

白南雲,『朝鮮社會經濟史』, 1933; 박광순 옮김,『조선사회경제사』, 범우사, 1989.

李淸源,『朝鮮歷史讀本』, 百洋社, 1937.

李北滿,『李朝社會經濟史』, 大成出版社, 1948.

韓國學文獻硏究所,『開化期敎科書叢書』國史篇, 亞細亞文化社, 1977.

金敎獻,『神壇實記』, 朝鮮光文會, 1914.

_____,『神壇民史』, 1917.

『檀奇古史』『揆園史話』『桓檀古記』.

李顯翼,『大倧敎人과 獨立運動淵源』, 1961, 프린트본.

大倧敎總本司,『壬午十賢 殉敎實錄』, 1971.

『李光洙全集』, 三中堂, 1962;『李光洙全集』, 又新社, 1979.

金九,『白凡日誌』; 김학민・이병갑 주해,『백범일지』, 1997.

『靑春』, 영인본, 태학사, 1981.

『少年』, 영인본, 원문사, 1977.

『東明』, 영인본, 영신아카데미 한국학연구소, 1978.

『開闢押收原本選集』韓國學資料叢書 8, 영신아카데미.

『日政下東亞日報押收社說集』,『新東亞』 1974년 1月號 別册附錄, 東亞日報社.

송병기 역,『국역 윤치호 일기』1, 연세대학교 출판부, 2001.

김상태 편역,『윤치호 일기』, 역사비평사, 2001.

李成茂・崔珍玉・李喜福 編,『朝鮮時代雜科合格者總覽』, 韓國精神文化硏究院, 1990.

한국정신문화연구원・서울시스템,『CD롬 사마방목』, 1997.

田溶新 譯,『完譯日本書紀』, 一志社, 1989.

魯成煥 譯註,『古事記』, 예진, 1987.

朝鮮總督府 朝鮮史編修會,『朝鮮史編修會事業槪要』 1938; 영인・번역본『朝鮮史編修會事業槪要』, 시인사, 1986.

林泰輔,『朝鮮史』(1892)『朝鮮近世史』(1900);『朝鮮通史』全, 進光社,
    1944.
那珂通世,「朝鮮古史考」『史學雜誌』5-4, 1894. 4.
白鳥庫吉,「朝鮮古傳說考」『史學雜誌』5-12, 1894. 12.
_____,「蒙古民族の起源」『史學雜誌』18-2, 1907. 2
今西龍,「檀君說話について」『歷史地理』朝鮮號, 1910.
_____,『朝鮮古史の研究』, 近澤書店, 1937
三浦周行,「朝鮮の建國傳說」『歷史と地理』1-5, 1918.
稻葉岩吉,「朝鮮の文化問題」『支那社會史研究』, 1922.
小田省吾,「謂ゆる檀君傳說について」『文教の朝鮮』, 1926. 2.
_____,『朝鮮小史』, 魯庵記念財團, 1931.
朝鮮史學會,『朝鮮史講座』3권(一般史・分類史・特別講義), 1924
_____, 『朝鮮史大系』 5권(上世史・中世史・近世史・最近世
    史・年表), 1927.

2. 단행본

M. 로빈슨 著. 김민환 譯,『일제하 문화적 민족주의』, 나남, 1990.
가바리노 원저, 한경구・임봉길 공역,『문화인류학의 역사』, 一潮閣,
    1995.
姜東鎭,『日帝의 韓國侵略史』, 한길사, 1980.
_____,『日本 言論界와 朝鮮』, 지식산업사, 1984.
姜在彦,『韓國의 近代思想』, 한길사, 1985.
_____,『韓國近代思想史研究』, 未來社, 1986.
宮田節子 著・李熒娘 譯,『朝鮮民衆과「皇民化」政策』, 一潮閣, 1994.
權五榮,『崔漢綺의 學問과 思想 研究』, 集文堂, 1998.
권희영,『한국사의 근대성 연구』, 백산서당, 2001.
旗田巍 著・李基東 譯,『日本人의 韓國觀』, 一潮閣, 1983.
金敎植,『崔南善』, 啓星出版社, 1984.
金度亨,『大韓帝國期의 政治思想研究』, 지식산업사, 1994.

金杜珍, 『韓國古代의 建國神話와 祭儀』, 一潮閣, 1999.

金炳傑·金圭東 編, 『親日文學作品選集』, 실천문학사, 1986.

김봉렬, 『兪吉濬 開化思想의 研究』, 경남대학교 출판부, 1998.

김삼웅 외, 『친일변절자 33인』, 가람기획, 1995.

김삼웅·정운현, 『친일파 II』, 학민사, 1992.

金素眞, 『韓國獨立宣言書研究』, 國學資料院, 1998.

金烈圭, 『韓國神話와 巫俗研究』, 一潮閣, 1977.

金烈圭·申東旭 編著, 『崔南善과 李光洙의 文學』, 새문사, 1986.

金烈圭 外, 『民俗學槪論』, 一潮閣, 1982.

金雲泰, 『日本帝國主義의 韓國統治』, 博英社, 1986.

金允植, 『(續)韓國近代作家論攷』, 一志社, 1981.

_____, 『韓國現代詩文學大系』 1, 지식산업사, 1984.

_____, 『근대문학사상사연구(I)』, 一志社, 1984.

_____, 『이광수와 그의 시대』 1·2, 솔, 1986.

金載元, 『檀君神話의 新研究』, 정음사, 1947.

金貞培, 『韓國古代史論의 新潮流』, 高麗大學校 出版部, 1980.

_____, 『韓國古代의 國家起源과 形成』, 高麗大學校 出版部, 1986.

金重洌 著·柳錫春 譯, 『文化的 民族主義者 金性洙』, 一潮閣, 1998.

金哲埈, 『韓國史學史研究』, 서울大學校 出版部, 1990.

金澤庄三郎, 『日鮮同祖論』, 成甲書房, 1978.

羅景洙, 『韓國의 神話研究』, 교문사, 1993.

노태돈, 『한국사를 통해 본 우리와 세계에 대한 인식』, 풀빛, 1998.

盧泰敦 外, 『現代韓國史學과 史觀』, 一潮閣, 1991.

노태돈 편저, 『단군과 고조선사』, 사계절, 2000.

歷史學會 編, 『現代 韓國歷史學의 動向』, 一潮閣, 1982.

文定昌, 『軍國日本朝鮮强占三十六年史』, 栢文堂, 1966.

민족문제연구소, 『한국 근현대사와 친일파 문제』, 아세아문화사, 2000.

朴杰淳, 『韓國近代史學史研究』, 國學資料院, 1998.

朴慶植, 『日本帝國主義의 朝鮮支配』, 청아, 1986.

朴永錫, 『日帝下獨立運動史研究－滿洲·露領地域을 中心으로』, 一潮

閣, 1984.

朴永錫, 『在滿韓人 獨立運動史研究』, 一潮閣, 1987.

박은경, 『일제하 조선인 관료 연구』, 학민사, 1999.

朴仁鎬, 『朝鮮後期 歷史地理學 研究』, 이회, 1996.

_____, 『韓國史學史大要』, 이회, 1996.

박찬승, 『한국근대정치사상사연구-민족주의 우파의 실력양성운동-』, 역사비평사, 1992.

박 환, 『나철·김교헌·윤세복』, 동아일보사, 1992.

反民族問題研究所, 『친일파 99인』, 돌베개, 1993.

_____, 『친일, 그 과거와 현재』, 아세아문화사, 1994.

방기중, 『한국근현대사상사연구-1930·40년대 백남운의 학문과 정치 경제사상』, 역사비평사, 1992.

芳賀登, 『批判近代日本史學思想史』, 柏書房, 1974.

서영대 편, 『북한학계의 단군신화 연구』, 백산자료원, 1995.

서울대학교 편, 『단군-그 이해와 자료』, 서울대학교 출판부, 2001.

서중석, 『한국근현대의 민족문제 연구』, 지식산업사, 1989.

成炳禧·林在海 編, 『韓國民俗學의 課題와 方法』, 正音社, 1986.

宋建鎬 외, 『解放前後史의 認識』, 한길사, 1979.

宋建鎬, 『韓國現代人物史論』, 한길사, 1984.

宋建鎬·姜萬吉 編, 『韓國民族主義論Ⅰ』, 創作과批評社, 1982.

愼鏞廈, 『獨立協會研究』, 一潮閣, 1976.

_____, 『韓國民族獨立運動史研究』, 乙酉文化社, 1984.

_____, 『申采浩의 社會思想研究』, 한길사, 1984.

申一澈, 『申采浩의 歷史思想研究』, 高麗大學校 出版部, 1980.

申瀅植 編著, 『韓國史學史』, 三英社, 1999.

에반스 프리차드 編著·최석영 編譯, 『사회인류학의 과거·현재와 미래』, 서경문화사, 1998.

역사문제연구소 편, 『한국의 '근대'와 '근대성' 비판』, 역사비평사, 1996.

延世大學校 國學資料院, 『韓國 近代移行期 中人研究』, 新書院, 1999.

원유학 엮음, 『홍이섭의 삶과 역사학』, 혜안, 1995.

于松趙東杰先生停年紀念刊行委員會, 『韓國史學史硏究』, 나남출판, 1997.

유영렬, 『開化期의 尹致昊 硏究』, 한길사, 1985.

六堂崔南善先生紀念事業會 編, 『六堂이 이 땅에 오신 지 百周年』, 東明社, 1990.

尹慶老, 『105人事件과 新民會硏究』, 一志社, 1990.

李光麟, 『韓國開化思想史硏究』, 一潮閣, 1979.

李基白, 『民族과 歷史』, 一潮閣, 1971.

_____, 『韓國史學의 方向』, 一潮閣, 1978.

_____, 『韓國史像의 再構成』, 一潮閣, 1991.

李基白 編, 『檀君神話論集』, 새문사, 1988.

_____, 『韓國史 市民講座』 2, 특집 古朝鮮의 諸問題, 一潮閣, 1988.

_____, 『韓國史 市民講座』 3, 특집 廣開土王陵碑, 一潮閣, 1988.

_____, 『한국사 시민강좌』 11, 특집 任那日本府說 批判, 일조각, 1992.

_____, 『한국사 시민강좌─단군 그는 누구인가』 27, 일조각, 2000.

李杜鉉 外, 『韓國民俗學槪說』, 學硏社, 1983.

李萬烈, 『韓國近代歷史學의 理解』, 文學과知性社, 1981.

_____, 『丹齋申采浩의 歷史學 硏究』, 文學과知性社, 1990.

李相時, 『檀君實史에 관한 文獻考證』, 가나출판사, 1987.

이선복, 『고고학개론』, 이론과실천, 1988.

李佑成 · 姜萬吉 編, 『韓國의 歷史認識』 上 · 下, 創作과批評社, 1976.

李恩奉, 『檀君神話硏究』, 온누리, 1986.

李趾麟, 『古朝鮮硏究』, 학우서방, 1963.

李進熙 著 · 李基東 譯, 『廣開土王陵碑의 探求』, 一潮閣, 1982.

이형구 편, 『단군과 고조선』, 살림터, 1999.

印權煥, 『韓國民俗學史』, 悅話堂, 1978.

林鍾國, 『親日文學論』, 평화출판사, 1966.

_____, 『日帝侵略과 親日派』, 청사, 1982.

林鍾國,『親日論說選集』, 실천문학사, 1987.

임지현,『민족주의는 반역이다』, 소나무, 1999.

장주근,『한국신화의 민속학적 연구』, 집문당, 1995.

전경수,『한국인류학 백년』, 一志社, 1999.

전복희,『사회진화론과 국가사상』, 한울, 1996.

鄭求福,『한국인의 역사의식 - 고대편 -』, 한국정신문화연구원, 1989.

_____,『韓國中世史學史(1)』, 集文堂, 1999.

정두희,『하나의 역사, 두 개의 역사학』, 소나무, 2001.

정운현 편역,『創氏改名』, 학민사, 1978.

鄭晉錫,『韓國現代言論史論』, 전예원, 1985.

趙東杰,『韓國民族主義의 成立과 獨立運動史研究』, 지식산업사, 1989.

_____,『韓國近代史의 試鍊과 反省』, 지식산업사, 1989.

_____,『韓國民族主義의 발전과 獨立運動史研究』, 지식산업사, 1993.

_____,『韓國近現代史의 理解와 論理 - 韓國民族主義의 성장과 獨立
運動史研究 -』, 지식산업사, 1998.

_____,『現代韓國史學史』, 나남출판, 1998.

_____,『한국근현대사의 이상과 형상』, 푸른역사, 2001.

조동걸・한영우・박찬승 엮음,『한국의 역사가와 역사학』상・하, 창
작과비평사, 1994.

趙容萬,『六堂崔南善』, 三中堂, 1964.

趙容萬・宋敏鎬・朴炳采,『日帝下의 文化運動史』, 玄音社, 1969.

趙芝熏,『韓國民俗學小史: 解放前』, 高麗大 民族文化研究所, 1962.

趙恒來 編著,『日帝의 對韓侵略政策史研究』, 玄音社, 1996.

車河淳 外,『韓國史時代區分論』, 소화, 1994.

千寬宇,『韓國史의 再發見』, 一潮閣, 1975.

_____,『한국근대사 산책』, 정음문화사, 1986

崔起榮,『大韓帝國時期 新聞研究』, 一潮閣, 1991.

崔錫榮,『일제의 동화이데올로기의 창출』, 書景文化社, 1997.

_____,『일제하 무속론과 식민지 권력』, 서경문화사, 1999.

최원식・백영서 編,『동아시아인의 '동양'인식』, 문학과지성사, 1997.

崔由利, 『日帝末期 植民地支配政策研究』, 국학자료원, 1997.

崔仁鶴 外, 『韓國民俗研究史』, 知識産業社, 1994.

崔惠珠, 『滄江 金澤榮의 韓國史論』, 한울아카데미, 1996.

坂本太郎 著, 박인호·임상선 역, 『일본사학사』, 첨성대, 1990.

韓國史研究會 編, 『韓國史學史의 研究』, 乙酉文化社, 1985.

韓國精神文化研究院, 『단군·단군신화·단군신앙』, 정신문화문고 21,
　　　　　고려원, 1986.

　　　　　　　　　　　, 『韓國上古史의 諸問題』, 1987.

　　　　　　　　　　　, 『韓國史의 時代區分에 관한 研究』, 1995.

韓基彦·金廷鶴·朴晟義·吳周煥, 『日帝의 文化侵奪史』, 玄音社,
　　　　　1970.

韓永愚, 『朝鮮後期史學史研究』, 一志社, 1989.

　　　　, 『韓國近代民族主義史學』, 一潮閣, 1993.

洪以燮, 『韓國史의 方法』, 探求堂, 1968.

洪一植, 『六堂研究』, 一新社, 1959.

3. 논 문

姜東鎭, 「문화주의의 기본성격」 『한국사회연구』 2, 한길사, 1984.

姜萬吉, 「光復 30年 國史學의 反省과 方向－民族史學論을 中心으로」
　　　　　『歷史學報』 68, 1975.

姜晉哲, 「日本官學者가 본 韓國史의 停滯性과 그 理論」 『韓國史學』 7,
　　　　　한국정신문화연구원, 1986.

高永根, 「開化期의 國語學 業績과 學會活動」 『國語學研究－흐름과
　　　　　動向－』, 學研社, 2000.

權達天, 「日本近代史學의 成立에 관한 研究」 上·下 『釜山大人文論
　　　　　叢』 22·24집, 1982·1983.

권희영, 「韓國의 近代化와 正體性의 변화－문화적 자아이상의 변화를
　　　　　중심으로」 『제5차 조선학국제학술토론회』, 1997.

琴章泰, 「中人層의 民族宗敎活動」 『韓國文化』 9, 서울대학교 한국문

화연구소, 1988.

金炅宅,『1910~20년대 동아일보 주도층의 정치경제사상 연구』, 연세대 박사학위논문, 1998.

金根洙,「金澤博士의 韓國學上의 功過檢討」『韓國學』 11, 중앙대, 1976.

金度亨,「日帝侵略期(1905~1919) 親日勢力의 政治論硏究」『啓明史學』 3, 1992.

_____,「大韓帝國期 變法論의 전개와 歷史敍述」『東方學志』 110, 2000.

김동환,「白山 安熙濟와 大倧敎」『국학연구』 5, 2000.

김삼웅,「'일본화'된 정신편력, 육당과 춘원의 삶」『옵서버』 15, 1991.

김성례,「무속전통의 담론분석」『한국문화인류학』 22, 1990.

金性珉,「朝鮮史編修會의 組織과 運用」『한국민족운동사연구』 3, 지식산업사, 1989.

金成煥,『高麗時代 檀君認識 研究』, 명지대 박사학위논문, 2000;『高麗時代 檀君 傳承과 認識』, 景仁文化社, 2001.

김세완,「개화기 唱歌 연구―최남선의『少年』誌 唱歌와『學部唱歌集』의 唱歌를 중심으로」, 이화여대 석사학위논문, 1995.

金壽泰,「손진태의 사회사 연구」『한국 사회사 연구의 전통』, 한국사회사연구회, 1993.

_____,「孫晉泰의 日帝 植民主義史學 批判 再論」『韓國史學史學報』 2, 2000.

김승찬,「崔南善論」『국어국문학』 32, 부산대, 1995.

金承台,「일본 神道의 침투와 1910~1920년대의 神社問題」『韓國史論』 16, 1987.

김양기,「日本史學界의 檀君神話 研究動向」『傳統文化』 2, 1986.

김양수,「조선후기 사회변동과 전문직 중인의 활동」『韓國 近代履行期 中人硏究』, 延世大學校 國學硏究院, 1999.

金瑛河,「韓末・日帝時期의 新羅・渤海認識」『泰東古典研究』 10, 1993.

金容達,「李光洙의 '民族改造論' 研究」『擇窩許善道先生停年紀念韓
　　　國史學論叢』, 一潮閣, 1992.

金容達,「春園의 '민족개조론'의 비판적 고찰」『도산사상연구』4, 1997.

金容燮,「日本・韓國에 있어서의 韓國史敍述」『歷史學報』31, 1966.

_____,「日帝官學者의 韓國史觀」『思想界』1963.2;『韓國史의 反省』,
　　　歷史學會, 1969.

_____,「우리나라 近代歷史學의 發達」『文學과 知性』4, 1971.

金容稷,「崔南善論」『韓國近代文學의 史的 理解』, 삼영사, 1977.

金貞培,「古朝鮮의 再認識」『韓國史論』14, 1984.

金廷鶴,「檀君神話와 토테미즘」『歷史學報』7, 1967.

김정현,「일제의 '대동아공영권'의 논리와 실체」『역사비평』26, 1994.

金鍾武 外,「六堂 崔南善의 眞面目 <座談>」『기러기』169, 1979.

金鍾武,「文化救國의 先覺」『思想界』11, 1966.

金泰坤,「巫俗上으로 본 檀君神話」『史學研究』20, 1968.

金台俊,「檀君神話研究」『朝鮮中央日報』1935. 12. 6~12. 24

김한초,「일제하 한국지식인의 문화수용과 그 인식」『한국의 사회와
　　　문화』5, 1985.

김형국,「1910~1921년 한국지식인들의 '개조론'에 대한 인식과 수용
　　　에 대하여」『충남사학』11, 1999.

金　涣,『日本 歷史教科書의 韓國史關係 敍述에 관한 研究』, 國民大
　　　博士學位論文, 1990.

南根祐,「植民地主義 民俗學의 一考察」『精神文化研究』72, 1998.

_____,「손진태 민족문화론과 만선사학」『역사와 현실』28, 1998.

노길명,「대종교의 제천의례」『한국신흥종교연구』, 경세원, 1996.

노성환,「한국의 일본신화연구」『일본학연보』2, 1990.

류기선,「1930년대 민속학 연구의 한 단면」『민속학연구』2, 국립민속
　　　박물관, 1995.

文喆永,「湖岩 文一平의 歷史認識」『韓國學報』46, 1987.

朴杰淳,「1920年代 韓國史 通史의 構成과 性格」『干江權兌遠教授停
　　　年紀念論叢 民族文化의 諸問題』, 1994.

朴光用,「國內史書를 통해 본 箕子朝鮮에 대한 認識의 變遷」『韓國史論』6, 서울대 국사학과, 1981.

朴光用,「대단군 민족주의 전개와 양면성」『역사비평』19, 1992 겨울호.

_____,「檀君認識의 變遷」『于松趙東杰先生停年紀念論叢 韓國史學史研究』, 나남출판, 1997.

_____,「단군신앙의 어제와 오늘」『한국사 시민강좌』27, 2000.

朴明煥,「崔南善 隨筆研究」고려대 석사학위논문, 1985.

朴性鳳,「今西龍의 韓國古史研究와 그 功過」『韓國學』12, 중앙대, 1976.

朴成壽,「日帝의 韓國史歪曲과 韓國史學界의 課題와 責任」『季刊京鄕』1987년 여름호.

_____,「爲堂 鄭寅普의 檀君文化論」『東洋學』18, 檀國大學校 東洋學研究所, 1988.

_____,「六堂 崔南善研究-「自列書」의 分析」『國史館論叢』28, 1991.

朴成鎭,『한말 일제하 사회진화론 연구』, 韓國精神文化研究院 韓國學大學院 박사학위논문, 1998.

박정신,「실력양성론-이념적 학대를 넘어서-」『한국사 시민강좌』25, 1999.

朴贊勝,「韓末 申采浩의 歷史觀과 歷史學-淸末 梁啓超와의 比較를中心으로」『한국문화』9, 1988.

_____,「한말 일제시기 사회진화론의 성격과 영향」『역사비평』1996 가을호.

박태순,「역사를 위한 해명과 변명-최남선의 반민족사학」『역사비평』10, 1990.

박한용,「안재홍의 민족주의론-근대를 넘은 근대?-」『韓國史學報』9, 2000.

保坂祐二,「崔南善의 不咸文化論과 日鮮同祖論」『韓日關係史研究』12, 2000.

徐慶信,「崔南善의 歷史認識과 檀君研究」연세대 교육대학원 석사학위논문, 1994.

서영대, 「단군숭배의 역사」『정신문화연구』 32, 1987.

서중석, 「민족주의사학의 논쟁」『震檀學報』 80, 1995.

石智暎, 「六堂 崔南善의 歷史認識－古代史 硏究를 중심으로－」『梨大史苑』 27, 1994.

宋 復, 「近代移行期 中人硏究의 必要性」『韓國 近代移行期 中人硏究』, 延世大學校 國學硏究院, 1999.

愼連縡, 『동아시아 3국의 社會進化論 受容에 關한 연구－加藤弘之・梁啓超・申采浩의 思想을 中心으로』, 서울대 외교학과 박사학위논문, 1991.

沈在昱, 「日帝下 古下 宋鎭禹의 思想과 活動」『한국민족운동사연구』 23, 1999.

안승덕, 「韓國 現代 紀行隨筆 硏究」『청주교대논문집』 32, 1995.

安裕林, 「1930년대 總督 宇垣一成의 植民政策」, 이화여대 석사학위논문, 1993.

안태정, 「1920년대 일제의 조선지배논리와 이광수의 민족개량주의 논리」『史叢』 35, 1989.

양문규, 「최남선 계몽주의의 역사적 한계」『역사비평』 1990 가을호.

여박동, 「조선총독부 중추원 조직과 조사편찬사업에 대한 연구」『일본학연보』 4, 1992.

오미일, 「1920년대 민족주의계열의 경제운동론의 정치적 성격」『한국민족운동사연구』 28, 2001.

오승희, 「육당시조의 사상적 고찰：「百八煩惱」를 중심으로」, 부산여대 석사학위논문, 1988.

오영섭, 「朝鮮光文會 硏究」『韓國史學史學報』 3, 2001.

兪美江, 「六堂時調 硏究」, 중앙대 석사학위논문, 1986.

兪炳勇, 「1920年代 社會主義 政治思想에 관한 一考察」『人文學硏究』 20, 1984.

_____, 「民世와 南滄의 新民族主義論」『사회 과학연구』 35, 강원대학교 사회과학연구소, 1996.

兪炳勇, 「島山의 政治思想」『도산사상연구』 3, 1995.

윤경로, 「도산 안창호의 청년운동과 한국 인재양성」『도산사상연구』 7, 2001,

윤홍로, 「개화기의 진화론과 문학사상」『동양학』16, 1986.

李康五, 「檀君信仰의 實態分析」『정신문화연구』 32, 1987.

李基白, 「檀君神話의 問題點」『韓國古代史論』, 探求堂, 1973.

이남희, 「조선후기 '잡과중인'의 사회적 유동성」『韓國 近代履行期 中人研究』, 延世大學校 國學研究院, 1999.

李萬烈, 「19世紀末 日本의 韓國史研究」『淸日戰爭과 韓日關係』, 韓國史研究會 編, 1985.

_____, 「개화론의 전개와 의미」『근대문명과 한국근대사』, 한국정신문화연구원, 1996.

_____, 「국학의 성립 발전과 그 과제」『東方學誌』 100, 1998.

이명화, 「朝鮮總督府의 言語同化政策－皇民化時期 日本語 常用運動을 中心으로」『한국독립운동사연구』 9, 1995.

李丙燾, 「史家로서의 六堂」『思想界』 2, 1958.

李相浩, 「崔南善의 新體詩 研究」, 연세대 석사학위논문, 1983.

李相泰, 「古山子 金正浩의 生涯와 身分研究」『國史館論叢』 8, 1990.

李英華, 「崔南善의 通史 서술에 나타난 역사인식의 변천」『韓國史學史學報』 4, 2001.

_____, 「崔南善 壇君論의 전개와 그 변화－檀君에서 壇君으로, 壇君에서 檀君으로－」『韓國史學史學報』 5, 2002.

이장우, 「실증사학의 반성과 전망」『한국사시민강좌』 20, 일조각, 1997.

李載杰, 「檀君神話研究의 現況과 問題點」『단군신화논집』, 온누리, 1986.

이지연, 「鄭寅普의 古代史 認識」 숙대 석사학위논문, 1990.

李智媛, 「일제하 문화운동 연구의 현황과 과제」『韓國史論』 26, 國史編纂委員會, 1996.

_____, 「1920년대 民族主義者들의 民族觀과 '國粹' 認識」『金容燮停年紀念韓國史學論叢－韓國近現代의 民族問題와 新國家建

設』, 지식산업사, 1997.

李進熙, 「日本 近代史學의 植民主義史觀」『申采浩의 思想과 民族獨
　　立運動』, 1986.

이찬욱, 「六堂의 <百八煩惱> 硏究」, 중앙대 석사학위논문, 1988.

이태진, 「安廓의 생애와 國學世界」『역사와 인간의 대응－고병익선생
　　회갑기념사학논총』, 한울, 1984.

李弼永, 「南滄 孫晉泰의 歷史民俗學의 性格」『韓國學報』 41, 1985.

李弘稙, 「檀君神話와 民族의 理念」『韓國古代史의 硏究』, 新丘文化
　　社, 1971.

李勛相, 「의도적 망각과 역사 서술: 일제시대 조선후기사 인식과 서술」
　　『震壇學報』 88, 1999.

임돈희·로저 L.자넬리, 「최남선의 1920년대 민속연구」『민속학연구』
　　2, 국립민속박물관, 1995.

任東權, 「檀君神話의 民俗學的 考察」『韓國民俗學論考』, 集文堂,
　　1975.

林仙默, 「六堂의 사상과 문학일반－고전으로부터의 계승적 역할－」
　　『동양학』 3, 단국대 동양학연구소, 1973.

임원재, 「육당의『소년』연구」, 명지대 석사학위논문, 1995.

張錫興, 「일제의 식민지 언론정책과 총독부 기관지『每日申報』의 성격」
　　『한국독립운동사』 6, 1992.

장한섭, 「時調集「百八煩惱」의 詩語的 考察」『청람어문학』 10, 1993.

全京秀, 「韓國民族文化의 起源硏究에 대한 方法論의 批判的 檢討」
　　『韓國史論』14, 1984.

全胤善, 「1930年代 '朝鮮學' 振興運動 硏究－方法論의 모색과 民族問
　　題 認識을 중심으로－」, 연세대 석사학위논문, 1998.

全炯澤, 「朝鮮後期 史書의 檀君朝鮮 敍述」『韓國學報』 21, 일지사,
　　1980.

丁皛淑, 「<稽古箚存>을 통해 본 崔南善의 古代史論」『奎章閣』 6,
　　1982.

鄭求福·李英華, 「玄采 編譯『萬國史記』의 史學史的 性格」『淸溪史

學』13, 1997.

정연태, 「'식민지근대화론' 논쟁의 비판과 신근대화론의 모색」『창작과 비평』103, 1999년 봄.

鄭榮薰, 「近代 韓國民族敎育에서의 檀君」『정신문화연구』1986년 봄호.

_____, 「檀君과 近代韓國民族運動－近代期의 檀君民族主義에 대한 연구」『한국의 정치와 경제』8, 한국정신문화연구원, 1995.

정욱재, 「李始榮의 『感時漫語』研究」『韓國史學史學報』4, 2001.

정운현, 「되살아나는 친일파 망령」『친일파－그 인간과 논리』, 학민사, 1990.

鄭海恩, 『朝鮮後期武科及第者研究』, 韓國精神文化研究院, 韓國學大學院 博士學位論文, 2002.

鄭濟愚, 「朝鮮總督 寺內正毅論」『한국독립운동사연구』6, 1992.

趙京蘭, 『進化論의 中國的 受容과 歷史認識의 轉換－嚴復, 梁啓超, 章炳麟, 魯迅을 中心으로－』, 성균관대학교 박사학위논문, 1995.

조배원, 「수양동우회 연구」『도산사상연구』6, 2000.

趙容萬, 「최남선－신문화운동의 거벽－」『인물한국사 5』, 박우사, 1965.

_____, 「최남선－여명을 밝힌 지성－」『한국의 인간상 6』, 신구문화사, 1965.

_____, 「近代文化의 點火運動」『世代』2, 1965.

趙仁成, 「申采浩의 郎家思想에 대한 一考察－『東國古代仙敎』를 중심으로」『慶大史論』1, 1985.

_____, 「韓末 檀君關係史書의 再檢討」『國史館論叢』3, 1989.

조현설, 『건국신화의 형성과 재편에 관한 연구－티벳·몽골·만주·한국신화의 비교를 중심으로－』, 동국대 박사학위논문, 1997.

池明觀, 「申采浩史學と崔南善史學」『紀要』48, 東京女子大 比較文化研究所, 1987.

池秀傑, 「1932～35년간의 농촌진흥운동－식민지 체제유지정책으로서의 기능에 관하여」『韓國史研究』46, 1984.

池秀傑, 「1930년대 초반기(1930~33) 사회주의자들의 민족개량주의 운동 비판」『80년대 한국인문사회과학의 현단계와 전망』, 역사비평사, 1988.

千寬宇, 「'實學'槪念成立에 관한 史學史的 考察」『李弘稙博士回甲紀念 韓國史學論叢』, 新丘文化社, 1969.

崔起榮, 「湖岩 文一平의 생애와 저술」『李基白先生古稀紀念韓國史學論叢』下, 一潮閣, 1994.

_____, 「崖溜 權悳奎의 생애와 저술」『于松趙東杰先生停年紀念論叢 1 韓國史學史硏究』, 나남출판, 1997.

韓永愚, 「韓國 近代歷史學과 朝鮮時代史 理解－申采浩·金敎獻·安廓의 朝鮮時代史 理解－」『인문과학의 새로운 방향』, 서울대학교 출판부, 1984.

許興植, 「雪巖 秋鵬의 妙香山誌와 檀君記事」『淸溪史學』13, 1997.

_____, 「九月山 三聖堂事迹의 祭儀와 그 變化」『단군학연구』1, 1999.

洪淳昶, 「日本에 있어서의 東洋史學의 성립과 白鳥史學」『東洋文化』 20·21합집, 영남대, 1981.

홍종욱, 「중일전쟁기(1937~1941) 사회주의자들의 전향과 그 논리」, 서울대 석사학위논문, 2000.

黃愛利, 「六堂 崔南善의 韓國史 認識에 대한 硏究」, 이화여대 교육대학원 석사학위논문, 1993.

황양수, 「六堂의 百八煩惱考」, 동국대 석사학위논문, 1968.

黃浿江, 「檀君神話의 한 硏究」『白山學報』3, 1967.

Chizuko Allen, 1990, "Northeast Asia Centered Around Korea; Choe Namson's View History" *The Jounal of Asaian Studies*, Volume 49, Number 4.

찾아보기

ㄱ

ㅅ

이 영 화(李英華)

1961년 출생
서강대학교 사학과 졸업
한국정신문화연구원 한국학대학원 문학석사
한국정신문화연구원 한국학대학원 문학박사

著 書
『조선시대 조선사람들』, 가람기획, 1999

論 文
「朝鮮初期 佛敎儀禮의 성격」, 1992
「玄采 編譯『萬國史記』의 史學史的 性格」, 1997
「崔南善의 通史 서술에 나타난 역사인식의 변천」, 2001
「崔南善 壇君論의 전개와 그 변화」, 2002
「崔南善의 歷史學 硏究」, 2002
「崔南善의 文化史觀과 歷史硏究方法論」, 2003

崔南善의 歷史學   정가 : 17,000원

| 2003년 8월 30일 | 초판 인쇄 |
| 2003년 9월 9일 | 초판 발행 |

저   자 : 李 英 華
회   장 : 韓 相 夏
발 행 인 : 韓 政 熙
발 행 처 : 景仁文化社
편   집 : 申 鶴 泰
서울특별시 마포구 마포동 324 - 3
전화 : 718 - 4831~2, 팩스 : 703 - 9711
E-mail : kyunginp@chollian.net
등록번호 : 제10 - 18호(1973. 11. 8)

ⓒ 2003, Lee Young-Hwa. Kyung-in Publishing Co, Printed in Korea
ISBN : 89-499-0199-4 94910
* 파본 및 훼손된 책은 교환해 드립니다.